Mit eigenen Worten 7

Realschule Bayern

Erarbeitet von:
Martin Bannert, *Altenbaindt*
Christoph Kasseckert, *Auerbach*
Adelheid Kaufmann, *Neusäß*
Claus-Peter Lippert, *Ingolstadt*
Stephanie Lüthgens, *Hetzles*
Petra Shaqiri, *Abenberg*
Alexandra Waschner-Probst, *Donauwörth*

Unter Beratung von:
Ernst Fischer, *Freising*
Susanne Grupp-Robl, *Aschheim*

westermann

Die Grundausgabe wurde erarbeitet von:
Ansgar Batzner, Dr. Heiner Böttger, Rudolf Dill, Erwin Geitner,
Dagmar Holzmann-Witschas, Brigitte Stiefenhofer, Wolfgang Würker.

Einbandillustration:
Jenko & Sternberg, Apelnstedt
unter Verwendung von drei Zeilen aus dem Gedicht „my own song" von Ernst Jandl

Illustrationen:
Günter Wongel, Berlin

Hinweise:
Zeichen für Schreibaufgabe
Zeichen für Aufgaben, die mit dem Computer bearbeitet werden können
Zeichen für Seitenverweise

Im Lehrer- und Materialband werden verschiedene Arbeitsblätter, Spielvorlagen und Übungszirkel als Kopiervorlagen angeboten. Darauf verweist der Vermerk Copy. Die Copys 1–56 entsprechen den Seiten 1–56 im Arbeitsheft. Die Copys 57 ff. befinden sich im Lehrer- und Materialband.

Druck B[6] / Jahr 2011
Alle Drucke der Serie B können im Unterricht parallel verwendet werden.

Verlagslektorat: Heiko Judith
Typographisches Konzept: Jürgen Brohm
Layout: creativ design Werbeagentur, Hildesheim; Günter Steinwachs, Braunschweig
Herstellung: Yvonne Ullrich
Druck und Bindung: westermann druck GmbH, Braunschweig

ISBN 978-3-14-**122247**-0

Inhaltverzeichnis

Fächerverbindende Unterrichtsvorhaben

Arbeitstechniken

Sprechen und Zuhören

Schreiben

Mit Texten und Medien umgehen

Einblick in die Literaturgeschichte gewinnen

Sprache untersuchen

Rechtschreiben

Wir lernen neue Mitschülerinnen und Mitschüler kennen

1 Viele Schülerinnen und Schüler in eurer Klasse kennt ihr noch nicht.

a) Führt das Kennenlernspiel „Plätze tauschen" durch.

b) Wertet euer Spiel aus: Welche Merkmale trafen auf viele zu und welche nur auf wenige?

2 Ihr habt unterschiedliche Interessen, Meinungen und Hobbys. Führt darüber ein Partner-Interview durch.

a) Lest dazu den Tipp.

b) Sammelt an der Tafel Fragen, die man bei einem Partner-Interview stellen könnte.

c) Was haltet ihr von den Fragen unten? Sprecht darüber.

d) Fallen euch ähnliche Fragen ein?

- Welche drei Gegenstände würdest du auf eine einsame Insel mitnehmen? (Nahrung ist vorhanden)
- Du gewinnst 1000 Euro bei einem Preisrätsel. Was machst du damit?
- Wie sieht dein Traumzimmer aus?
- ...

3 **a)** Nach dem Partner-Interview stellen sich beide Partner vor die Klasse und berichten, was sie über den anderen erfahren haben.
So könnt ihr beginnen:
Das ist Nina aus Erlenbach. Sie ist 13 Jahre alt und spielt wie ich Handball.
Auf eine einsame Insel würde sie ...

b) Die Klasse darf anschließend weitere Fragen an den Vorgestellten richten.

Kennlernspiel „Plätze tauschen"

Ihr sitzt im Stuhlkreis. Eine Schülerin oder ein Schüler nennt ein Merkmal, das mehrere von euch besitzen können. Alle, auf die dieses Merkmal zutrifft, stehen auf und tauschen ihre Plätze. Nun wird ein weiteres Merkmal genannt. Merkmale können sein:
- alle, die Inlineskates fahren,
- alle, die gerne Pizza essen,
- alle, die gerne Mathe machen,
- alle, die ...

TIPP

So führt ihr ein Partner-Interview durch:
1. Überlegt gemeinsam geeignete Fragen.
2. Jeder wählt sich drei Fragen aus.
3. Teilt die Klasse und zählt in beiden Hälften ab. Die Schülerinnen und Schüler mit der gleichen Zahl sind die Interview-Partner.
4. Stellt euch im Partner-Interview zunächst gegenseitig vor. Beantwortet euch anschließend die Fragen. Wer die Fragen stellt, muss sich die Antworten gut merken, denn er muss anschließend seinen Partner der Klasse vorstellen.

Neue Fächer, neue Lehrerinnen und Lehrer

7c	7d	7e
Montag	**Montag**	**Montag**
Rechnungswesen	Hauswirtschaft	Französisch
Englisch	Hauswirtschaft	Französisch
Englisch	Religion	Deutsch
Biologie	Textverarbeitung	Geschichte
Sport	Textverarbeitung	Religion
Sport	Englisch	Textverarbeitung

1 In eurem Stundenplan stehen viele neue Fächer.
a) Was wisst ihr bereits über diese Fächer?
b) Was interessiert euch zusätzlich?
Sammelt Fragen an der Tafel, die ihr der Lehrerin oder dem Lehrer in diesen Fächern stellen wollt.

Welche Fächer unterrichten Sie noch?

Geben Sie auch Computerunterricht?

2 a) Lest die Info und überprüft, um welche Art von Fragen es sich bei den Beispielen oben handelt.
b) Prüft, welche Art von Fragen auf eurer Fragenliste stehen.
c) Formuliert eure Fragen so um, dass ihr möglichst viele Informationen erhaltet.
d) Legt euch eine Tabelle wie unten an. Lasst genügend Raum für die Antworten.

INFO

Entscheidungsfragen/Ergänzungsfragen
Die Art der Frage entscheidet oft über die Ausführlichkeit der Antwort.
Entscheidungsfragen erfordern als Antwort meist nur *ja, nein* oder *vielleicht.*
Schreiben wir in Ihrem Fach Schulaufgaben?
Antwort: *Ja.*
Entscheidungsfragen beginnen mit einem Verb oder Hilfsverb.

Ergänzungsfragen fordern den Befragten auf, seine Antwort durch eine genauere Erläuterung zu ergänzen.
Wie viele Schulaufgaben schreiben wir in Ihrem Fach?
Antwort: *Zwei in jedem Halbjahr.*
Du erkennst diese Fragen an den Fragepronomen: *Wer ...? Warum ...? Wozu ...? Wie ...? Welche ...?*

Fragenliste zu unseren neuen Fächern:	Französisch	Textverarbeitung	Hauswirtschaft
Wie viele Schulaufgaben schreiben wir?	...	...	...
Welche Hefte benötigen wir?	1 Vokabelheft	...	...
Welche Themen besprechen wir?	...	...	...

Wir werden eine Klassengemeinschaft

A Eine gute Klassengemeinschaft besteht, wenn ...

B Ich fühle mich in der Klasse wohl, wenn ...

1 **a)** Setzt – jeder für sich – auf einem Zettel beide Gedanken fort.
b) Lest eure Sätze vor. Sprecht darüber:
- Woran erkennt ihr eine gute Klassengemeinschaft?
- Welche Bedingungen müssen gegeben sein, damit sich alle in der Klasse wohl fühlen?

2 Eure Gedanken zur Klassengemeinschaft sind wichtig. Gestaltet daher ein Wandplakat, auf dem ihr alle Zettel aufklebt.
Ob ihr die Zettel mit eurem Namen kennzeichnen wollt, bleibt euch überlassen.
a) Überlegt euch ein Symbol, das Gemeinschaft ausdrückt (z. B. Baum, Puzzle, Schiff usw.).
b) Gestaltet das Plakat gemeinsam. Bittet dazu eure Lehrerin oder euren Lehrer in Kunst um Hilfe.
c) Befestigt eure Zettel auf dem Bild oder tragt eure Gedanken in das Bild ein.

3 **a)** Überlegt in kleinen Gruppen, was eine gute Klassengemeinschaft fördern kann.

- gemeinsame Unternehmungen
- gegenseitige Hilfe
- höflich miteinander umgehen

b) Tragt eure Ergebnisse der Klasse vor und sprecht darüber.
c) Sammelt eure Vorschläge auf einer Liste, die ihr ebenfalls an der Wandtafel anbringen könnt.

Was fördert eine Klassengemein-schaft?

- gemeinsame Unternehmungen
- ☆ ☆ ☆
- ☆ ☆ ☆

Klassengemeinschaft in Gefahr

A Du blöde Sau, du hast mir heute bei der Abfrage nicht geholfen!

B Ich kann dir meinen Taschenrechner nicht leihen.

C Was weiß denn die schon?

D Ach, unser Dicker hat auch etwas zu melden!

E Neben der will ich nicht sitzen, die stinkt!

F Beim nächsten Mal knall ich dir so gewaltig eine!

1 a) Welche Äußerungen sind verletzend?
b) Wodurch wirken diese Äußerungen für die betroffene Person verletzend?
c) Es gibt den Begriff „verbale Gewalt“. Was soll er besagen? Klärt dafür, was das Fremdwort verbal bedeutet.

2 Auch ihr seid sicher schon einmal durch Worte verletzt worden.
a) Wie habt ihr euch dabei gefühlt?
b) Wie reagiert ihr darauf?

3 Auf den Bildern oben erkennt ihr typische Reaktionen auf „verbale Gewalt“.
a) Sprecht darüber.
b) Welche „Kettenreaktionen“ können entstehen?
c) Wie lassen sich Kettenreaktionen vermeiden?

4 Wenn einzelne Schüler von ihren Mitschülern gezielt schikaniert werden, sodass sie sich aus der Klassengemeinschaft ausgestoßen fühlen, dann nennt man das „Mobbing“. Berichtet von Erfahrungen, die ihr in früheren Klassen damit gemacht habt.

5 Vielleicht gibt es in eurer Klasse auch Beispiele für verbale Gewalt. Sprecht darüber.

6 a) Überprüft, ob eure Einschätzung richtig ist: Stellt in eurem Klassenzimmer zwei Schalen auf. Die eine ist mit bunten Murmeln gefüllt, die andere ist leer. Jeder, der sich im Laufe eines Tages durch eine Äußerung verletzt fühlt, legt eine Murmel in die leere Schale.
b) Beurteilt euer Tagesergebnis.
c) Setzt euch das Ziel, die Anzahl der Murmeln in den nächsten Tagen zu verringern. Schreibt jeden Tag auf, wie viele Murmeln in die Schale gelegt wurden.
d) Überprüft nach einer Woche, ob euer Vorsatz Erfolg hatte.

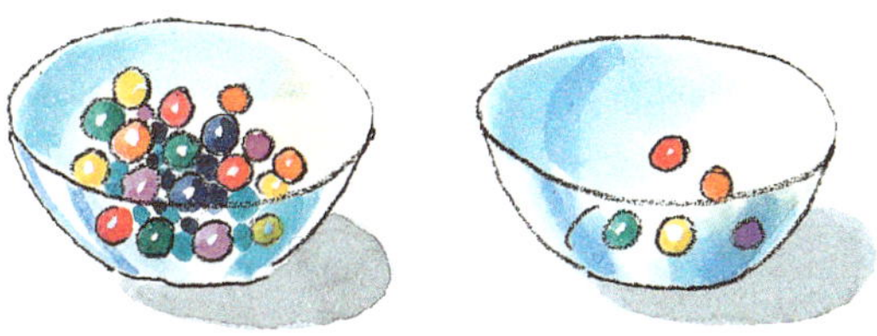

Mo	Di	Mi	Do	Fr
12	7	9	☆	☆

Gute Tage – schlechte Tage

1 a) Welche Stimmungen geben diese Bilder wieder? Sprecht darüber.
b) Welches der Bilder spricht euch besonders an? Begründet eure Wahl.

2 Was macht euch glücklich, was bedrückt euch zurzeit? Stellt das, was euch bewegt, in einem Profilbild dar. Lest dazu den Tipp.

3 a) Sprecht in Partnerarbeit über eure Aufzeichnungen.
b) Sprecht im Gesprächskreis darüber, woran ihr Spaß habt und was euch bedrückt.

TIPP

Stimmungen im Profilbild wiedergeben

1. Zeichne auf einem DIN-A4-Blatt das ungefähre Profil deines Kopfes auf.
2. Schreibe nun in das Profil die Dinge, die dich zurzeit glücklich machen.
3. Notiere anschließend drum herum, was dich momentan bedrückt oder was dich „nervt“.
4. Schreibe nur auf, was du von dir preisgeben magst.

4 Es gibt verschiedene Möglichkeiten, mit Problemen umzugehen. Was haltet ihr von folgenden Vorschlägen?

Wenn ich Probleme habe, möchte ich allein sein, um darüber nachzudenken. Ich gehe dann meistens in mein Zimmer und will nicht gestört werden.

Ich gehe immer spazieren. Oftmals fange ich auch an zu laufen. Dann schreie ich meine Wut heraus und renne, bis ich nicht mehr kann.

Ich versuche mit jemandem zu reden, gehe zu meiner Freundin oder so.

Ich versuche mich abzulenken, indem ich ein spannendes Video anschaue oder im Internet surfe.

TIPP

So fertigst du ein Rondell an:
Ein Rondell ist ein Gedicht, das aus sieben Versen besteht. Die Verse müssen sich nicht reimen. Der wichtigste Vers, mit dem das Gedicht endet, kommt dreimal vor.
So gehst du vor:
1. Schreibe zu einer Überschrift fünf Sätze auf einzelne Papierstreifen.
2. Überlege, welcher Satz dir am wichtigsten ist. Schreibe diesen noch zweimal auf.
3. Bringe die Papierstreifen in eine neue, dir sinnvoll erscheinende Reihenfolge. Schon ist dein Rondell fertig!

5 Was macht ihr, wenn es euch schlecht geht? Welche Tipps habt ihr für eine solche Situation?

a) Befragt euch dazu gegenseitig im Gesprächskarussell.

Die Anleitung hierzu findet ihr im Tipp auf Seite 32.

b) Wertet eure Ergebnisse aus:
- Welche Tipps waren ähnlich?
- Welche Anregungen waren neu?

6 **a)** Wie du dich fühlst, wenn du Probleme hast, und wie du damit umgehst, kannst du auch in einem Rondell zum Ausdruck bringen. Lies dazu den Tipp.

b) Schreibe anschließend ein Rondell.

Probleme

Probleme habe ich fast jeden Tag.
Probleme hat jeder.
Am liebsten bin ich dann allein.
Manchmal hilft mir auch mein bester Freund.
Probleme hat jeder.
Das ist mein Problem.
Probleme hat jeder.

Mädchen ... Jungen ...

stark · sportlich · brav · hübsch · laut · mutig · lieb · ängstlich · nett · unordentlich · hilfsbereit

1 a) Welche Eigenschaften passen deiner Meinung nach nur zu Jungen bzw. nur zu Mädchen? Welche treffen sowohl auf Jungen als auch auf Mädchen zu? Schreibe sie in drei Gruppen auf.

Mädchen	Jungen	beide
...	...	...

b) Vergleicht in der Klasse eure Tabellen.

c) Begründet eure Zuordnungen.

2 Was denkst du über Mädchen bzw. über Jungen? Schreibe zu den einzelnen Buchstaben Worte oder Sätze auf, die deine Meinung über das jeweilige Geschlecht wiedergeben. Die Ausgangsbuchstaben müssen nicht am Wortanfang stehen.

MUTIG SIND VIELE
MANCHE AUCH ÄNGSTLICH
DAS AUSSEHEN IST WICHTIG
C
H
E
N

JEDERZEIT ZU SPÄßEN AUFGELEGT
UND ZU WITZEN BEREIT
GERNE ÄRGERN SIE UNS MÄDCHEN
G
E
N

3 Stell dir vor, du wachst morgens auf und stellst fest, dass du dich in einen Jungen bzw. in ein Mädchen verwandelt hast. Schreibe auf, was du an diesem Tag erlebst. Du kannst auch den folgenden Text fortsetzen.

Es war an einem Freitagmorgen. Als ich kurz nach dem Aufstehen in den Spiegel blickte, traute ich meinen Augen kaum: Offenbar hatte ich mich über Nacht in ein Mädchen verwandelt. An diesem Morgen verzichtete ich auf das Frühstück. Um meinen Eltern nicht unter die Augen treten zu müssen, machte ich mich gleich auf den Schulweg. Doch schon nach wenigen Minuten traten die ersten Schwierigkeiten auf ...

Den ersten Schritt machen

1 a) Beschreibt die Bildfolge.
b) Sucht Gründe, warum die beiden Personen nicht ins Gespräch kommen.
c) Wie könnte man in dieser Situation ein Gespräch beginnen?
d) Wie würdet ihr euch verhalten, wenn ihr angesprochen werdet?
e) Erarbeitet zu der vorgegebenen Situation in Partnerarbeit ein Rollenspiel und führt es der Klasse vor.
f) Vergleicht und diskutiert eure Ergebnisse.

2 Vergleicht das Gedicht unten mit der Bildfolge oben. Welche Gemeinsamkeiten bzw. Unterschiede stellt ihr fest?

3 Wie könnte sich die Person fühlen, an die dieses Gedicht gerichtet ist? Stell dir vor, sie würde in einem Gedicht antworten. Schreibe aus ihrer Sicht ein Gegengedicht. So könntest du beginnen:

Schade, dass du dich nicht traust ...
Ich mag, wie du schaust
und wie du mich ansiehst.

Ob ich ihr sag, dass ich sie mag ...
Christine von dem Knesebeck

Ich mag, wie sie lacht
und wie sie schaut.
Was sie auch macht,
was sie auch tut,
ich sehe sie an
und es geht mir gut.
Ob ich ihr sag,
dass ich sie mag?

Ich möchte laut singen,
ich möchte laut pfeifen,
möchte hoch oben
nach Sternen greifen.
Wär es nicht schön,
zusammen zu sein?
Wär es nicht schön,
mit ihr zu gehn?
Ob ich ihr sag,
dass ich sie mag?

Ich möchte laut singen,
möchte vor Freude
am liebsten zerspringen.
Wohin ich schau:
Die Welt steht Kopf –
alles ist neu.
Ob ich ihr sag,
dass ich sie mag?

Ich mag, wie sie lacht
und wie sie schaut,
was sie auch macht,
was sie auch tut.
Sie sieht mich an
und ich fühl mich gut.
Wär es nicht schön,
mit ihr zu gehn?
Sie sieht mich an
und ich fühl mich gut.
Ob ich ihr sag,
dass ich sie mag?

Freundschaften

1 a) Im Folgenden sind Auszüge aus dem Jugendbuch „Svenja hat's erwischt" von Christian Bieniek abgedruckt. Lest euch die Texte aufmerksam durch.
b) Stellt Vermutungen darüber an, um welches Thema es in dem Buch hauptsächlich geht.
c) Welche Einstellung hat Svenja zunächst Jungen gegenüber?
Woran wird deutlich, dass sich diese Einstellung verändert? Woran könnte das liegen?

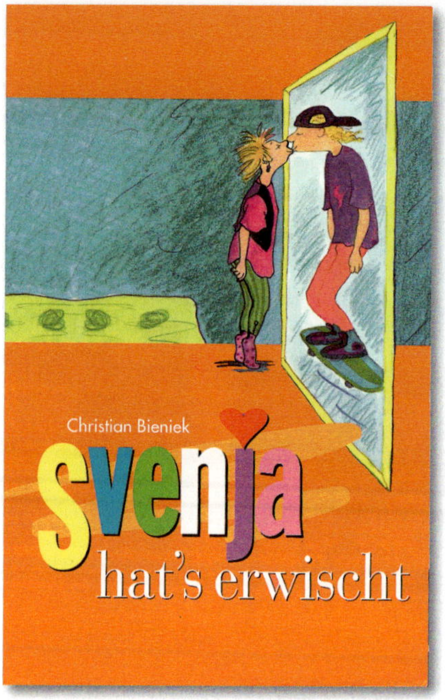

A „Du bist ja nur neidisch, du Giftzwerg." Ich schaue nur schnell aus dem Fenster und sage mir: Sie meint es nicht so. Komisch, dass nicht mal meine beste Freundin ihre Fantasie etwas mehr anstrengt, wenn sie mich ärgern will. Immer heißt es gleich Zwerg, Floh oder Ameise. Kann sich denn keiner einmal was Neues einfallen lassen? An der nächsten Haltestelle gibt es plötzlich lautes Gepolter. Es hört sich an, als ob eine Horde Elefanten einsteigt.
Aber es sind nur ein paar Jungs. Sie lassen sich ganz hinten auf den letzten Bänken nieder und albern herum. Dabei brüllen sie sich so an, als wären sie alle schwerhörig. „Kennen wir die nicht?", fragt Lilli. „Die sind doch aus unserer Parallelklasse."
Ich drehe mich kurz um und sage dann achselzuckend: „Keine Ahnung."
Für mich sehen alle Jungs ziemlich gleich aus. Sie tragen Jeans und Turnschuhe und sind furchtbar laut. Sie schubsen uns morgens in die Bahn, sie schubsen uns vormittags auf dem Schulhof, sie schubsen uns mittags in der Bahn – aber wenn man mal am Nachmittag einen von ihnen alleine auf der Straße trifft, dann kriegt er den Mund nicht auf und tut so, als hätte er es wahnsinnig eilig. Jungs sind blöd. Und ich kann einfach nicht verstehen, dass meine Kusine Mona so von ihnen schwärmt; fast so wie Lilli von den Pferden.

B Gleich wird sie mir bestimmt was von einem Jungen vorschwärmen. An ihren leuchtenden Augen hab ich längst erkannt, dass sie mal wieder verknallt ist.
„Er heißt Pascal", beginnt sie kurz darauf. „Ist das nicht ein süßer Name? Er ist im selben Fußballverein wie Lukas. Bis jetzt habe ich ihn erst zweimal gesehen. Pascal ist unheimlich süß!"
[…]
Süß ist Monas Lieblingswort. Wahrscheinlich findet sie sogar ein Glas Essig süß.
„Meinst du, du kriegst die Telefonnummer raus?", fragt sie mich nägelkauend. „Ich kann mich bei Lukas nicht danach erkundigen, sonst muss ich mir irgendwelche dummen Sprüche anhören. Du bist doch jetzt Detektivin."
„Wie heißt er denn mit Nachnamen?"
„Keine Ahnung, sonst könnte ich auch selbst im Telefonbuch nachgucken. Außerdem muss ich unbedingt wissen, ob er gerade eine Freundin hat. Was verlangst du dafür?"
„50 Mark", fordere ich dreist. Mona bekommt jede Menge Taschengeld und hat mehr auf dem Sparbuch als meine Eltern.
„Einverstanden", sagt sie nach kurzem Nachdenken.

C Natürlich stehe ich pünktlich um fünf vor zwölf zusammen mit Hugo hinter dem Jan-Wellem-Denkmal, von wo ich das Rathaus genau beobachten kann, ohne dabei gesehen zu werden. Ich weiß nicht genau, was zwischen den beiden ablaufen wird. Ich weiß nur, dass ich nichts davon verpassen will. Zuerst taucht Mona auf. Sie hat eine bunte Bluse an und einen weißen Rock, auf dem Hugos Pfoten wunderschöne Spuren hinterlassen könnten. Sie ist geschmückt wie ein Weihnachtsbaum: zwei Armbänder, drei Ringe, eine Halskette und zwei Ohrringe. Es fehlt nur noch der silberne Reißverschluss für ihren Mund. Im Umkreis von zwei Kilometern kann man riechen, dass sie im Parfüm ihrer Mutter gebadet hat. Von weitem sehen ihre langen blonden Haare so toll aus, dass sie damit in einem Werbespot für Shampoo auftreten könnte. Hoffentlich nimmt Pascal sie gleich genauer in Augenschein; dann wird er sehen, dass sie Spliss hat.
Mona hat wohl noch nicht gefrühstückt, weil sie dauernd an ihren Nägeln knabbert, während sie auf Pascal wartet. Eigentlich wär's nicht übel, wenn er gar nicht käme. Andererseits freue ich mich darauf, ihn wiederzusehen – und das, obwohl er doch seit gestern für mich gestorben ist. Ich halte nach allen Seiten Ausschau. Und da kommt er endlich angeschlendert, die Hände in den Hosentaschen. Mein Herz klopft ein bisschen schneller. […]

D Mit einem Auge beobachte ich, wie sich Mona und Pascal gegenüberstehen und miteinander reden. Pascal hat wieder die Hände in den Taschen und sieht abwechselnd auf seine Schuhe und hinüber zum Rhein. Mona ist viel gesprächiger als er. Ihr Schmuck glitzert in der Sonne. Ich balle wütend die Fäuste, weil ich an meine blöden Plastikohrringe denken muss. Monas Eltern haben viel mehr Geld als meine. Und außerdem ist sie auch schöner, größer und älter als ich. Ist das nicht alles reichlich ungerecht verteilt?
Das Gespräch zwischen den beiden versiegt allmählich. Ihnen fällt wohl nichts mehr ein. Mona fummelt an ihren Haaren, während Pascal wieder anfängt mit seinen Füßen zu zappeln. Irgendwas liegt in der Luft. Plötzlich hören sie wie auf Kommando gleichzeitig damit auf, in der Gegend herumzugucken, und lächeln sich an. Noch nie habe ich Monas Augen so glänzen sehen. Pascal zieht langsam die Hände aus den Taschen. Erst hängen sie in der Luft herum, aber dann nähern sie sich zielstrebig Monas Schultern. Als er sie berührt, grinst Mona ihn wieder an wie eine Irre. Höchste Zeit, dass Hugo und ich rein zufällig um die Ecke biegen. […]

2 a) Leider verraten uns die Textabschnitte nicht, wie das Zusammentreffen der drei Jugendlichen endet. Denkt euch in Dreiergruppen einen Schluss aus und schreibt ihn auf.
b) Ihr könnt die Fortsetzung auch in Dialogform aufschreiben und den Schluss der Klasse vorspielen.

Ich und die Mode

1 **a)** Wie würdet ihr entscheiden? Sprecht in Partnerarbeit darüber.
b) Jeder von euch schreibt seine Meinung auf und nennt zwei bis drei Gründe für seine Entscheidung.

> Jessica sollte die Bossa-Hose kaufen.
> Gründe:
> 1. Sie ...
> 2. ...

c) Legt an der Tafel eine Pro- und Kontra-Tabelle an. Tragt eure Begründungen ein.

2 **a)** Welche Rolle spielt Markenkleidung in eurer Klasse? Sprecht darüber.
b) Führt eine geheime Abstimmung zu folgenden Fragen durch.

> **A** Ich fühle mich nur mit Markenkleidung in der Klasse anerkannt.

> **B** Ich fühle mich auch ohne Markenkleidung in der Klasse anerkannt.

Schreibt A oder B auf einen Zettel und legt ihn in eine Schachtel.
c) Zählt die Zettel aus. Inwieweit stimmt das Ergebnis mit euren Erwartungen überein?

3 Spielen Markenartikel nur bei Jugendlichen eine Rolle? Sprecht darüber.

4 **a)** Interviewt Schülerinnen und Schüler aus anderen Klassen über ihre Kaufgewohnheiten. Lest dazu den Tipp.
b) Seht euch den folgenden Fragebogenausschnitt an. Welche Frage ist eine Entscheidungsfrage und welche eine Ergänzungsfrage?
Lest dazu die Info auf Seite 9.

> **A** Warum trägst du Markenkleidung?
> ☆ ☆ ☆ ☆ ☆
>
> **B** Achtest du auf eine bestimmte Marke?
> (☆) immer (☆) manchmal (☆) nie

c) Zählt nach der Umfrage die Striche bei den vorgegebenen Antworten aus und sammelt die Antworten zu den offenen Fragen.
d) Besprecht die Ergebnisse.

TIPP

So bereitet man ein Interview vor:
1. Überlegt, worüber ihr Personen in eurem Interview befragen wollt.
2. Überlegt euch genau:
   – Wann verwendet ihr Entscheidungsfragen mit vorgegebenen Antworten?
   – Wann formuliert ihr Ergänzungsfragen mit freien Antwortmöglichkeiten?
3. Entwerft den Fragebogen mit dem Computer. Lasst genügend Platz für die Antworten.

Ich will **ich** sein

1 a) Lest euch das Gedicht „my own song" aufmerksam durch.
b) Wer könnte das „ich“ in dem Gedicht sein? Begründet eure Vermutungen.
c) An wen könnte sich das „ich“ wenden?
d) Was will dieses „ich“ zum Ausdruck bringen?
e) Haltet ihr das „ich“ für egoistisch? Begründet.

2 Vielleicht gehen euch solche Gedanken auch durch den Kopf. Erweitert das Gedicht, indem ihr einige Sätze begründet, z. B.:

> ich will nicht sein
> so wie ihr mich wollt
> denn ich möchte eigene Wege gehen ...

3 a) Wählt euch eine Strophe aus und bereitet diese in Partnerarbeit für einen Vortrag vor. Lest dazu die Checkliste unten.
b) Kennzeichnet auf einer Folie, die ihr über die Seite legt, Pausen, Betonungen und Hinweise zur Tonlage. Achtet dabei auf die vom Autor durch Schrägdruck hervorgehobenen Wörter.
c) Überlegt, wie ihr die sich wiederholenden Zeilen sprechen wollt.

CHECKLISTE

Lebendig und anschaulich vorlesen

1. Plane angemessene Sprechpausen ein (Kennzeichnung: / für kurze Pause, // für lange Pause).
2. Betone besonders wichtige Wörter (Kennzeichnung durch Unterstreichen).
3. Passe die Tonlage der jeweiligen Situation an. Beachte dabei Lesetempo, Lautstärke und Stimmung (Kennzeichnung durch passende Randbemerkungen).
4. Prüfe, ob du deinen Lesevortrag durch Mimik und Gestik unterstützen kannst.

my own song
ernst jandl

ich will nicht sein
so wie ihr mich wollt
ich will nicht ihr sein
so wie ihr mich wollt
ich will nicht sein wie ihr
so wie ihr mich wollt
ich will nicht sein wie ihr seid
so wie ihr mich wollt
ich will nicht sein wie ihr sein wollt
so wie ihr mich wollt

nicht wie ihr mich wollt
wie ich sein will will ich sein
nicht wie ihr mich wollt
wie ich bin will ich sein
nicht wie ihr mich wollt
wie *ich* will ich sein
nicht wie ihr mich wollt
ich will *ich* sein
nicht wie ihr mich wollt will ich sein
ich will *sein*

Konflikte sachlich besprechen

Die Konfliktlösungstreppe

Stufe 1:
Versucht zuerst, das Problem oder den Konflikt genau zu beschreiben:
- Was ist passiert?
- Wer ist beteiligt?
- Worin liegt das Problem?

Stufe 2:
- Tauscht in aller Ruhe eure Meinungen aus.
- In der Diskussion darf jeder seinen Standpunkt vertreten.
- Beachtet die Gesprächsregeln!

Stufe 3:
- Sammelt verschiedene Vorschläge zur Lösung des Problems.
- ACHTUNG:
  Nur ernst gemeinte und positive Vorschläge helfen wirklich!

1 Schaut euch die Abbildungen auf der Seite 20 an.

a) Was ist passiert? Äußert eure Vermutungen.

b) Worin liegt das Problem?
Tauscht eure Meinungen über den Vorfall aus.

2 a) Die Überlegungen, die ihr in Aufgabe 1 angestellt habt, entsprechen der Stufe 1 und 2 der Konfliktlösungstreppe.
Lest dazu die Info.

b) Welche Aufgaben müssen in den folgenden Stufen bewältigt werden, um einen Konflikt gemeinsam zu lösen? Sprecht darüber.

3 a) Wie könnte dieses Problem gelöst werden? Sammelt in Kleingruppen Vorschläge.

b) Prüft die Lösungsvorschläge:
- Inwieweit werden sie den Wünschen der Schüler gerecht?
- Inwieweit sind sie auch für den Lehrer akzeptabel?

c) Überlegt, ob sich mehrere Lösungsvorschläge miteinander verbinden lassen.

d) Wenn mehrere Vorschläge vorliegen, stimmt über die beste Lösungsmöglichkeit ab.

INFO

Stufe 4:
- Ihr müsst euch für einen Vorschlag entscheiden.
- Am besten ist es, wenn alle einem Vorschlag zustimmen können.
  Wenn nicht mindestens zwei Drittel der Klasse und der Lehrer zustimmen, solltet ihr zur Stufe 3 zurückkehren und eine andere Lösung suchen.
- Entwerft einen Vertrag, in dem alle wichtigen Vereinbarungen festgehalten werden.
- Alle Schüler und Lehrer müssen den Vertrag unterschreiben.

Stufe 5:
Überprüft zu einem späteren Zeitpunkt den Erfolg eurer Lösung. Alle Beteiligten kommen nochmals zusammen und beraten:
- Sind wir zufrieden mit der Lösung?
- Wie hat sich unsere Entscheidung ausgewirkt?
- Wurde der Konflikt gelöst?
- Was können wir nächstes Mal besser machen?

Absprachen durch Verträge sichern

1 In Stufe 4 der Konfliktlösungstreppe wird vorgeschlagen, einen Vertrag zu vereinbaren.
a) Was stellt ihr euch darunter vor?
b) Vergleicht eure Vorstellungen mit der Info.
c) Welche Vorteile kann ein Vertrag als Ergebnis einer gemeinsamen Konfliktlösung haben?

2 a) Wie ein solcher Vertrag aussehen könnte, seht ihr in dem Entwurf rechts. Sprecht darüber.
b) Formuliert in Gruppen alle Punkte aus, zu denen sich die Klasse und der Lehrer im Vertrag verpflichten sollten.
c) Überlegt auch, was geschehen soll, wenn gegen die Abmachungen verstoßen wird. Auch diese Vereinbarungen sollten im Vertrag verankert werden.
d) Vergleicht und besprecht eure Ergebnisse.

3 Schreibt nun euren Vertrag. Zur Ausgestaltung lässt sich sehr gut der Computer einsetzen.

4 Warum ist es wichtig, dass alle Vertragspartner den Vertrag unterzeichnen?

5 Bei welchen Problemen in eurer Klasse könnten eine gemeinsame Konfliktlösung und ein Vertrag sinnvoll sein?

Vertrag

Dieser Vertrag wird geschlossen, um eine reibungslose Klassenfahrt zu gewährleisten.

Die Klasse 7c verpflichtet sich während der Klassenfahrt zu folgenden Punkten:
- Kein Schüler / keine Schülerin wird ...
- Alle Klassenmitglieder ...
- ...

Der Klassenleiter Herr Hain verpflichtet sich zu folgenden Punkten:
- Er ist bereit ...
- ...

Bei einem Verstoß gegen die Absprachen sind folgende Konsequenzen vorgesehen:
- ...

Ort, Datum: ☆ ☆ ☆

Dem Vertrag stimmen durch ihre Unterschrift zu:

Schülerinnen und Schüler: ☆ ☆ ☆

Klassenleiter: ☆ ☆ ☆

INFO

Ein Vertrag – was ist das?
Ein Vertrag enthält Vereinbarungen, die von zwei oder mehreren Vertragspartnern ausgehandelt worden sind. Mit ihrer Unterschrift bestätigen die Vertragspartner, dass sie mit diesen Vereinbarungen einverstanden sind und alle damit verbundenen Verpflichtungen einhalten werden. Verträge können auf eine bestimmte Zeit befristet oder für eine unbefristete Zeitdauer abgeschlossen werden.

1. Projektstufe: Projektauswahl

1 Vielleicht habt ihr die Möglichkeit, auf das Ziel eurer Fahrt noch Einfluss zu nehmen.

a) Welches Ziel spricht euch am ehesten an? Nennt Gründe für eure Wahl.

b) Bei jedem Ziel kann man etwas anderes unternehmen. Sammelt Vorschläge zu den einzelnen Bildern.

c) Wie würde eure Entscheidung lauten? Begründet sie.

2 In dieser Einheit erfahrt ihr, wie ihr die Fahrt in ein Schullandheim im Rahmen eines Projekts selbst organisieren könnt. Dazu werden die wichtigsten Überlegungen und Entscheidungen an Beispielen durchgespielt. Eure Aufgabe ist es, diese Überlegungen auf euer eigenes Projekt zu übertragen.

a) Auf Seite 31 sind alle Projektstufen in einer Übersicht zusammengefasst. Schaut euch die Seite an und nennt die wichtigsten Projektstufen.

b) Lest die Informationen zur ersten Projektstufe. Welche Aufgaben habt ihr in dieser Stufe zu bewältigen?

Aufgaben sammeln – Gruppen bilden

AG 1: Sich über den Ort informieren

- Lage der Unterkunft klären
- Freizeitmöglichkeiten erkunden
- ☆ ☆ ☆

Wer arbeitet mit?
☆ ☆ ☆

1 Welche Aufgaben müssen bewältigt werden, um diese Fahrt zu organisieren?
a) Führt ein Brainstorming durch. Lest dazu den Tipp.
b) Schreibt jeden eurer Vorschläge auf eine eigene Karte.

2 **a)** Lest eure Vorschläge vor.
b) Zu welchen Aufgabenbereichen lassen sich eure Vorschläge zusammenfassen? Macht Vorschläge und haltet sie an der Tafel fest.

3 **a)** Wenn ihr die Aufgabenbereiche geklärt habt, legt für jeden Bereich an der Wandtafel ein DIN-A3- Blatt an. Schaut euch dazu die Abbildung oben rechts an und sprecht über die Aufgaben dieses Blattes.
b) Schreibt oder klebt in jeden Aufgabenbereich die zusammengehörenden Begriffe und Aufgaben aus eurem Brainstorming.

4 Ihr müsst euch für eine Arbeitsgruppe entscheiden.
a) Nach welchen Gesichtspunkten trefft ihr eure Wahl? Sprecht darüber.
b) Begründet, warum sich jeder von euch die Wahl der Arbeitsgruppe genau überlegen muss.

5 **a)** Vergleicht eure Einteilung der Gruppen mit den Arbeitsgruppenvorschlägen auf den folgenden Seiten. Habt ihr ähnliche Gruppen gebildet?
b) Wählt eine Arbeitsgruppe aus, die eurem Aufgabenbereich am ehesten entspricht.
c) Lest auf Seite 31 nach, welche Aufgaben ihr auf der 2. Projektstufe lösen müsst.

TIPP

So führt man ein Brainstorming durch:
Brainstorming heißt übersetzt „das Gehirn stürmen lassen“. Gemeint ist damit, dass alle Beteiligten so viele Gedanken wie möglich äußern. Es gelten folgende Regeln:
1. Alle Äußerungen werden zugelassen.
2. Die Äußerungen werden nicht kritisiert oder kommentiert.
3. Die Äußerungen dürfen sich wiederholen.

Die Äußerungen werden aufgeschrieben oder mündlich geäußert.

2. Projektstufe: Arbeitsplanung

Arbeitsgruppe 1: Sich über den Ort informieren

1 Was soll das Ergebnis eurer Arbeit sein?
Geht von den Stichwörtern auf eurem Arbeitszettel aus und überlegt, wie das fertige Ergebnis aussehen könnte:

Lage der Unterkunft → Lageskizze

Freizeitangebote → Liste mit genauen Angaben (Eintrittsgelder, Öffnungszeiten, Adressen)

2 Was müsst ihr tun, um eure Arbeitsziele zu erreichen? Schreibt die einzelnen Schritte auf.

3 a) Wo bekommt ihr die Informationen über den Ort her? Lest dazu den Tipp.
b) Entscheidet, woher und wie ihr euch die Informationen besorgen wollt.

TIPP

Informationen über einen Ort suchen
1. Schreibt das Fremdenverkehrsamt oder die Jugendherberge an. Sie haben meist Prospekte vom Ort und von der Umgebung.
2. Sucht nach Prospekten in Reisebüros.
3. Prüft, ob euer Zielort im Internet vertreten ist.
4. Verwendet für die Suche eine Suchmaschine z. B. www.google.de oder www.suchfibel.de.

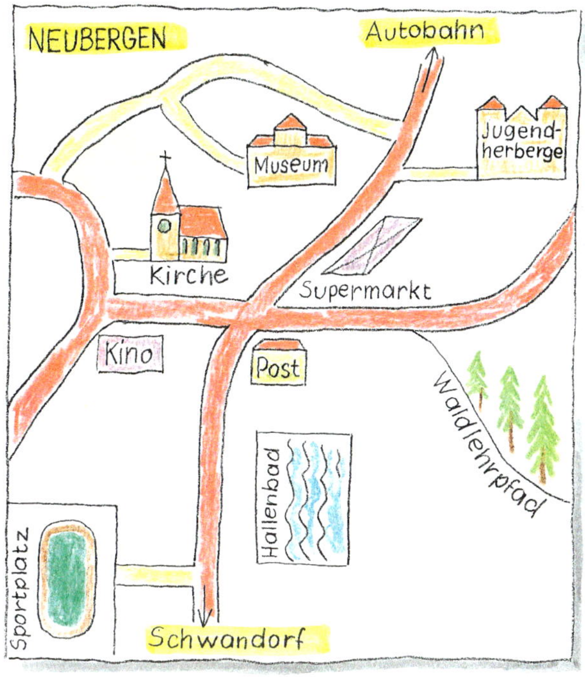

4 Erstellt einen Arbeitsplan. Lest dazu auf Seite 31 den Abschnitt *3. Arbeitsplan festlegen*.

Arbeitsplan

Was?	Wer?	Wann?
Informationen beschaffen		
- Karten suchen	Mario, Sandra	Mo.
- Reisebüro	Rebecca, Klaus	Di.
- Internet	Florian, David	Di.
Informationen auswerten	☆	☆
- …		
- …	☆	☆
Ergebnisse vorbereiten	☆	☆
- Lageskizze anlegen	☆	☆

Arbeitsgruppe 2: Spielangebote für drinnen vorbereiten

1 Klärt, zu welchem Zweck ihr die Spiele benötigt (z. B. Spiele für Regenwetter, Spiele für den „bunten Abend" ...).

2 a) Wählt euch eines der vorgeschlagenen Spiele aus. Überlegt, was ihr alles vorbereiten müsst. Die Checkliste „Spiele vorbereiten" hilft euch dabei.
b) Führt das Spiel in der Gruppe durch. Überprüft, ob ihr an alles gedacht habt.

3 Entscheidet, welche weiteren Spiele ihr vorbereiten wollt. In der Info findet ihr Hinweise, wo ihr euch im Internet über neue Spiele informieren könnt. Entwickelt anschließend einen Arbeitsplan.

Arbeitsplan

Was?	Wer?	Wann?
Informationen beschaffen	☆	☆
- Internet	☆	☆
- Spiele auswählen		
- ...	☆	☆
Informationen auswerten	☆	☆
- Spielregeln aufschreiben	☆	☆
- ...	☆	☆

INFO

Wo findet man Spiele im Internet?
Spiele könnt ihr finden z. B. bei
- http://www.nw.schule.de/e/ghge/Spielesammlung/Spieleauswahl.html
- http://www.dlrg.de/Informationen/Jugend/Spieledatenbank/thema.html
- http://www.spielekiste.de/archiv/

CHECKLISTE

Spiele vorbereiten
1. Informationen über Spiele besorgen
2. Spiele auswählen
3. notwendige Materialien besorgen
4. Spielregeln festlegen
5. bei Wettbewerben: Gesichtspunkte für die Auswertung festlegen
6. Spiel selbst erproben
7. den Zeitaufwand einplanen
8. Spiele für Jungen und Mädchen gleichermaßen berücksichtigen

Arbeitsgruppe 3: Unterkunft und Verpflegung

1 Die Aufteilung der Schülerinnen und Schüler eurer Klasse auf die Zimmer ist nicht einfach.
a) Nennt Probleme, die sich dabei stellen können.
b) Was müsst ihr wissen, um überhaupt die Verteilung vornehmen zu können? Woher bekommt ihr die Informationen?

2 Im Folgenden werden euch zwei Möglichkeiten der Zimmerverteilung vorgestellt.
A Eure Gruppe hat für die Zimmer einen Belegungsplan (siehe unten) angelegt. Ihr entscheidet, in welchen Räumen die Mädchen bzw. die Jungen untergebracht werden, und tragt die Schülerinnen und Schüler alphabetisch nach den Nachnamen in die Listen ein.
B Eure Gruppe hängt den Belegungsplan aus. In diesen Plan können eure Mitschülerinnen und Mitschüler ihre Namen eintragen.
a) Besprecht beide Verfahren.
b) Für welches Verfahren entscheidet ihr euch?

3 Wenn ihr Vorschlag B wählt, kann es sein, dass ihr einen Belegungsplan bekommt, in dem einige Zimmer überbelegt und andere unterbelegt sind. Überlegt euch geeignete Tausch- oder Losverfahren.

Belegungsplan

Zimmer Nr. 1	Zimmer Nr. 2
1. ☆ ☆ ☆	1. ☆ ☆ ☆
2. ☆ ☆ ☆	2. ☆ ☆ ☆
3. ☆ ☆ ☆	3. ☆ ☆ ☆
4. ☆ ☆ ☆	

4 Erfasst mit einem Fragebogen, wer besondere Speisen benötigt.

Wer kann oder darf bestimmte Dinge nicht essen?

Name	Was ich nicht essen darf:
1. Marc Brand	Milchprodukte
2. ...	...

5 **a)** Fragt bei der Unterkunft nach, ob und wie eure Wünsche berücksichtigt werden können.
b) Welche Fragen müsst ihr klären, wenn ein Kind mitfährt, das auf einen Rollstuhl angewiesen ist?

6 Überlegt, welche Aufgaben eure Gruppe zu bewältigen hat, und legt einen Arbeitsplan an.

Arbeitsplan

Was?	Wer?	Wann?
- Fragebogen entwickeln	☆	☆
- Landschulheim anschreiben	☆	☆
- ...	☆	☆

Arbeitsgruppe 4: Mit Konflikten umgehen – Verhaltensregeln erstellen

A

B

C

1 a) Sprecht über die Bilder oben.
b) Welche Probleme ergeben sich aus diesen Situationen?
c) Wie lassen sich diese Probleme durch gemeinsame Absprachen verringern? Eine Anregung bietet die Seite 22.
d) Formuliert für die Beispiele oben Regeln, die für alle gelten sollen.

> Alle Schülerinnen und Schüler übernehmen einen Tischdienst, zu dem sie pünktlich erscheinen.

2 Entwerft einen Leitfaden „Regeln für die Klassenfahrt“.
Folgende Stichpunkte sind als Anregung gedacht:

- Pünktlichkeit
- Tischdienst
- Taschengeldgrenze
- Absprachen einhalten
- Aufgabenverteilung beim Essen, besonders in Jugendherbergen
- Ordnung im Zimmer - Zimmerdienst
- Nachtruhe
- ...

3 a) Was passiert, wenn gegen die Regeln verstoßen wird?
Diskutiert folgende Möglichkeiten:
– zusätzlichen Tischdienst
– Zimmerdienst
– Ausschluss von Vorhaben
– ...
b) Haltet eure Vorschläge ebenfalls in euren „Regeln für die Klassenfahrt“ fest.

4 a) Legt euren Entwurf „Regeln für die Klassenfahrt“ der Klasse vor und sprecht gemeinsam darüber. Welche Änderungen sollten in euren Entwurf aufgenommen werden?
b) Schreibt die überarbeitete Fassung sauber ab. Diese Regeln sollten von allen Teilnehmern unterschrieben werden.

5 Entwickelt für eure Arbeitsgruppe einen Zeitplan.

Arbeitsplan

Was?	Wer?	Wann?
- Regeln entwerfen	☆	☆
- Regeln in der Klasse besprechen	☆	☆
- ...		

Arbeitsgruppe 5: Erstellen eines Elternbriefes

1 Überlegt in der Gruppe, was alles im Informationsbrief an die Eltern stehen muss. Die Checkliste hilft euch dabei.

2 Für euren Brief benötigt ihr Informationen aus den anderen Arbeitsgruppen und von eurem Lehrer. Dennoch könnt ihr den Brief schon vorbereiten.
a) Seht euch dazu das Formulierungsbeispiel rechts an:
– Welche „Textbausteine" könnt ihr übernehmen?
– Welche Stellen müsst ihr umformulieren?
b) Schreibt – am besten am Computer – einen Entwurf.

3 Vervollständigt den Elternbrief, nachdem ihr die entsprechenden Informationen von den anderen Gruppen eingeholt habt.

4 **a)** Stimmt euren Brief mit dem Lehrer ab und fertigt die Reinfassung an.
b) Klärt, wie der Brief kopiert wird und wie er an die Eltern verteilt wird.

Liebe Eltern der Klasse 7a,

wir haben uns entschlossen, vom ... bis ... nach ... zu fahren. Wir starten am Montag, den ... um 9.00 Uhr an der Bushaltestelle des Landratsamtes. Die Ankunft an der Schule ist am Freitag, den ... gegen ... Uhr geplant.

Frau ..., die ebenfalls in der Klasse Ihrer Kinder unterrichtet, hat sich freundlicherweise bereit erklärt, auf dieser Fahrt mitzufahren.

Auf dem Programm stehen neben Spiel und Spaß auch ein Ausflug nach ..., eine Dorfrallye und – je nach Witterung – eine Nachtwanderung. Geplant ist weiterhin ...

Folgende Kosten pro Person werden voraussichtlich entstehen (bei Teilnahme von 25 Schülern):

Wir bitten Sie, den Betrag von ... Euro bis zum ... auf folgendes Konto zu überweisen:
Name der Bank oder Sparkasse
Kontonummer
Bankleitzahl
evtl. Stichwort, z.B.
Klassenfahrt 7a

Die Fahrt wird von folgendem Unternehmen durchgeführt:
Name: ...
Anschrift: ...
Tel./Fax: ...

Die Anschrift der Unterkunft lautet:
Name: ...
Anschrift: ...
Tel./Fax: ...

Wir erlauben unserem Sohn/unserer Tochter ..., Klasse ... an der Fahrt nach ... teilzunehmen.

CHECKLISTE

Wichtige Informationen für einen Elternbrief

1. Abfahrtszeit und -ort
2. Rückkunftszeit
3. Transportmittel
4. Programm
5. Kosten – Bezahlungsweise
6. Einverständniserklärung
7. Besonderheiten
8. Vorhaben
9. Mitnahme von Gegenständen
10. Unterkunftsort und Anschrift

Arbeitsgruppe 6: Über die Klassenfahrt berichten

Paul-Winter-Realschule

Zurück Vorwärts Abbrechen Aktualisieren Startseite Favoriten Verlauf Suchen AutoAusfüllen Größer Kleiner Drucken E-Mail Optionen

Adresse: http://www.neusob.de/paul-winter-realschule/start.htm Suche

Favoriten Verlauf Suchen Seitenhalter

PAUL WINTER REALSCHULE

Home
Paul Winter
Sprechstunden
Schulorchester
Karate
Termine
Ausflüge
E-Mail

Schullandheimaufenthalt der Klasse 6b

An einem schönen sonnigen Montagmorgen trafen wir uns an der Bushaltestelle vor dem Landratsamt, um mit dem Bus nach Ensdorf zu fahren.

Um 9 Uhr kam endlich der Bus. Als das Gepäck im Bus verstaut war und wir auf unseren Plätzen saßen, begrüßte uns Herr Lippert. Frau Heigl hatte sich freundlicherweise bereit erklärt mitzufahren. Nun fuhren wir nach Abensberg in den Vogelpark. Wir betrachteten Vögel, Wildschweine, Hasen, Ponys und vieles mehr. Schön war, dass wir über eineinhalb Stunden alleine den Park anschauen durften.

Am Ende der Besichtigung kauften sich einige aus unserer Klasse noch Wasserspritzpistolen, was Herrn Lippert gar nicht gefiel, da diese natürlich gleich ausprobiert werden mussten. Nachdem ein Schüler vorbildlich die Toiletten wieder sauber gemacht hatte, stiegen wir in den Bus ein und fuhren weiter nach Ensdorf.

Bei der Ankunft begrüßte uns Pater Alfons, der Leiter unseres Kurses während des Schullandheimaufenthaltes. Verena und Elisabeth erklärten uns, dass wir unsere Betten beziehen und dass wir uns dann im "Spielraum" treffen sollten.

1 Eure Aufgabe ist es, einen Bericht über die Vorbereitung und Durchführung des Projektes zu erstellen.

a) Welche Möglichkeiten sind in den obigen Abbildungen dargestellt?

b) Entscheidet euch für eine Veröffentlichungsform.

c) Überlegt, was ihr dazu braucht, z. B. Fotos, Informationen usw.

2 Eine wichtige Voraussetzung für euren Bericht sind die Notizen, die ihr euch während der Arbeit der Gruppen gemacht habt. Legt euch dafür ein Projekttagebuch an. Lest dazu den Tipp.

3 a) Welche Ereignisse wählt ihr für euren Bericht aus? Sichtet euer Material und wertet es aus.

b) Überlegt, in welcher Reihenfolge ihr über die Ereignisse berichten wollt.

c) Schreibt eure Texte mit dem Computer und überarbeitet sie mit dem Rechtschreibprogramm.

Lest dazu die Seite 45.

TIPP

So legt ihr ein Projekttagebuch an:
Am besten nehmt ihr ein Schreibheft. In diesem Heft haltet ihr eure Beobachtungen und Notizen über die Arbeit in den Gruppen fest. Klebt auch Fotos, Arbeitsentwürfe usw. ein. Da die Klassenfahrt Teil des Projektes ist, solltet ihr in dem Projekttagebuch auch die wichtigsten Ereignisse eurer Reise festhalten.

> 24. März
> Gruppe 1 hat beschlossen, an den Fremdenverkehrsverein zu schreiben. Biggi soll den Brief entwerfen. Ahmet und Marcel wollen die Adresse über das Internet ermitteln und nach weiteren interessanten Informationen suchen. Die Gruppe trifft sich morgen wieder.
> Gruppe 3 hat die Angaben über die Zimmer bekommen und entwickelt einen Belegungsplan.

INFO

Was ist ein Projekt?

In einem Projekt habt ihr die Möglichkeit, gemeinsam ein Vorhaben durchzuführen.
Ein Projekt erfordert mehrere Arbeitsschritte, die gut geplant und abgesprochen werden müssen.
Die Einzelergebnisse werden dann zu einem Ganzen zusammengetragen.
Dabei sollte etwas entstehen, das auch in der Öffentlichkeit vorgestellt werden kann.

1. Projektstufe: Projektauswahl

- Welche Aufgaben umfasst das Projekt?
- In welche Teilprojekte (Projektangebote) lässt sich das Projekt gliedern?
- Wer arbeitet in welcher Projektgruppe?

2. Projektstufe: Arbeitsplanung

1. Bestimmt die Ziele der Arbeitsgruppen in den Gruppen genau:
- Was ist das Ziel?
- Wie soll das Ergebnis aussehen (z. B. Kurzvortrag, Plakat, Bericht in der Schülerzeitung, Informationsquiz, Durchführung des Schullandheimaufenthaltes)?

2. Arbeitsschritte überlegen:
- Welche Informationen benötigt ihr?
- Wie könnt ihr sie euch beschaffen?
- Wie werden sie ausgewertet?

3. Arbeitsplan festlegen:
- Wie viel Zeit steht euch zur Verfügung?
- In welcher Reihenfolge wollt ihr die einzelnen Arbeitsschritte erledigen?
- Wer übernimmt welche Aufgaben? Haltet das Ergebnis eurer Planung in einem Arbeitsplan fest.

3. Projektstufe: Durchführung

1. Führt die geplanten Arbeitsschritte durch; dazu kann es notwendig sein, dass ihr euch am Nachmittag trefft.
2. Während der Durchführung solltet ihr überprüfen, ob ihr den Zeitrahmen einhalten könnt.
3. Besprecht unvorhergesehene Schwierigkeiten gemeinsam in der Klasse:
- Muss das Ziel der Teilgruppe neu bestimmt werden?
- Ergeben sich Auswirkungen (z.B. Terminverschiebung) für das Gesamtprojekt?

4. Projektstufe: Präsentation der Ergebnisse

Die Arbeitsgruppen stellen ihre Ergebnisse vor.
Die Ergebnisse werden besprochen. Kritik mit konkreten Verbesserungshilfen ist erwünscht.
In dem Projekt „Schullandheim" liegt das Ergebnis in der erfolgreichen Organisation der Klassenfahrt. Vorbereitung und Ablauf des Schullandheimaufenthalts sind Gegenstand eines Berichts.

5. Projektstufe: Arbeitsrückschau

- Habt ihr das Projektziel erreicht?
- Was lief besonders gut?
- Wo gab es Probleme?
- Welche Konflikte traten in den Gruppen auf und wie wurden diese Konflikte gelöst?
- Was lässt sich beim nächsten Projekt besser machen?

Wie lernst du?

1 a) Welche Lernprobleme werden in diesen Bildern dargestellt?
b) Worin könnten die Ursachen für diese Lernprobleme liegen?
c) Kennt ihr Tricks, solche Probleme zu überwinden?

2 Eine gute Gelegenheit, eure Erfahrungen untereinander auszutauschen und voneinander zu lernen, ist das Gesprächskarussell.
a) Lest euch dazu den Tipp durch.
b) Führt schrittweise das Gesprächskarussell durch.

3 Ihr habt das Gesprächskarussell ausgewertet. Haltet die besten Lernmethoden und Tricks in Form von Lerntipps fest (z. B. Wandplakat, Folie).

TIPP

Das Gesprächskarussell

Vorbereitung:

1. Jeder notiert zunächst die Probleme, die er beim Lernen (z. B. beim Behalten von neuem Lernstoff) hat.
2. Schreibt auch stichwortartig auf, welche Tricks ihr beim Lernen von Vokabeln, Regeln, Daten, Begriffen, Sachverhalten usw. anwendet.

Durchführung:

1. Setzt euch paarweise gegenüber, sodass sich ein Innen- und ein Außenkreis ergibt. Die im Innenkreis sitzenden Schülerinnen und Schüler berichten ihrem jeweiligen Partner im Außenkreis etwa drei Minuten lang von ihren Lernproblemen und von ihren Lerntricks. Die Zuhörer im Außenkreis machen sich Notizen und fassen anschließend die Ausführungen mit eigenen Worten zusammen.
2. Nach fünf Minuten rücken alle im Innenkreis zwei Stühle weiter, sodass sich neue Gesprächspaare ergeben. Nun berichten diejenigen im Außenkreis, und ihre Partner im Innenkreis hören zu und machen sich Notizen.
3. Wertet eure Gespräche aus:
   - Welche Lernprobleme wurden genannt?
   - Welche Ursachen könnt ihr erkennen?
   - Welche Lerntipps haben euch angesprochen?

Das Gelernte sichern

Lernen und Behalten
Weil das menschliche Gehirn bereits nach wenigen Sekunden beginnt, aufgenommene Informationen zu vergessen, müssen diese dort verankert werden. Dies geschieht vor allem durch häufiges Wiederholen. Deshalb sollte der zu lernende Unterrichtsstoff bereits am Tag, an dem er durchgenommen wurde, kurz in Erinnerung gerufen werden. Es reicht beispielsweise schon, wenn ein Hefteintrag nochmals durchgelesen wird und die gelernten Vokabeln oder Regelkenntnisse kontrolliert werden. Wie die nebenstehende Zeichnung verdeutlicht, ist eine weitere Wiederholung an einem der nächsten Tage nötig, da die Gedächtnisverluste in den ersten Tagen am größten sind. Besonders gut bleibt im Gedächtnis haften, was man vor dem Schlafengehen noch einmal durchliest.

So viel kannst du dir merken, wenn du den Lernstoff …

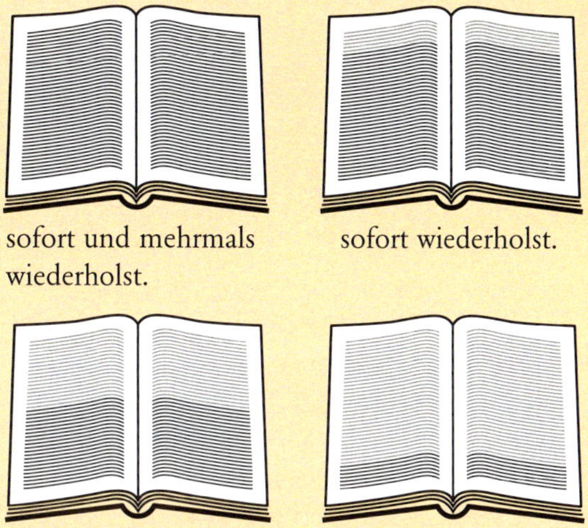

sofort und mehrmals wiederholst. – sofort wiederholst. – später wiederholst. – gar nicht wiederholst.

1 a) Die Kernaussage des oben stehenden Textes beschreibt ein wichtiges Lerngesetz. Fasst sie in einem Satz zusammen.
b) An welchen Textstellen wird diese Kernaussage begründet?
c) Erklärt die Aussage der Abbildung.
d) Welche Folgerungen könnt ihr ziehen?

2 a) Lest den Text rechts.
b) Nennt Lernbedingungen, die das Behalten des Lernstoffes erschweren könnten. Nennt die Textstellen.
c) Welche Forderungen ergeben sich daraus für das Lernen in der Schule und zu Hause?

3 In beiden Texten sind die Ratschläge für richtiges Lernen als Aussagesätze formuliert. Ergänzt eure Wandplakate bzw. Folien um weitere Lerntipps, indem ihr die Sätze in Aufforderungssätze umformt.

Lernhemmungen
Bestimmte Lernbedingungen können das Lernen und Behalten erschweren. Wenn z. B. für Prüfungen im letzten Moment gelernt wird, fehlt oft die Zeit für ein gründliches Wiederholen und der Lernstoff kann dadurch nicht nachhaltig im Gedächtnis verankert werden. Unter Zeit- und Erfolgsdruck fällt es unserem Gehirn schwer, das Gelernte abzuspeichern. Wer also erfolgreich und entspannt lernen will, muss rechtzeitig beginnen.
Die Aufnahme des Lernstoffes wird auch erschwert, wenn sich die Aufmerksamkeit gleichzeitig auf mehrere Dinge richtet. Ist während des Lernens ein Radio- oder Fernsehgerät eingeschaltet, so darf man sich nicht wundern, wenn vom Gelesenen kaum etwas hängenbleibt. Man sollte daher beim Lernen und Üben möglichst alle störenden Einflüsse und Ablenkungen vermeiden und sich ganz auf seine Arbeit konzentrieren.

Unterschiedliche Lernwege

1 Euer Lernerfolg hängt auch davon ab, über welchen Sinneskanal ihr gelernt habt. Führt den im Kasten unten beschriebenen Gedächtnistest durch. Jeder von euch kann damit herausfinden, über welchen Lernkanal er am besten Informationen aufnimmt und behält.

2 Wertet dieses Experiment zunächst einzeln aus:
- Wie viele Begriffe hast du über die verschiedenen Lernkanäle behalten?
- Über welchen Lernkanal hast du am besten bzw. am schlechtesten gelernt?

3 a) Legt an der Tafel folgende Strichliste an:

Die meisten Begriffe behalten:

Hören	Sehen	Handeln
III	II	𝍸

Die wenigsten Begriffe behalten:

Hören	Sehen	Handeln
II	III	II

b) Wertet die Ergebnisse eures Experiments aus.

c) Welche Unterschiede, welche Übereinstimmungen gibt es innerhalb der Klasse? Womit könnte das zusammenhängen?

Gedächtnistest

Hören:
- Fünfzehn Begriffe *(z. B. Hund – Uhr – Gabel ...)* werden euch im Abstand von drei Sekunden laut und deutlich vorgelesen.
- Beschäftigt euch anschließend etwa fünf Minuten lang mit etwas anderem *(z. B. Kopfrechnen).*
- Schreibt nun innerhalb von einer Minute möglichst viele der gehörten Begriffe auf.

Sehen:
- Im Abstand von drei Sekunden werden euch auf Karten (oder auf dem Tageslichtprojektor) fünfzehn Begriffe gezeigt.
- Beschäftigt euch für fünf Minuten mit etwas anderem.
- Schreibt wieder innerhalb einer Minute möglichst viele der gesehenen Begriffe auf.

Handeln:
- Euch werden Bilder von fünfzehn leicht erkennbaren Gegenständen im Abstand von drei Sekunden gezeigt.
- Schreibt die Bezeichnungen für diese Gegenstände auf und legt den Zettel weg.
- Beschäftigt euch wieder fünf Minuten mit etwas anderem.
- Schreibt innerhalb einer Minute möglichst viele der aufgeschriebenen Begiffe auf.

4 Lest euch den unten stehenden Text durch.

5 Erläutert anhand des Schaubildes, wie sich die Art der Informationsaufnahme auf das Behalten auswirkt.

6 Im Text sind einige Fremdwörter unterstrichen. Schreibt sie heraus und versucht ihre Bedeutung aus dem Zusammenhang zu erklären. Wenn euch das nicht gelingt, schlagt im Wörterbuch nach.

7 Überlegt, auf welchen Lernwegen ihr die letzte Aufgabe ausgeführt habt. Tauscht eure Erfahrungen gegenseitig aus.

8 Sammelt Vorschläge, wie man visuell lernen kann, z. B.
- Kärtchen mit Vokabeln oder Regeln dort hinlegen, wo man oft hinsieht,
- Plakat (z. B. mit den wichtigsten Kommaregeln) im Klassenzimmer aufhängen ...

9 Welche Möglichkeiten auditiv oder audiovisuell zu lernen fallen euch ein?

10 Seht euch die Lernspiele auf den Seiten 207–210 an.
- Welche Lernwege werden bei den verschiedenen Spielen angewendet?
- Übt mit einem Lernspiel die Bedeutung der Fremdwörter aus dem Text *Mehrkanaliges Lernen* ein.

11 Wie kann man Vokabeln mehrkanalig lernen und üben? Macht Vorschläge.

12 Überlegt auch für andere Fächer, wie man sich den dort vermittelten Lernstoff gut einprägen kann.

13 Vergleicht eure Ergebnisse aus dem Gedächtnistest (siehe Seite 34) mit den Aussagen des Textes *Mehrkanaliges Lernen*.

Mehrkanaliges Lernen

Man kann Lernstoff grundsätzlich über verschiedene Sinneskanäle aufnehmen. Beim visuellen Lernen werden Bilder und Symbole, Zahlen, Wörter und Schaubilder über das Auge aufgenommen. Auditives Lernen über das Ohr erfolgt meist beim Anhören mündlicher Darbietungen und Erläuterungen. Im Lichtbildvortrag, Film oder Fernsehen werden Informationen audiovisuell, also in Wort und Bild gleichzeitig, übermittelt. Wie die Grafik zeigt, kann man sich Lernstoff aber am besten durch aktives Handeln einprägen. Beim manuellen Umgang mit dem Lerngegenstand bleiben bis zu 90 % im Gedächtnis haften, weil neben der optischen und akustischen auch die motorische Wahrnehmung eingesetzt wird und die geistige Auseinandersetzung mit dem Lernstoff sehr vielfältig erfolgt. Mehrkanaliges Lernen erfolgt zum Beispiel auch
- beim Bearbeiten und Auswerten von Bild- und Textmaterial (Schreiben, Markieren, Ausmalen),
- beim Verfassen eigener Texte,
- beim Besprechen, Vortragen und Diskutieren des Lernstoffes,
- beim Anlegen von Lernkärtchen, Merkzetteln, Skizzen und Schaubildern,
- beim Anwenden des Gelernten in verschiedenen Spiel- oder Übungsformen.

Dieses mehrkanalige Lernen, bei dem viele Lernwege gleichzeitig angewendet werden müssen, ist besonders effektiv.

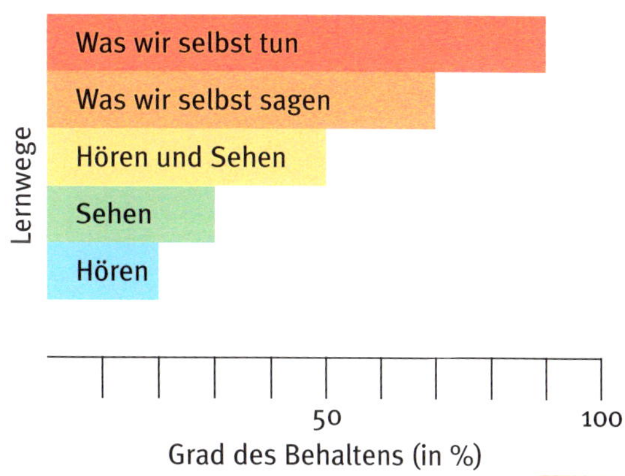

Wie finde ich Informationen?

A Welche Wirkstoffe enthält Tabak?

B Warum ist Rauchen so gefährlich?

C Welche Krankheiten können durch das Rauchen hervorgerufen werden?

D Wer hat die Zigaretten „erfunden"?

E Wie kann man Rauchern aus ihrer Sucht helfen?

F Warum husten Zigarettenraucher so häufig?

Rauchen
Gesundheitsschädigender Konsum von ↑ Tabakprodukten oder Rauschmitteln durch Einatmen von Rauch, der bei der Verbrennung von Pfeifen und länglichen Papierhülsen (↑ Zigaretten) oder von zusammengedrehten Tabakblättern (↑ Zigarren) entsteht. Unter den 4 000 im Rauch nachgewiesenen Substanzen sind viele giftig und ↑ Krebs erregend. R. ist veranwortl. für 30 % aller Todesfälle durch Krebs. Die Schädlichkeit von Passiv-R. (unfreiwilliges Einatmen von Rauch) ist ebenfalls gesichert. Ursache der Verbreitung des R. ist die Abhängigkeit von ↑ Nikotin, die sich bei 40 % der Raucher entwickelt.

1 Die Fragen oben könnten sich bei der Vorbereitung zu einem Referat über das Rauchen ergeben. Welche Informationsquellen würdet ihr heranziehen, um die Fragen zu beantworten? Begründet eure Entscheidung.

2 a) Wie findet man Informationen im Lexikon? Lest dazu den Tipp.
b) Überlegt in Partnerarbeit, welche Wörter in den Fragen A bis D auf ein Stichwort hinweisen?
c) Überprüft eure Vermutungen mithilfe eines Lexikons.

3 Welches Wort gibt euch in den Fragen E und F einen Anhaltspunkt? Schlagt in einem Lexikon nach oder gebraucht ein CD-ROM-Lexikon.

4 a) Lest den Lexikontext oben rechts. Welche Querverweise enthält er?
b) Welche der angegebenen Stichwörter würdet ihr nachlesen, um vielleicht Informationen zu den Fragen E und F zu bekommen?
c) Schlagt in eurem Lexikon das Stichwort *Rauchen* auf und überprüft die Querverweise.

TIPP

So sucht man Informationen im Lexikon:
Meistens liegt deiner Informationssuche eine Frage zugrunde.
Dazu musst du im Lexikon ein passendes Stichwort finden.
Gehe bei deiner Suche so vor:
1. Prüfe, ob die Frage Wörter enthält, die Stichwörter im Wörterbuch sein könnten. *Inwieweit schädigt der Zigarettenkonsum unsere Lunge?*
2. Schlage die betreffenden Stichwörter nach. Lies die Texte und prüfe, ob sie für deine Frage Informationen enthalten.
3. Häufig findet man in einem Text Querverweise auf andere Stichwörter. Prüfe, ob diese Querverweise für deine Frage wichtig sind, und schlage unter dem angegebenen Stichwort nach.

Was Lexika (nicht) leisten

1 Der Lexikontext zum Stichwort *Rauchen* enthält Querverweise auf *Nikotin* und *Tabak*.

a) Lest die beiden Texte rechts. Schlagt die Fremdwörter im Wörterbuch nach.

b) Welche Hinweise auf Informationen für die Fragen E und F (Seite 36) enthalten sie?

c) Überprüft auch die euch vorliegenden Lexika, ob ihr unter den beiden Stichwörtern Informationen zu den Fragen E und F findet.

2 Überlegt, warum Lexika für die Fragen E und F nur wenige Informationen liefern.

INFO

Wann verwendet man Lexika?

Ein Lexikon gibt einen Überblick und enthält nur die wichtigsten Informationen zu einem Fachgebiet. Je dicker ein Lexikon ist, umso ausführlicher und umfassender ist es. Dennoch ist ein Lexikon kein Fachbuch. Man wird daher für ganz spezielle Fragen nur wenige oder keine Informationen finden. Das gilt auch für Lexika auf CD-ROM. Da Lexika nur das Wissen enthalten, das zum Zeitpunkt des Entstehens bekannt war, sind auch ganz aktuelle Informationen nicht zu finden. Für Lexika auf CD-ROM werden allerdings über das Internet aktuelle Informationen angeboten.

Nikotin

In der Tabakpflanze enthaltenes ↑ Alkaloid. N. wird beim Rauchen oder Verschlucken aufgenommen und mit einer ↑ Halbwertszeit von zwei Stunden abgebaut; wirkt an vegetativen Nervenganglien zunächst erregend, dann lähmend. Bei wiederholter Zufuhr tritt Gewöhnung ein. Anwendung auch zur Schädlingsbekämpfung. Akute N.-Vergiftung: u. a. Blässe, Schwindel, Kopfschmerzen, Durchfall, Herz-Kreislauf-Versagen, Delirien, Krämpfe, Atemlähmung, Koma. 50 – 60 mg sind bei rascher Aufnahme tödlich. Chron. N.-Vergiftung: ↑ Rauchen.

Tabak

Südamer., bis 2 m hohes ↑ Nachtschattengewächs (nicotana tabacum); trichterförmige, fleischrote Blüten und stiellose, breit-langzettl. Blätter.

GESCHICHTE: Zur Herstellung von ↑ Zigarren bauten südamer. Indios bereits in der Frühzeit T. an; um 1560 Einführung in Europa.

KULTUR: Zwei Drittel der T.-Ernte (ca. 7,8 Mio. t) wird in trop., ein Drittel in subtrop. Ländern und in gemäßigten Breiten produziert. Hauptproduzenten von Roh-T. sind China, die USA und Brasilien, wobei die USA sowohl bedeutendster Ex- wie Importeur sind. Pflücken der T.-Blätter in der Gelbreife; nach Lufttrocknen Fermentation in Ballen oder Fässern, dabei Bildung der Aroma- und braunen Farbstoffe.

INHALTSSTOFFE: Trockene T.-Blätter enthalten ca. 0,5 – 5 % nervenreizendes, in großer Dosis giftiges ↑ Nikotin; größere Gefährdung beim T.-Rauchen durch Krebs erregende Kondensate (z. B. ↑ Teer).

VERWENDUNG: Als Schnitt-T. für ↑ Zigaretten, Zigarren, Pfeifen; durch Aromazusätze als Kaumasse zubereitet. ↑ Rauchen.

Erfolgreich im Internet suchen

1 a) Warum könnten Suchmaschinen im Internet für die Fragestellungen E und F (Seite 36) hilfreich sein? Lest dazu die Info.
b) Welche Probleme können sich jedoch ergeben?

2 a) Prüft, welche Suchbegriffe für die Fragen E und F geeignet sein könnten?
Berücksichtigt auch Fachbegriffe, auf die ihr schon durch die Lexikonsuche aufmerksam geworden seid.
b) Erprobt selbst am Computer, welche Suchergebnisse ihr mit euren Suchbegriffen erzielt. Lest dazu den Tipp.

3 Es hängt von den eingegebenen Suchbegriffen ab, welche Dokumente von der Suchmaschine angeboten werden.
a) Schaut euch auf Seite 39 die Abbildung oben an. Warum erscheinen aufgrund der Suchbegriffe auch ganz irreführende Hinweise?
b) Vergleicht auf Seite 39 die Suchergebnislisten in den beiden Abbildungen.
Welche Unterschiede stellt ihr fest?
c) Welche Titel würdet ihr für die Fragestellung E auswählen? Begründet eure Entscheidung.
d) Sucht auch Informationen im Internet zur Frage F.

INFO

Was machen Suchmaschinen?
Im Internet stehen euch mehrere Suchmaschinen zur Verfügung. Einen Überblick gibt euch die Internetseite *www.suchfibel.de*. Die meisten Maschinen erfassen alle wichtigen Begriffe eines im Internet stehenden Textes und sortieren Texte danach, wie häufig bestimmte Begriffe verwendet werden. Gibt man in diese Suchmaschinen z. B. den Begriff *Raucher* ein, werden alle Texte aufgeführt, in denen dieser Begriff auftaucht. Texte, in denen der Begriff sehr häufig vorkommt, werden als erste vorgeschlagen. Gibt man nicht nur einen, sondern mehrere Suchbegriffe ein, dann schränkt sich die Auswahl der Texte immer mehr ein.
Häufig erscheinen die Suchergebnisse in folgender Form:

1. Kurztitel des Internetdokuments
2. Kurzbeschreibung oder Textstellen mit den gesuchten Begriffen
3. Zusätzliche Informationen (Dateigröße, Autor, ...)

Per Klick mit der Maustaste auf den Titel oder auf die Adresse lässt sich das Dokument direkt laden.
Inwieweit die Informationen auf einer Internetseite auch stimmen, lässt sich nur anhand weiterer Informationsquellen überprüfen.

TIPP

So sucht man im Internet:
Um die Anzahl der Suchergebnisse gering und überschaubar zu halten, ist es sinnvoll, die Internetsuche einzugrenzen. Dazu werden zwei oder mehrere Suchbegriffe miteinander verknüpft. Je nach Suchmaschine kann dies unterschiedlich erfolgen:
– *Raucher Sucht*
– *Raucher AND Sucht*
– *+ Raucher + Sucht*

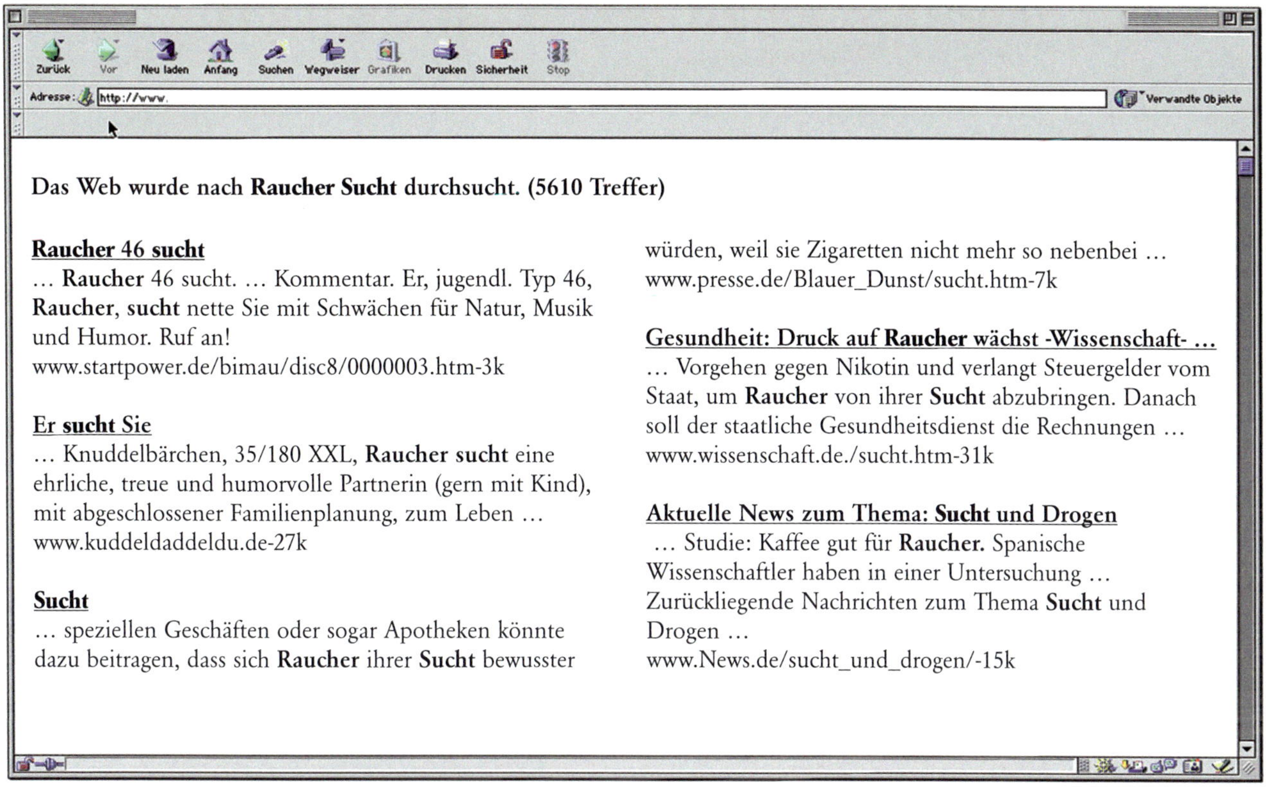

Das Web wurde nach **Raucher Sucht** durchsucht. (5610 Treffer)

Raucher 46 sucht
... **Raucher** 46 sucht. ... Kommentar. Er, jugendl. Typ 46, **Raucher**, **sucht** nette Sie mit Schwächen für Natur, Musik und Humor. Ruf an!
www.startpower.de/bimau/disc8/0000003.htm-3k

Er **sucht Sie**
... Knuddelbärchen, 35/180 XXL, **Raucher sucht** eine ehrliche, treue und humorvolle Partnerin (gern mit Kind), mit abgeschlossener Familienplanung, zum Leben ...
www.kuddeldaddeldu.de-27k

Sucht
... speziellen Geschäften oder sogar Apotheken könnte dazu beitragen, dass sich **Raucher** ihrer **Sucht** bewusster würden, weil sie Zigaretten nicht mehr so nebenbei ...
www.presse.de/Blauer_Dunst/sucht.htm-7k

Gesundheit: Druck auf **Raucher** wächst -Wissenschaft- ...
... Vorgehen gegen Nikotin und verlangt Steuergelder vom Staat, um **Raucher** von ihrer **Sucht** abzubringen. Danach soll der staatliche Gesundheitsdienst die Rechnungen ...
www.wissenschaft.de./sucht.htm-31k

Aktuelle News zum Thema: **Sucht** und Drogen
... Studie: Kaffee gut für **Raucher.** Spanische Wissenschaftler haben in einer Untersuchung ... Zurückliegende Nachrichten zum Thema **Sucht** und Drogen ...
www.News.de/sucht_und_drogen/-15k

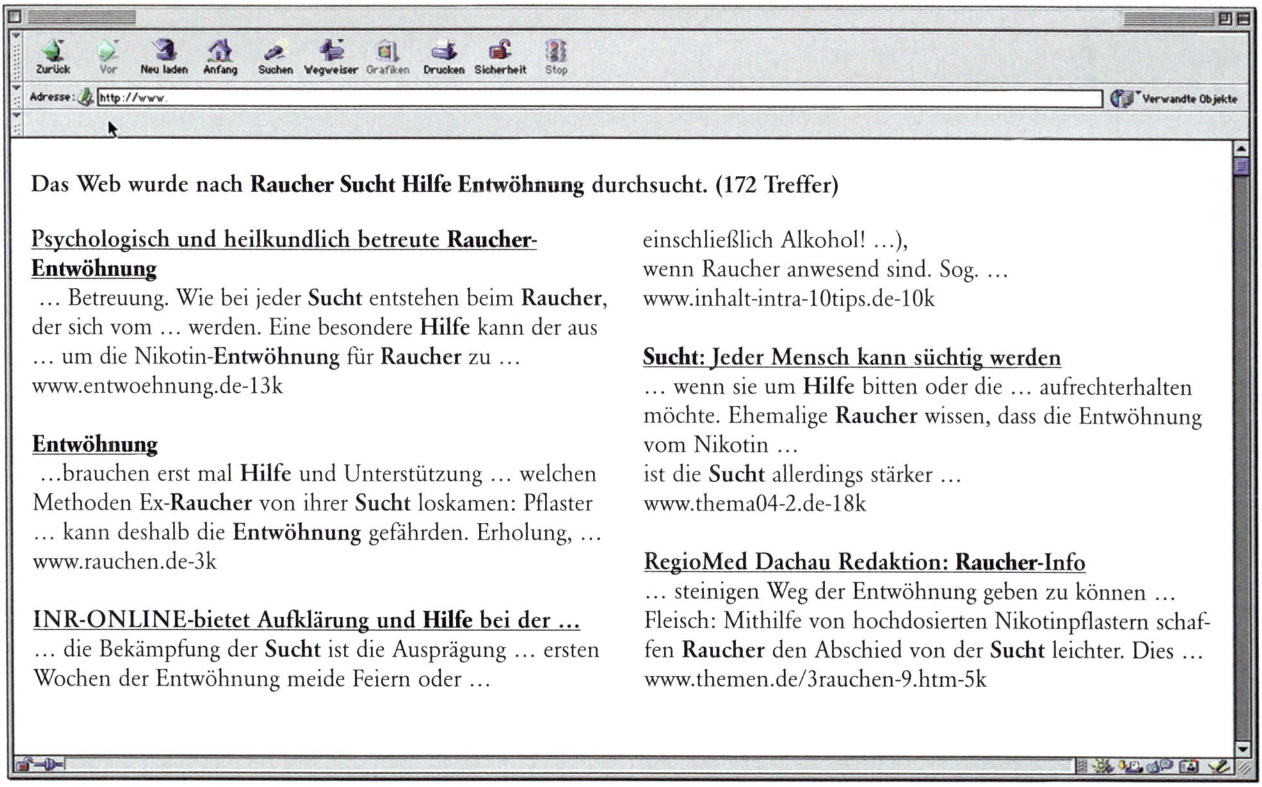

Das Web wurde nach **Raucher Sucht Hilfe Entwöhnung** durchsucht. (172 Treffer)

Psychologisch und heilkundlich betreute **Raucher-Entwöhnung**
... Betreuung. Wie bei jeder **Sucht** entstehen beim **Raucher**, der sich vom ... werden. Eine besondere **Hilfe** kann der aus ... um die Nikotin-**Entwöhnung** für **Raucher** zu ...
www.entwoehnung.de-13k

Entwöhnung
...brauchen erst mal **Hilfe** und Unterstützung ... welchen Methoden Ex-**Raucher** von ihrer **Sucht** loskamen: Pflaster ... kann deshalb die **Entwöhnung** gefährden. Erholung, ...
www.rauchen.de-3k

INR-ONLINE-bietet Aufklärung und **Hilfe** bei der ...
... die Bekämpfung der **Sucht** ist die Ausprägung ... ersten Wochen der Entwöhnung meide Feiern oder ... einschließlich Alkohol! ...), wenn Raucher anwesend sind. Sog. ...
www.inhalt-intra-10tips.de-10k

Sucht: Jeder Mensch kann süchtig werden
... wenn sie um **Hilfe** bitten oder die ... aufrechterhalten möchte. Ehemalige **Raucher** wissen, dass die Entwöhnung vom Nikotin ...
ist die **Sucht** allerdings stärker ...
www.thema04-2.de-18k

RegioMed Dachau Redaktion: **Raucher**-Info
... steinigen Weg der Entwöhnung geben zu können ... Fleisch: Mithilfe von hochdosierten Nikotinpflastern schaffen **Raucher** den Abschied von der **Sucht** leichter. Dies ...
www.themen.de/3rauchen-9.htm-5k

In vier Schritten einen Text erarbeiten

Wenn ihr euch über einen Sachverhalt informieren wollt, dann findet ihr eure Informationen sehr häufig in Büchern, Zeitschriften, Zeitungen oder Lexika. Oft reicht das einfache Durchlesen nicht aus, um solche Sachtexte zu verstehen.
Am Beispiel des Textes *Hausaufgaben – leicht gemacht* (Seite 41–42) könnt ihr das schrittweise Erschließen eines Textes einüben.

1 Lest zunächst die Info.
Besprecht gemeinsam,
was ihr nicht verstanden habt.

2 Lest den Text *Hausaufgaben – leicht gemacht* und unterstreicht Wörter, die ihr nicht kennt. Benützt dazu am besten eine Kopie des Textes (Vorlage: Copy 1) oder eine Folie, die ihr auf den Text legt.

3 Was versteht man unter *Arbeitsrhythmus* (Zeile 42)? Gebt den Sinn des Satzes mit eigenen Worten wieder, ohne das Wort *Arbeitsrhythmus* zu verwenden.

4 Was bedeutet das Fremdwort *Pensum* (Zeile 51)? Erläutert die Bedeutung aus dem Textzusammenhang. Lest dazu den vorhergehenden Satz.

5 Schlagt nach, was *autogenes Training* bedeutet.

6 a) Findet ihr in eurem Nachschlagewerk eine Erklärung der Fachbegriffe *progressive Muskelentspannung* oder *meditative Übungen?*
b) Wenn nicht: Wer könnte euch Auskunft geben?
c) Was konntet ihr ermitteln?

7 Was bedeutet in den Zeilen 74 und 96 das Wörtchen *effektiv?*
a) Welche Bedeutungen werden in eurem Nachschlagewerk angegeben?
b) Ermittelt die jeweils richtige Bedeutung.

8 In den Zeilen 14–23 steht ein „Bandwurmsatz“. Unterpunktet auf einer Folie oder in der Copy 1 die Hauptaussage.

TIPP

1. Schritt: Den Text kennenlernen
- Lies den Text in Ruhe durch.
- Unterringele alle Wörter, die dir unklar sind (... autogenes Training ...).
- Längere unverständliche Textstellen kennzeichne mit einem Fragezeichen.

2. Schritt: Unverständliches klären
- Erschließe unbekannte Wörter aus dem Textzusammenhang.
- Wenn das nicht möglich ist, schlage in einem Wörterbuch oder Lexikon nach.
- Komplizierte Sätze, deren Sinn du nicht sofort verstehst, solltest du mehrmals lesen. Oft ist es hilfreich, die Hauptaussage zu unterpunkten.

> Musik. Sie glauben, dass ihre Arbeit dadurch angenehmer wird. Musikalische Untermalung mag zwar bei eintönigen oder kreativen Arbeiten förderlich sein, bei schwierigen Aufgaben erschwert sie jedoch den ruhigen Ablauf der Gedanken, sie stört die Konzentration und lenkt ebenso von der Arbeit ab wie herumliegende Comics, Zeitschriften, Gameboys oder Videokassetten. Versuchungen solcher

Hausaufgaben – leicht gemacht

Bei vielen Schülerinnen und Schülern besteht die Zeitplanung lediglich im Einprägen des Stundenplanes. Termine für Klassenarbeiten versuchen sie sich auf gut Glück zu merken, anstatt sie wie die Hausaufgaben regelmäßig ins Hausaufgabenheft zu schreiben. Sie schieben die Vorbereitung auf die lange Bank oder vergessen sie sogar. Häufig wächst ihnen dann an bestimmten Tagen die Arbeit über den Kopf, weil neben den täglichen Hausaufgaben oft noch andere wichtige Termine oder Arbeiten anstehen.

Um so ein Chaos zu vermeiden, ist eine überlegte Terminplanung nötig. Deshalb solltest du dir einen persönlichen Terminkalender anlegen. Dort kannst du alle wichtigen Schul- und Freizeittermine wie Ausflüge, Klassenarbeiten, Geburtstagspartys, Veranstaltungen im Verein oder Verabredungen eintragen und kalkulieren, wie du die anfallenden Arbeiten für die Schule (Hausaufgaben, Vorbereitung auf Klassenarbeiten, Besorgung von Unterrichtsmaterial, Treffen mit der Arbeitsgruppe usw.) am besten auf die einzelnen Wochentage verteilst.

Zum Arbeiten brauchst du einen geeigneten Raum oder zumindest eine Arbeitsecke, in der du ungestört bist. Viele Schülerinnen und Schüler lassen während der Hausaufgaben den Fernseher laufen oder hören nebenbei Musik. Sie glauben, dass ihre Arbeit dadurch angenehmer wird. Musikalische Untermalung mag zwar bei eintönigen oder kreativen Arbeiten förderlich sein, bei schwierigen Aufgaben erschwert sie jedoch den ruhigen Ablauf der Gedanken, sie stört die Konzentration und lenkt ebenso von der Arbeit ab wie herumliegende Comics, Zeitschriften, Gameboys oder Videokassetten. Versuchungen solcher Art kannst du also am besten vermeiden, wenn dein Arbeitsplatz aufgeräumt ist und nur die Sachen bereitliegen, die du auch wirklich brauchst. So kannst du sofort mit der Arbeit beginnen und kommst auch nicht aus dem Arbeitsrhythmus.

Bevor du mit den Hausaufgaben in den einzelnen Fächern beginnst, solltest du überlegen, welche Aufgaben an diesem Tag zu erledigen sind, und sie in kleine Portionen einteilen. Am besten hältst du diese auf einzelnen Notizzetteln fest und heftest sie an deine Pinnwand. Nach jeder erledigten Aufgabe kannst du einen Zettel abnehmen. Jedes Mal hast du einen Teil deines Pensums geschafft und kannst ein Erfolgserlebnis feiern.

Hast du auch Anlaufschwierigkeiten? Spielst du mit dem Lineal, malst Männchen oder träumst vor dich hin, anstatt mit den Hausaufgaben zu beginnen? Dann solltest du dir den Einstieg erleichtern, indem du z. B. mit einer leichten Aufgabe oder deinem Lieblingsfach beginnst. Oder bist du jemand, der lieber zuerst die anstrengenden oder unangenehmen Aufgaben hinter sich bringt? Dann fange damit an. Egal, welche Arbeitseinteilung du bevorzugst – wichtig ist, dass du Leerlauf und Langeweile vermeidest. Je bunter die Reihenfolge beim Lernen ist, desto besser! Wechsle daher zwischen mündlichen und schriftlichen sowie leichten und schweren Aufgaben ab. Du wirst sehen: So ermüdest du nicht so schnell.

Auch wer konzentriert arbeitet, ertappt sich von Zeit zu Zeit dabei, dass er mit seinen Gedanken irgendwo anders ist. Das ist eine ganz natürliche Reaktion auf dauernde Anspannung. Lege deshalb bewusst Pausen zur Erholung ein, damit dein Gehirn wieder neue Kraft tanken kann. Mehrere kurze Pausen sind effektiver als eine lange. Als Faustregel gilt: Nach jeder halben Stunde intensiven Arbeitens sollte man ca. fünf Minuten lang abschalten, nach etwa eineinhalb Stunden ist eine längere Pause angebracht. Genieße diese Arbeitspausen und belohne dich selbst für die geleistete Arbeit, indem du einer Lieblingsbeschäftigung nachgehst.

Du kannst dich natürlich auch entspannen. Dazu eignen sich das autogene Training, die progressive Muskelentspannung, meditative oder edukinestetische Übungen. Anschließend kannst du umso konzentrierter und motivierter weiterarbeiten.

Wenn du dich bemühst, die bisherigen Hinweise zu beachten, bist du auf dem besten Weg, eine wirkungsvolle Arbeitshaltung zu entwickeln. Dazu gehören neben einer präzisen Arbeitsweise auch regelmäßige Arbeitszeiten. Diese haben den Vorteil, dass deine Eltern, Geschwister und Freunde sich im Laufe der Zeit daran gewöhnen und Störungen in diesen Zeiten unterlassen. Außerdem wirst du die Erfahrung machen, dass du nach getaner Arbeit deine Freizeit effektiv besser genießen kannst. Wann deine beste Arbeitszeit ist, musst du selbst herausfinden. Allerdings wäre es nicht sinnvoll, sofort nach der Schule oder dem Mittagessen mit den Hausaufgaben zu beginnen. Dafür gibt es drei Gründe:

1. Du musst dich zunächst vom Vormittag erholen.
2. Nach dem Essen wird der Geist träge.
3. Du hast wahrscheinlich – wie die meisten Menschen – am frühen Nachmittag (bis etwa 16.00 Uhr) ein Leistungstief.

Wenn du trotzdem diese Zeit für Hausaufgaben nutzen musst, dann erledige möglichst nur einfache Tätigkeiten wie Abzeichnen, Abschreiben oder Ausmalen.

TIPP

3. Schritt:
Dem Text Informationen entnehmen

1. Unterstreiche in jedem Absatz nur die wichtigsten Informationen (Schlüsselstellen).

2. Um so ein Chaos zu vermeiden, ist eine überlegte Terminplanung nötig. Deshalb solltest du dir einen persönlichen Terminkalender anlegen. Dort kannst du alle wichtigen Schul- und Freizeittermine wie Ausflüge, Klassenarbeiten, Geburtstagspartys, Veranstaltungen im Verein oder Verabredungen eintragen und kalkulieren, wie du die anfallenden Arbeiten für die Schule

2. Wenn du keine Schlüsselstellen im Text findest, dann fasse den Absatz in einer Kernaussage (in einem Stichwort oder in einem kurzen Satz) zusammen.

Hausaufgaben sinnvoll einteilen

Bevor du mit den Hausaufgaben in den einzelnen Fächern beginnst, solltest du überlegen, welche Aufgaben an diesem Tag zu erledigen sind, und sie in kleine Portionen einteilen. Am besten hältst du diese auf einzelnen Notizzetteln fest und heftest sie an deine Pinnwand. Nach jeder erledigten Aufgabe kannst du einen Zettel abnehmen. Jedes Mal hast du einen Teil deines Pensums geschafft und kannst ein Erfolgserlebnis feiern.

9 a) Markiert die Schlüsselstellen.
b) Welche Absätze habt ihr in Kernaussagen zusammengefasst?

10 Vergleicht eure Schlüsselstellen.
a) Begründet, warum ihr gerade diese Stellen markiert habt.
b) Häufig begeht man den Fehler, zu viel anzustreichen. Untersucht, an welchen Stellen euch das passiert ist.

11 Häufig liest man einen Text, um Informationen zu einer bestimmten Frage zu bekommen.
a) Wählt aus der Gedankenblase rechts eine Fragestellung aus.
b) Kennzeichnet alle Textstellen farbig, die für die ausgewählte Fragestellung wichtig sind.

TIPP

4. Schritt: Informationen festhalten

Für das Aufschreiben der wichtigsten Informationen brauchst du dich nur an deinen markierten Schlüsselstellen und Kernaussagen zu orientieren.

Es gibt zwei Möglichkeiten, diese Informationen festzuhalten:

1. Du legst dir einen übersichtlich gegliederten Stichwortzettel an:
   - Formuliere eine Überschrift.
   - Überlege, welche Abschnitte zusammengehören, und formuliere dazu einen Gliederungspunkt.
   - Schreibe unter diesen Gliederungspunkt die wichtigsten Informationen in Stichworten auf. Am übersichtlichsten ist es, die Stichwörter untereinander zu schreiben und mit einem Spiegelstrich zu versehen.

2. Du kannst deine Notizen auch in Form einer **Mindmap** anlegen:
   - Fasse den Sachverhalt, um den es dir geht, in einem Stichwort zusammen und schreibe ihn in die Mitte eines Blattes. Zeichne darum einen Kreis.
   - Lege an den Kreis für jeden Hauptgliederungspunkt einen Ast an und benenne ihn mit einem Stichwort.
   - Ergänze an den Verzweigungen der Äste weitere Stichwörter.

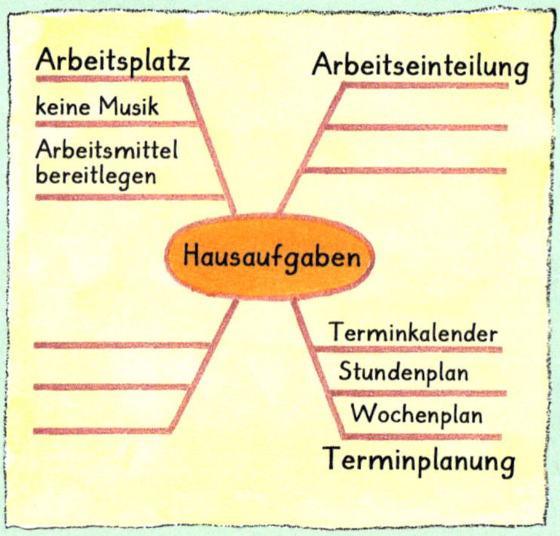

12 Lest euch den Tipp durch. Besprecht gemeinsam, was ihr nicht verstanden habt.

13 a) Entscheidet euch für eine der aufgezeigten Möglichkeiten, Informationen aufzuzeichnen, und wendet sie an.
b) Sprecht über die Vor- und Nachteile der beiden Möglichkeiten.

14 Erschließt in der gleichen Weise einen weiteren Sachtext (z. B. auf Seite 90).

Aufpassen bei der Rechtschreibprüfung

Zurück Vor Neu laden Anfang Suchen Wegweiser Grafiken Drucken Sicherheit Stop

> Schon die alten Grichen haben Kaugumi gekannt – das Harz des Mastixbaumes (Pistazienbaumes). Sie kauten es zum Zähneputzen und um einem frischen Atem zu bekommen. Die Nordamerikanischen Indianer kauten Fichtenharz und schon lange vor den beißen Einwanderern aus Europa wurde der Chiclegummi von den Mayas als Kaugumi geschätzt. Dieser eingedickte Milchsaft des mittelamerikanischen Sapotillbaumes ist auch heute die Basis vieler Kaugumis.

1 a) Warum sind in dem Text einige Wörter von der Rechtschreibprüfung markiert worden?
b) Erklärt, warum nicht alle unterstrichenen Wörter Fehler sind. Lest dazu auch die Info.
c) Wie überprüft ihr Fachbegriffe, die die Rechtschreibprüfung nicht kennt und daher auch keine Änderungsvorschläge anbietet?

2 a) Bei welchem Fehlerwort im Text oben lohnt es sich, bei der Rechtschreibkorrektur das Feld *Autokorrektur* anzuklicken? Lest dazu die Info.
b) Überlegt, an welchen Stellen im Text jeweils die Wahl *Hinzufügen, Ignorieren* sinnvoll ist.

INFO

Rechtschreibprüfung mit dem Computer
Begriffe, die dem Wörterbuch eines Computerprogrammes unbekannt sind, werden mit einer roten Wellenlinie unterstrichen.
Ein Klick auf das gekennzeichnete Wort mit der rechten Maustaste zeigt dir ein Menü mit folgenden Wahlmöglichkeiten:
- *Hinzufügen:* Dem Wörterbuch der Rechtschreibprüfung wird ein unbekanntes Wort zugefügt.
- *Ignorieren:* Das Wort bleibt unverändert.
- *Autokorrektur:* Der Fehler und die Verbesserung werden gespeichert.
  Wird der gleiche Fehler nochmals gemacht, korrigiert ihn das Programm automatisch.

3 Drei Fehler hat die Rechtschreibprüfung nicht erkannt. Lest den Tipp und sucht die Fehler.

4 Gebt den Text „Kaugummi" in den Computer ein und überarbeitet ihn.

5 Überprüft, ob folgende Wörter der Rechtschreibprüfung eures Computers bekannt sind. Bei welchen Wörtern ist es sinnvoll, sie in das Wörterbuch der Rechtschreibprüfung hinzuzufügen?

Chat, Handy, Mail, Browser, SMS, Smiley, Skateboard, Inlineskates, Webcam, Kickboard

TIPP

Den Text selbst überprüfen
Der Computer erkennt folgende Fehler nicht:
1. Verwechslungen:
   Er viel (richtig: fiel) vom Baum.
2. Sonderfälle der Großschreibung:
   das lachen (richtig: das Lachen)
3. Grammatische Fehler:
   vor einen Jahr (richtig: vor einem Jahr)
4. Satzzeichenfehler
5. Fehlende Wörter

Daher: Immer den Text selbst kontrollieren.

Wann ist Mitschreiben wichtig?

1 **a)** Welche Situationen werden auf den Bildern dargestellt?
b) Warum wird in solchen Situationen mitgeschrieben?
c) Welche Probleme können auftreten, wenn ihr versucht mitzuschreiben?

2 **a)** Wann ist es hilfreich, technische Hilfsmittel zur Aufnahme einzusetzen, z. B. Kassettenrekorder, Diktiergerät oder Videokamera?
b) Warum ist eine Tonbandaufnahme kein Ersatz für die zusammenfassende Niederschrift?

Notizen **anlegen**

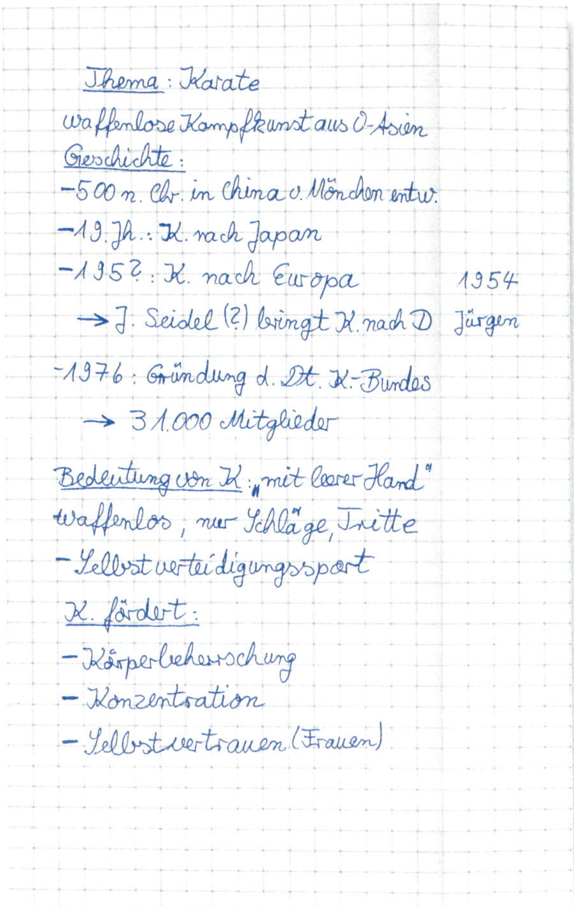

Thema: Karate
waffenlose Kampfkunst aus O-Asien
Geschichte:
–500 n. Chr. in China v. Mönchen entw.
–19. Jh.: K. nach Japan
–195?: K. nach Europa 1954
→ J. Seidel (?) bringt K. nach D Jürgen
–1976: Gründung d. Dt. K.-Bundes
→ 31.000 Mitglieder
Bedeutung von K.: „mit leerer Hand"
waffenlos, nur Schläge, Tritte
– Selbstverteidigungssport
K. fördert:
– Körperbeherrschung
– Konzentration
– Selbstvertrauen (Frauen)

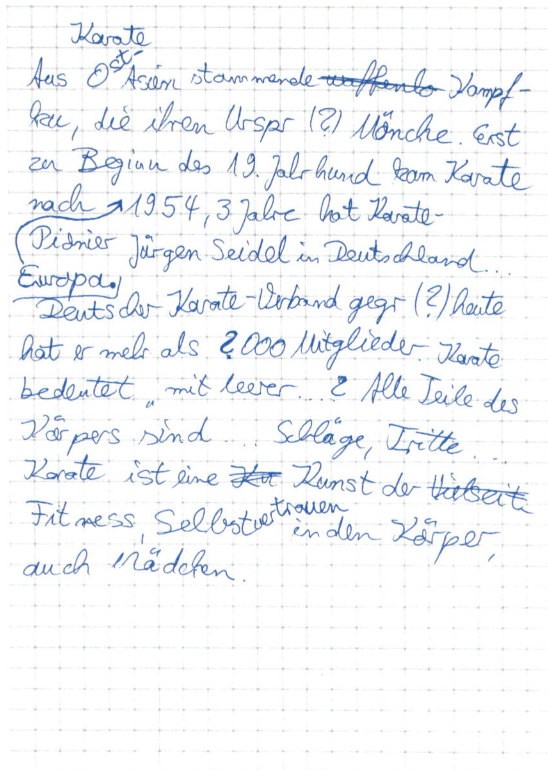

Karate
Aus Ost-Asien stammende ~~waffenlo~~ Kampf-
ku, die ihren Urspr (?) Mönche. Erst
zu Beginn des 19. Jahrhund. kam Karate
nach → 1954, 3 Jahre hat Karate-
Pionier Jürgen Seidel in Deutschland ...
Europa,
~~Deutscher~~ Karate-Verband gegr (?) heute
hat er mehr als ?000 Mitglieder. Karate
bedeutet „mit leerer ... ? Alle Teile des
Körpers sind ... Schläge, Tritte ...
Karate ist eine ~~Ku~~ Kunst der ~~Arbeit~~
Fitness, Selbstvertrauen in den Körper,
auch Mädchen.

1 Diese Notizen sind während eines Referats zu dem Thema „Karate" entstanden. Worin unterscheiden sich die beiden Notizzettel?

2 Welchem Schüler wird es vermutlich leichter fallen, aufgrund seiner Notizen einen zusammenhängenden Text zu verfassen? Begründet eure Meinung.

3 Lest den Tipp. Wenn euch etwas unklar ist, versucht die Fragen gemeinsam zu klären.

TIPP

So legst du am besten Notizen an:

1. Verwende für die Notizen ein DIN-A4- oder ein DIN-A5-Blatt.
2. Falze einen breiten Rand (ca. ein Drittel der Seite) für spätere Ergänzungen.
3. Verwende für die Notizen Bleistifte.
4. Schreibe nur Stichpunkte auf.
5. Schreibe die Stichpunkte untereinander und ordne sie durch Striche und Punkte übersichtlich an.
6. Durch Pfeile kannst du Zusammenhänge deutlich machen.
7. Verwende Abkürzungen: *z. B.*, *u.*, *usw.* Kürze häufig vorkommende Namen und Endungen von Nomen: *SMV*, *K.* (hier für *Karate*), *Versamml.*

Worauf müsst ihr beim Aufschreiben achten?

1 Lest den ersten Abschnitt des Referats rechts. Welche Schlüsselstelle würdet ihr unterstreichen? Sprecht darüber und begründet eure Entscheidung.

2 a) Lasst euch den zweiten Abschnitt vorlesen und achtet auf die Schlüsselstellen. Notiert sie in Stichworten.
b) Lest den Tipp und sprecht über die Hinweise.

3 Nun wird euch auch der weitere Text vorgetragen. Macht euch Notizen.

4 Stellt am Schluss Fragen zu den Stellen, die ihr nicht verstanden habt. Ergänzt die Informationen auf eurem Zettel.

5 a) Warum ist die Auswertung eines Vortrags schwerer als die Auswertung eines Textes?
b) Wie könnte euch die oder der Vortragende helfen? Macht Vorschläge und sprecht darüber.
Lest anschließend den Tipp auf Seite 64.

TIPP

Achte auf die Schlüsselstellen!

1. Achte beim Zuhören auf Wörter, die besonders wichtig sind (Schlüsselstellen).
2. Überlege dazu, wie der Referent seinen Vortrag aufgebaut hat. Vielleicht steht die Gliederung an der Tafel.
3. Kennzeichne durch ein Fragezeichen Stellen, die du nicht verstanden hast oder wozu du eine Frage stellen willst.
4. Ergänze nach dem Vortrag deine Aufzeichnungen mit Informationen, die du noch im Kopf hast.

Referat zum Thema „Islam"

gehalten von Nurhan Shaguiri
(Schriftliche Wiedergabe einer Kassettenaufnahme)

Ich möchte euch heute etwas über meine Religion erzählen. Wie ihr wisst, bin ich Moslem. Unsere Religion nennt man Islam. Gegründet wurde der Islam von dem Propheten Mohammed, der etwa 570 nach Christus in Mekka geboren wurde. Mekka ist eine Stadt in Saudi-Arabien, auf die ich nachher noch zu sprechen komme. Ja, und so eine Art Bibel gibt es bei uns auch. Nur heißt das dann Koran. Damit ihr meine Religion besser kennen lernt, möchte ich euch jetzt erklären, welche fünf Gebote die wichtigsten für einen Moslem sind. Sie werden auch die fünf Säulen des Islam genannt.

Ich fange an mit dem Glaubensbekenntnis. Übersetzt heißt es etwa: „Ich bezeuge, dass es keine Gottheit gibt außer Allah. Ich bezeuge, dass Mohammed der Gesandte Gottes ist." Wie euch vielleicht auffällt, gibt es bei uns wie bei euch nur einen Gott, an den wir glauben. Mohammed ist nicht unser Gott, sondern nur sein Prophet, den er zu den Menschen geschickt hat.

Der zweite wichtige Punkt ist das Beten. Jeder Moslem soll fünfmal am Tag beten: vor Sonnenaufgang, mittags, nachmittags, nach Sonnenuntergang und vor dem Schlafen. Damit das Beten nicht vergessen wird, gibt es den Muezzin, so eine Art Ausrufer, der vom Minarett aus, das ist so was Ähnliches wie der Kirchturm, zum Gebet ruft. In unserem Dorf kommt die Stimme vom Tonband. Beten tun wir auf Arabisch, manchmal weiß ich gar nicht genau, was das bedeutet, was ich bete. Wenn meine Oma zu Hause betet, legt sie zuerst ihren Gebetsteppich hin. Und zwar muss man immer in Richtung Mekka beten. Das ist wichtig. Zuerst steht sie beim Beten, dann verbeugt sie sich ein paar Mal und dann kniet sie sich hin. Mein Opa geht freitags zum Mittagsgebet in die Moschee. Das ist so wie bei euch der Sonntagsgottesdienst. Sonst betet er meistens auch daheim. Vor der Moschee muss man übrigens die Schuhe ausziehen und vor dem Gebet muss man sich waschen.

Dann komme ich zum dritten Punkt. Einmal im Jahr gibt es bei uns den Fastenmonat. Der heißt Ramadan und da darf man zwischen Sonnenaufgang und Sonnenuntergang nicht essen und trinken. Das ist ganz schön anstrengend. Ich habe in diesem Jahr zum ersten Mal richtig mitgemacht. Wir sind dann vor Sonnenaufgang aufgestanden und haben gefrühstückt. Dann sind wir noch mal schlafen gegangen. Am Abend gab es dann nach Sonnenuntergang ein großes Essen in der Familie. Ramadan ist übrigens nicht wie euer Weihnachtsfest immer zur gleichen Zeit. Weil wir das Jahr nach dem Mond und nicht nach der Sonne einteilen, ist der Termin jedes Jahr elf Tage früher als im Jahr davor. Im Moment fällt Ramadan in die Winterzeit, was toll ist, da die Tage da kürzer sind. Wenn Ramadan vorbei ist, kommt das Schönste. Dann gibt es nämlich ein großes Fest, das mindestens drei Tage dauert. Es gibt viel zu essen und vor allem gibt es Baklava, meinen Lieblingskuchen. Außerdem kriegen wir Geschenke und die ganze Verwandtschaft kommt zu Besuch. Letztes Jahr hatten wir sogar schulfrei am ersten Tag.

Der vierte Punkt ist nur ganz kurz zu nennen. Der Islam schreibt vor, dass jeder erwachsene Moslem im Jahr etwa 2,5 % seines Einkommens an Arme und Bedürftige abgeben sollte.

Zum Schluss komme ich zum fünften Punkt. Jetzt will ich euch etwas über die Pilgerfahrt nach Mekka erzählen. Wie ich schon gesagt habe, ist Mekka die Geburtsstadt von Mohammed. Etwa zwei Monate nach Ramadan beginnt die Pilgerfahrt nach Mekka. Die heißt bei uns Hadsch. Dann kommen etliche Millionen Moslems aus aller Welt nach Mekka. Die Hadsch sollte jeder Moslem machen, der die Reise bezahlen kann. Sie dauert sieben Tage und mein Opa war letztes Jahr dabei. Seitdem wird er von uns mit dem Namen Hadschi angeredet. Es ist nämlich eine Ehre, wenn man die Hadsch gemacht hat. Er hat erzählt, dass alle Teilnehmer dabei weiße Gewänder tragen und gleich aussehen. Man muss siebenmal um die Kaaba laufen und den schwarzen Stein berühren.

Die Kaaba ist ein großer, schwarzer Würfel mitten in der Moschee von Mekka. Außerdem müssen die Pilger sieben Steine auf eine Säule werfen, was so viel bedeutet, als dass man auf den Teufel Steine wirft. Von der Fahrt hat mein Opa jedem etwas mitgebracht und nach der Rückkehr kam die ganze Verwandtschaft zum Gratulieren. Ich hoffe, dass ihr jetzt etwas mehr über meine Religion erfahren habt. Vielleicht gibt es aber auch noch Fragen.

Notizen auswerten

Der Islam
v. Mohammed gegr.
geb. 570 n. Chr. in Mekka
5 Gebote
1. Glaubensbekenntnis
2. Beten 5 x am Tag in Richt. M.
→ Gebetsteppich
3. Ramadan - Fastenmonat
Nichts essen?
Wann R. in diesem Jahr?
4. Abgaben an Arme
5. Pilgerfahrt n. M.
Hadsch?
nach Mekka
→ Kaaba = schwarzer Stein

Randnotizen:
Essen nur in der Nacht
4.-5. Febr.

= Pilgerfahrt
1 x im Leben

1 a) Schaut euch diese Notizen an.
Welche Stichwörter wurden nachgetragen?
b) Welche Bedeutung könnten die Pfeile haben?

2 Vergleicht eure Notizen mit diesem Notizzettel.
- Welche Stichwörter würdet ihr auf diesem Zettel noch ergänzen?
- Welche Stichwörter möchtet ihr auf euren Zettel übernehmen?

3 Formuliert eure Stichwörter jetzt im Entwurf zu Sätzen aus. Lest dazu die Hinweise im Tipp.

TIPP

Stichwörter bald ausformulieren
Deine Stichwörter sind nur „Erinnerungsstützen". Ein Wort beinhaltet oft einen Sachverhalt, der in einem oder in mehreren Sätzen ausformuliert werden muss. Bearbeite deine Notizen möglichst direkt nach dem Vortrag. Es besteht sonst die Gefahr, dass du nicht mehr weißt, was das Stichwort genau zum Inhalt hat oder welche Bedeutung ein Pfeil hat.

Der Islam
Gründer des Islam war der Prophet Mohammed. Er wurde ca. 570 nach Christus in Mekka geboren.
Im Mittelpunkt des islamischen Glaubens stehen fünf Gebote, auch die fünf Säulen des Islam genannt.
Die erste Säule ist das Glaubensbekenntnis.

Ein Referatsprotokoll verfassen

Referatsprotokoll

Fach: Deutsch
Thema: Der Islam
Datum: 15. Mai 2...
Referentin: Nurhan Shaguiri
Protokollant: Christoph Hartl

Gründer des Islam war der Prophet Mohammed. Er wurde ca. 570 nach Christus in Mekka geboren. Im Mittelpunkt des islamischen Glaubens stehen fünf Gebote, auch die fünf Säulen des Islam genannt. Die erste Säule ist das Glaubensbekenntnis …

Referatsprotokoll

Fach: Deutsch
Thema: Der Islam
Datum: 15. Mai 2...
Referentin: Nurhan Shaguiri
Protokollant: Christoph Hartl

Gründer des Islam war der Prophet Mohammed. Er wurde ca. 570 nach Christus in Mekka geboren. Im Mittelpunkt des islamischen Glaubens stehen fünf Gebote, auch die fünf Säulen des Islam genannt. Die erste Säule ist das Glaubensbekenntnis …

1 Schaut euch den Protokollkopf an.

a) Warum sind diese Angaben wichtig?

b) Wenn ihr weitere Angaben wichtig findet, sprecht darüber.

c) Warum ist es zweckmäßig links und rechts einen Rand von mindestens drei Zentimetern einzuhalten?

2 a) Überlegt, ob ihr mithilfe eines Computers den Protokollkopf erstellt. Welchen Vorteil bietet das?

b) Wie würdet ihr den Protokollkopf anlegen: linksbündig (linkes Beispiel) oder auf Mitte gestellt (rechtes Beispiel)?

3 a) Überarbeitet euren Entwurf und übertragt ihn sauber in das Referatsprotokoll.

b) Vergesst nicht, die Ergebnisse der Diskussion in das Protokoll aufzunehmen.

c) Legt eure Referatsprotokolle in einer Mappe ab.

INFO

Das Referatsprotokoll

Ein Protokoll ist eine zusammenfassende Niederschrift.
In einem Referatsprotokoll werden die wichtigsten Inhalte eines Referats und die Ergebnisse der Diskussion festgehalten.
Ein breiter Rand links ermöglicht das Abheften.
Ein Referatsprotokoll besteht aus zwei Teilen:

1. Der Protokollkopf enthält mindestens folgende Angaben:
   - Thema,
   - Datum,
   - Referent / Referentin.
2. Im Protokolltext werden die wesentlichen Inhalte des Kurzvortrags in ausformulierten Sätzen festgehalten. Die Sprache in Protokollen ist knapp und sachlich und sollte keine persönlichen Wertungen enthalten. Es wird in der Regel im Präsens geschrieben.

Worte können verletzen

Katrin: Also, ich fand die Party beim Filschner nicht schlecht. Ich hätte es aber gut gefunden, wenn nicht immer wieder die gleiche Musik gespielt worden wäre. Aber so ist der nun mal! Meiner Meinung nach …
Oliver: Jetzt geht das schon wieder los! Das ist typisch Katrin. Immer hat sie was zu meckern. Und in Wirklichkeit: von nichts 'ne Ahnung, aber davon jede Menge.
Katrin: Aber ich wollte doch bloß sagen, dass …
Simone: Was du wolltest, wissen wir schon lange. Halt am besten deinen Mund!
Julia: Ich finde, dass Katrin das Recht hat zu sagen, was ihr an der Fete nicht gepasst hat.
Niklas: Fete? Das war doch Kindergartenkram, was da beim Filschner ablief.
Andreas: Ach ja, warum bist du denn so lange geblieben, du Hohlschwätzer?

1 Lest den Text mit verteilten Rollen. Versucht dabei, mit eurer Stimme die jeweilige Redeabsicht zum Ausdruck zu bringen.

2 a) Untersucht das Gespräch genauer: Wodurch sind einige Sätze besonders verletzend?
b) Bei welchen Äußerungen würdet ihr persönlich das Gespräch abbrechen? Nennt die Gründe.
c) Wer verhält sich eurer Meinung nach angemessen? Begründet.

3 Lest die Info. Welche der aufgeführten Punkte werden im Dialog oben jeweils eingehalten, welche nicht?

4 Auch bestimmte Verhaltensweisen (z. B. jemanden nicht ausreden lassen) wirken verletzend. Benennt hierfür Beispiele aus dem Text sowie aus eurem Erfahrungsbereich.

TIPP

So kannst du Verunglimpfungen vermeiden:
1. Vermeide herabsetzende Äußerungen und unsachliche Verallgemeinerungen.
2. Sprich dein Gegenüber nicht mit dem Nachnamen an.
3. Verwende keine bösartigen Spitznamen.
4. Vermeide Schimpfwörter.
5. Lass die Person aussprechen und unterbrich sie nicht.

Den richtigen Ton treffen

A

B

C

D

E

F

5 Seht euch die oben dargestellten Situationen an. Überlegt gemeinsam, wie ihr die Äußerungen höflicher und der Situation angemessener formulieren könnt.

6 a) Welche Situationen fallen euch noch ein, in denen ihr miteinander weniger höflich umgeht? Spielt solche Situationen in der Klasse vor.
b) Sucht gemeinsam nach angemessenen, höflichen Formulierungen.

Schokomilch im Mathebuch

1 Hallo Mama, du, stell dir vor, mein Mathebuch ist total im Eimer.

2 Hallo Sara, was soll das heißen, dein Mathebuch ist im Eimer?

3 Na, es klebt und auf jeder Seite sind Schokomilchflecken.

4 ...

5 Ich habe doch keine Ahnung, wie das passiert ist, ich war das ja gar nicht.

6 ...

7 Weiß ich auch nicht. Da muss eine andere Klasse in unserem Zimmer gewesen sein, als wir im Biosaal waren. Marcos Mäppchen ist auch kaputt.

8 ...

9 Na weil das Buch auf meiner Bank lag, als wir in den Biosaal sind.

10 ...

11 Auf jeden Fall werde ich mit Frau Tiedemann reden.

12 ...

13 Das ist doch unsere Klassenlehrerin. Sie weiß vielleicht, was ich tun kann, denn bezahlen werde ich dieses Buch bestimmt nicht.

14 ...

15 Ja, ich melde mich wieder. Tschüs Mama.

1 a) Lest den Text.
b) Ergänzt mündlich, was die Mutter vermutlich sagt.
c) Was ist in der Schule eigentlich passiert? Sprecht darüber.
d) Notiert euch auf einem Notizzettel die wichtigsten Inhalte des Gesprächs.

Der Ton macht die Musik

1 Nach dem Unterricht geht Sara zum Lehrerzimmer, um mit der Klassenlehrerin zu sprechen.

a) Was haltet ihr von den folgenden Möglichkeiten, das Gespräch mit der Lehrerin zu eröffnen? Zur Begründung eurer Meinungen könnt ihr auch den Tipp heranziehen.

A Hätten Sie kurz Zeit, Frau Tiedemann? Ich muss Ihnen etwas melden.

B Ey, Frau Tiedemann, ich muss mich über diese dumme Klasse 8c beschweren.

C Hallo, Frau Tiedemann, Sie helfen mir doch, oder?

b) Schlagt selbst angemessene Formulierungen vor, um das Gespräch zu beginnen.

TIPP

Ein Anliegen vorbringen

Wenn du einen Vorfall, ein Anliegen oder eine Beschwerde vorbringen möchtest, solltest du folgende Punkte beachten:

1. Eröffne das Gespräch höflich.
2. Bringe dein Anliegen gut verständlich vor.
3. Beende das Gespräch mit einem Dank.
4. Überlege, mit wem du sprichst, damit du den richtigen Ton triffst. Achte auf die passende Wortwahl und auf angemessene Formulierungen.

2 a) Wie würdet ihr anstelle von Sara das Anliegen vorbringen? Sucht aus den Sprechblasen passende Formulierungen heraus und schreibt den vollständigen Gesprächstext auf.

b) Ergänzt einen passenden Schluss.

c) Begründet, welche Formulierungsvorschläge ihr für unangemessen haltet.

A Ich bin dafür, dass die alle einen Verweis bekommen.

B In mein Mathebuch ist Schokomilch gelaufen, an Marcos Mäppchen hat jemand den Reißverschluss herausgerissen und eine neue Baseballmütze ist auch verschwunden.

C Könnten Sie bitte helfen, die Sache aufzuklären?

D Das war bestimmt der Blonde aus der 8c.

E Mein Mathebuch ist hinüber, das Mäppchen von Marco ist Schrott und außerdem haben sich diese Heinis eine neue Mütze unter den Nagel gerissen.

F Vermutlich waren heute während der Biologiestunde fremde Schüler in unserem Klassenzimmer.

G Die aus der 8c sind voll daneben, die haben unser Klassenzimmer total verwüstet.

Im Rollenspiel üben

A Der Englischlehrer hat seinen CD-Player vergessen und bittet dich, zum Lehrerzimmer zu gehen und dort nachzufragen, ob das Gerät dort steht.

B Dein Banknachbar hat die Mathehausaufgabe von dir abgeschrieben. Die Lehrerin hat bemerkt, dass eure Hausaufgaben identisch sind. Jetzt sollst du am Nachmittag zur Nacharbeit kommen, weil sie dich für den Abschreiber hält. Du sprichst sie in der Pause an.

C Du hast deinen Saft im Klassenzimmer verschüttet und sollst nun beim Hausmeister einen Putzlappen holen.

D Im Schulbus hat jemand einen Sitz frisch mit Filzstift beschmiert. Du sitzt auf der Heimfahrt zufällig auf diesem Platz. Der Busfahrer will dich für den Schaden verantwortlich machen.

1 Situationen, in denen man sich verteidigen, beschweren oder jemanden um Hilfe bitten muss, sind nicht einfach. Welches Beispiel oben findet ihr besonders unangenehm?

2 a) Bildet Kleingruppen und wählt euch eine der vorgegebenen Situationen aus.
b) Überlegt euch, wie das Gespräch ablaufen könnte.
c) Schreibt für jede beteiligte Person auf, was sie sagt.

Markus klopft an der Tür des Lehrerzimmers, Frau Berger öffnet.
Markus: Guten Morgen, Frau Berger.
Frau Berger: Guten Morgen, Markus, was möchtest du denn?
Markus: Mich schickt Herr Bachmaier …

d) Wichtig ist nicht nur, was man sagt, sondern auch, wie man sich dabei verhält. Lest den Tipp und sprecht darüber.
e) Übt eure Texte für ein Rollenspiel ein.
f) Spielt euer Ergebnis der Klasse vor.

3 a) Wertet jedes Rollenspiel gemeinsam aus:

- Wurde das Gespräch höflich eröffnet?
- Wurde das Anliegen verständlich formuliert?
- Wie wurde das Gespräch beendet?
- War die Wortwahl der Situation angemessen?
- Wurden Blickkontakte aufgenommen?

b) Übt positive Kritik:
- Lobt zuerst, was gut war.
- Macht Verbesserungsvorschläge und führt sie vor.

TIPP

Den Gesprächspartner ansehen
Viele Schüler vermeiden es, den Gesprächspartner auzuschauen. Dies geschieht häufig aus Verlegenheit oder weil man sich auf das Gespräch konzentriert. Der Gesprächspartner kann dies aber als unhöfliches Verhalten missverstehen. Nimm also während des Gesprächs immer wieder Blickkontakt auf.

Warum hat der Bäcker keine Semmeln?

Schwäbisch

Bairisch

Fränkisch

1 a) Beschreibt die dargestellten Situationen.
b) Was wollen die Kinder den Erwachsenen mitteilen?
c) Warum verstehen die Erwachsenen sie nicht?
d) Wie hätten sich die Kinder ausdrücken müssen? Notiert eure Vorschläge.
e) Vergleicht eure Ergebnisse.

2 a) Berichtet der Klasse von ähnlichen Situationen, die ihr erlebt habt.
b) Wann ist es unangemessen, den Dialekt zu verwenden? Lest dazu die Info.

3 In welchen Situationen sprecht ihr gerne Dialekt? Welches Gefühl habt ihr dabei?

4 a) Versteht ihr den niederbairischen Dialekt? Ordnet den folgenden niederbairischen Begriffen den entsprechenden Ausdruck in der Standardsprache zu.

A Lan olan	**D** Drebbnglanda
B Radldragn	**E** Stoabodn
C Buitz	**F** Opfastog
1 Schubkarren	**4** Bretter abladen
2 Pilz	**5** Opferstock
3 Treppengeländer	**6** Steinboden

b) Erstellt selbst ein Quiz in eurem eigenen Dialekt.

5 Das folgende Gedicht stammt aus Oberbayern. Sprecht darüber und bereitet es für einen Vortrag vor.

Geh weiter, Zeit, bleib steh
Helmut Zöpfl

I lieg am Bodn und hör an Wind
wiara se stroaft im Gras;
koa Uhr is da, de wo mi zwingt
und sagt ma: dua jetzt was!

I blinzlt in de warme Sonn
und denk mir bloß: wia schee!
… Schad, dass ma nix derhaltn konn.
Geh weiter, Zeit, bleib steh!

6 Sucht Dialekt-Texte im Lokalteil eurer Tageszeitung. Tragt diese Texte vor.

INFO

Dialekte in Bayern
In Bayern gibt es drei große *Dialektgruppen: Bairisch, Fränkisch* und *Schwäbisch.* Der Dialekt verbindet die Menschen, die in einer bestimmten Region leben. Durch verschiedene Einflüsse wird der Gebrauch von Dialekten heute jedoch zurückgedrängt. Um Verständigungsschwierigkeiten zu vermeiden, muss man überlegen, in welchen Situationen es notwendig ist, die überregionale Standardsprache zu sprechen.

Informationen zu einem Thema suchen

1 In diesem Schuljahr müsst ihr ein Kurzreferat halten. Am Beispiel des Themas „Inlineskaten“ wird euch gezeigt, wie ihr am besten vorgeht. Sucht in Zeitschriften, Büchern und im Internet nach Artikeln über Inlineskaten und bringt sie mit.
Lest auf den Seiten 36–39 nach, wie man im Internet Informationen finden kann.

2 Auf den nächsten zwei Seiten findet ihr einige Informationen zum Inlineskaten. Bevor ihr diese Texte bearbeitet, sollte jeder von euch das Thema „Inlineskaten“ eingrenzen.

a) Lest dazu Schritt 1 und 2 im Tipp.

b) Ergänzt die folgende Liste von Schwerpunkten durch eigene Vorschläge.

- Wie kann man mit Inlinern bremsen?
- Was sollte man beim Kauf von Inlineskates beachten?
- Wie sollten sich Inlineskater im Straßenverkehr verhalten?
- ...

c) Wählt euch einen Schwerpunkt aus.

TIPP

Kurzreferat in sieben Schritten

Schritt 1: Ein Thema wählen

Folgende Gesichtspunkte können dir bei der Themenauswahl helfen:
- Zu welchem Thema weißt du besonders gut Bescheid?
- Bei welchem Thema fällt es dir leicht, Informationsquellen zu finden und Material zusammenzutragen?
- Welches Thema interessiert dich am meisten?

Schritt 2: Die Ziele des Kurzreferats festlegen

Ein Kurzreferat sollte ca. 10 Minuten dauern. Du musst dich also auf einen Schwerpunkt beschränken. Denke bei der Auswahl auch an deine Zuhörer:
- Was wissen sie schon?
- Was könnte sie interessieren?

Schritt 3: Informationen beschaffen

Zu den meisten Themen musst du dir die Informationen aus Wörterbüchern, Nachschlagewerken, Fachbüchern, Zeitschriften oder aus dem Internet beschaffen. Das können Texte, Bilder, Tabellen sowie Aussagen von Personen zum Thema sein.

A

Bremsen mit Inlineskates

Hacken-Stop (Heelstop): Beim klassischen Stop-Skate drückt man den Stopper nach vorn und hebt die Fußspitze hoch. Achtung vor Rückenlage; langer Bremsweg.

T-Stop: Diese Form des Stoppens hat den Vorteil, dass während des Bremsvorganges noch schnelle Richtungsänderungen möglich sind. Der hintere Skate wird quer zur Fahrtrichtung gestellt (T-Anordnung), langer Bremsweg, dient eher einer vorausschauenden Fahrgeschwindigkeitsverminderung.

Stop-Drehung: Dieser Stop erfordert zwar einige Übung, ist aber vor allem beim Fahren auf empfindlichen Hallenböden eine wichtige Alternative zum Hacken-Stop. Die Verminderung der Geschwindigkeit erfolgt durch eine Art Brems-Stemmschwung des bogenäußeren Beines. Die Geschwindigkeit darf allerdings nicht zu hoch sein.

Spinstop: Bremsen erfolgt durch eine schnelle 180°-Drehung, das Körpergewicht lastet auf dem angewinkelten Gleitbein, das andere Bein wird entgegen der Fahrtrichtung quer aufgesetzt (Erfahrung notwendig).

Powerslide: Stillstand erfolgt in einer Rückwärtsbewegung durch ein weites Ausstellen eines Beines entgegen der Laufrichtung. Diese Bremstechnik wird bei höherem Tempo eingesetzt.

Hockey-Stop: Aus mittlerer bis höherer Geschwindigkeit wird die Bewegung durch eine Hochentlastung (Streckbewegung in Kniegelenk und Hüfte) eingeleitet. Danach erfolgt eine blitzschnelle Gewichtsverlagerung auf das linke Bein, verbunden mit starker Kniebeuge und schneller Querstellung des linken Skates entgegen der Laufrichtung. Der dadurch entlastete rechte Skate wird weit nach vorne geführt und mit der Beinstreckung ebenfalls quer zur Laufrichtung mit der Innenkante aufgesetzt, sodass ein Slide-Effekt entsteht. Oberkörper, Kopf und Arme unterstützen den Bremseffekt mit einer Gegenrotation (nach rechts).

B

Auf das Material kommt es an

Rund 11 Millionen Bundesbürger sind Inline-Skater. Acht Räder vermitteln Freiheit und lockeres Bewegungsgefühl. Doch die Freiheit hat ihren Preis. Eine Untersuchung der Poliklinik für Sportorthopädie der TU München hat gezeigt, dass 25 Prozent aller Skater sich erheblich verletzen. Neben Hautabschürfungen sind das Knochenbrüche, Kapsel- und Bänderrisse und sogar Überlastungssyndrome, z. B. der Wirbelsäule. Zwei Drittel der Schädigungen betreffen das Handgelenk, die Hand mit Fingern sowie Unterarm mit Ellbogen.

Damit die Rollerfreude nicht in der Unfallklinik endet, sollte man sich das richtige Material anschaffen – und dabei immer fachliche Beratung in Anspruch nehmen. Wichtig: Gute Schuhe kosten in den seltensten Fällen unter 100 Euro. Ausnahmen: preisgünstige Marken-Auslaufmodelle. Aber: Hände weg von Billigskates und Grabbeltisch-Angeboten. Von allen Schuhtypen hat sich das Standardmodell am besten bewährt: vier Rollen, feste Schiene und Gummistopper.

Nicht nur auf die Schuhe kommt es an: Helm, Knie-, Ellbogen- und Handgelenkschützer schützen bei Unfällen, Stürzen und unfreiwilligen Bremsmanövern. Wichtig auch hier: die gute Passform.

Bevor es auf die Piste geht, sollte das Bremsen und Fallen im Rahmen eines Kurses erlernt bzw. Kenntnisse aufgefrischt werden. Denn: Von allen Verkehrsteilnehmern schneiden Inlineskater beim Bremsen am schlechtesten ab.

Und noch ein letzter Hinweis: Inlineskates sind Spielgeräte – die Benutzung auf Fahrradwegen oder der Straße ist verboten. Auf dem Gehweg muss so gefahren werden, dass Fußgänger nicht gefährdet werden.

C

Regeln und Pflichten

Wenn man in der StVO nach Begriffen wie „Roller-Skater“, „Inlineskates“, „Skateboard“ oder „Rollschuhe“ sucht, wird man absolut nichts finden. Das heißt aber noch lange nicht, dass es dazu keine Regeln gibt. Es müssen eben nur die bisherigen noch etwas flexibler interpretiert werden. So etwas ist immer Aufgabe der Rechtsprechung.
Es geht nur um eine einzige Frage: Ist man mit den Geräten noch Fußgänger oder schon Fahrzeugführer? Und geklärt ist das schon relativ lang: Ein Skater wird einem Fußgänger gleichgestellt. Fahrzeuge im Sinne der StVO fangen nämlich erst bei Jugendfahrrädern an.
Zum Argument „Sportgerät“ steht in der Verordnung, dass Spiel und Sport auf normalen Straßen und Wegen gar nicht erlaubt sind. Also, was darf man denn nun? Jetzt kommen die Gerichte mit ihren Urteilen:
Fährt man rücksichtsvoll und defensiv, dann darf man als Roller-Skater den Bürgersteig ganz normal mitbenutzen. Keinesfalls darf man die Fahrbahn benutzen, außer zum Überqueren der Straße natürlich.

D

Wo darf man fahren?

Inlineskates dürfen nur auf Gehwegen, in Fußgängerbereichen und in verkehrsberuhigten Bereichen benutzt werden, wobei auf Fußgänger besondere Rücksicht zu nehmen ist. Inlineskates sind keine Fahrzeuge und dürfen deshalb nicht auf der Fahrbahn benutzt werden.

E

Achtung: Haftung

Wie schnell genau Inlineskater auf Gehwegen fahren dürfen, ist gesetzlich nicht festgelegt. In der juristischen Praxis wird jedoch davon ausgegangen, dass ein Fahrtempo, das eine „schnelle Fußgängergeschwindigkeit“ (ca. 7 km/h) überschreitet, zur Gefährdung der übrigen Verkehrsteilnehmer führen könnte. Dazu Verkehrsrichter Peter Fahlenkamp: „Inlineskater können zwar nicht verhaftet werden, wenn sie schneller als 7 Stundenkilometer fahren. Im Schadensfall müssen sie jedoch damit rechnen, haftbar gemacht zu werden.“ Weiterhin muss jedem Inlineskater bewusst sein, dass er sich im Falle eines Unfalls nicht vom „Tatort“ wegbewegen darf. Auch wenn Inlineskater keine Fahrer im Sinne der Straßenverkehrsordnung sind, können sie Fahrerflucht bzw. „Verkehrsunfallflucht“ begehen.

F

Was sagt die StVO?

Was für Inlineskater im deutschen Straßenverkehr erlaubt ist, regelt die Straßenverkehrsordnung (StVO). Inlineskater gehören laut Gesetz zur Gruppe der Fußgänger, da sie sich mit beiden Beinen fortbewegen und kein Fahrzeug im Sinne der Verordnung führen. In § 24 werden Inlineskater Fußgängern mit „besonderen Fortbewegungsmitteln“ zugeordnet. Wörtlich lautet der für Inlineskater relevante § 24, Absatz (1): „Schiebe- und Greifreifenrollstühle, Rodelschlitten, Kinderwagen, Roller, Kinderfahrräder und ähnliche Fortbewegungsmittel sind nicht Fahrzeuge im Sinne der Verordnung.“

Informationen auswählen und aufbereiten

Wie sollten sich Inlineskater im Straßenverkehr verhalten?

1 a) Prüft durch „überfliegendes Lesen“, welche Texte auf den Seiten 59 und 60 für das Referatsthema oben geeignet sind.
b) Wählt auch aus euren Vorlagen geeignete Texte aus.

2 Aus den ausgewählten Texten müsst ihr die für euer Referat wichtigen Informationen erschließen (siehe auch die Einheit *Sachtexte erschließen* auf den Seiten 40–44).
a) Bearbeitet den Text C auf Seite 60 „mit dem Bleistift“. Legt dazu eine Folie auf die Seite oder benützt Copy 3.
b) Welche Begriffe sind euch nicht bekannt? Klärt ihre Bedeutung mithilfe eines Wörterbuches.

StVO =	Straßenverkehrsordnung
flexibler =	nicht so starr
interpretiert =	☆

c) Schreibt die wichtigsten Informationen in Form von Stichpunkten auf einen Notizzettel.

Text C
- Skater ist nach StVO Fußgänger
- Skaten als „Sport“ nicht auf Straßen oder Wegen erlaubt
- Gerichte entschieden: Sk. auf Bürgersteig möglich

3 a) Lest auch die Texte D, E und F durch und ergänzt euren Notizzettel.
b) Wertet die von euch mitgebrachten Texte aus.

4 a) Vergleicht in Partnerarbeit eure Notizzettel und ergänzt notwendige Stichwörter.
b) Überlegt in Partnerarbeit, unter welchen Überschriften ihr die Stichwörter aus den verschiedenen Texten zusammenfassen könnt.

TIPP

Schritt 4: Informationen auswählen und aufbereiten
Im vierten Schritt werden den gesammelten Materialien die wichtigsten Informationen entnommen:
- Prüfe durch überfliegendes Lesen, welche Texte Informationen zu deinem Schwerpunkt enthalten.
- Notiere dir aus jedem Text die wichtigsten Informationen in Stichworten.
- Suche für alle wichtigen Aspekte deines Kurzreferats Überschriften, unter denen du in wenigen Stichworten die wichtigsten Aussagen ordnest.

Anschauliche Aussagen und Bilder sammeln

1 Beim Lesen der Texte solltet ihr auch auf anschauliche Texte und Bilder achten. Lest dazu den Tipp. Welche der folgenden Textauszüge lassen sich in einem Kurzreferat verwenden? Wie und wo würdet ihr sie einsetzen?

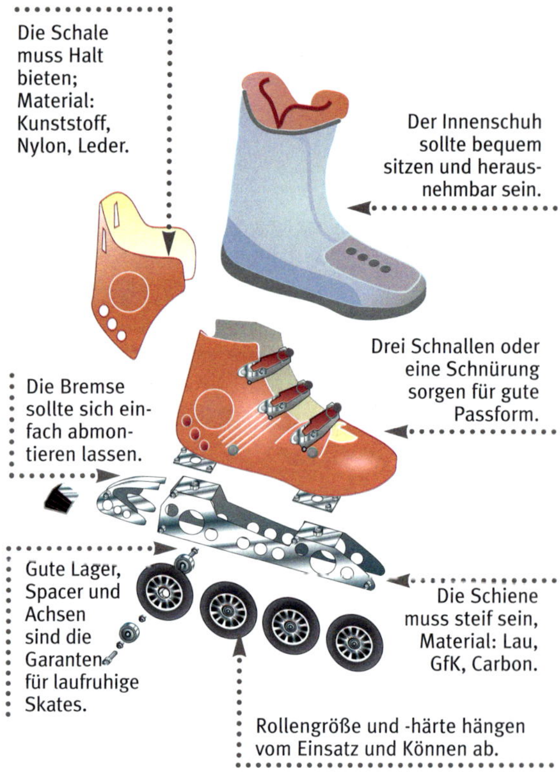

A
So erstaunlich es klingen mag: Bereits im Jahr 1760 bewegte sich ein Belgier auf Schlittschuhen fort, an die er kleine Metallrädchen montiert hatte.

B
„Ich weiß allmählich nicht mehr, wo ich fahren soll", beklagt sich Mirko aus München.

C
„Unser Einkaufszentrum ist fest in der Hand von Skatern. Als Mutter habe ich Angst um meine Kinder", schimpfte die Nürnberger Sekretärin Manuela Schmidt.

D
Und die Laborantin aus Regensburg stimmte in das Klagelied ein: „Roller-Blader sind mir sogar schon ins Auto gefahren, die machen in den Passagen Jagd auf alte Leute."

2 Welche Bilder dieser Einheit würden sich für ein Kurzreferat eignen?

3 Welche Anschauungsmittel können in eurem Kurzreferat eingesetzt werden? Prüft das von euch gesammelte Material.

TIPP

Schritt 5: Anschauungsmaterial vorbereiten
Deine Zuhörer erwarten, dass die Informationen interessant und ansprechend dargestellt werden.
Dazu eignen sich Anschauungsmittel wie:
- Bilder (als Folie oder Dia),
- ein Ausschnitt aus einer Ton- oder Videokassette,
- ein Zitat,
- ein mitgebrachter Gegenstand ...

Achte beim Auswerten der Texte auf witzige oder bemerkenswerte Stellen und auf Bilder oder Karikaturen. Du kannst sie als „Aufhänger" zu Beginn deines Kurzreferats oder zur Veranschaulichung während deines Kurzreferats einsetzen.

Das Kurzreferat vorbereiten

1 Legt euch für das Kurzreferat einen Merkzettel an.
Lest dazu den Tipp.

2 Schaut euch die folgenden Stichwortzettel an.
Welche erscheinen euch gelungen,
welche weniger?
Begründet eure Meinung.

A
- Einstieg:
➜ Zitat 1
➜ Zitat 2
- Infoblatt der Polizei vorlesen
- rechtliche Lage
- Wie Unfälle vermeiden?
- Wie sich schützen?
➜ Protektoren zeigen

B
auf Gehwegen nicht gesetzlich,
Inlineskater können nicht verhaftet
werden, keine Fahrer im Sinne der StVO,
Fahrerflucht

C
- Inlineskater zeigen
- fragen, wer schon einmal gefahren ist
- Welche Erfahrungen?
- Ziel heute: Wo darf man fahren?

D
Geschwindigkeit
- nicht festgelegt
- haftbar bei über 7 km/h
- bei Unfall: dableiben
- bremsen statt löhnen

3 Entwerft Stichwortzettel zu eurem Kurzreferat.

TIPP

Schritt 6: Merkzettel anlegen

Der Merkzettel ist eine Erinnerungsstütze. Auf ihm vermerkst du die Überschriften der wichtigsten Gedankenschritte und dazugehörende Stichwörter. Außerdem enthält er Hinweise, wann du welche Zitate oder Bilder einsetzen willst.

Am besten gehst du so vor:

1. Entscheide dich, ob du deine Notizen auf eine DIN-A4-Seite oder auf DIN-A6-Kärtchen schreiben willst.
2. Schreibe deutlich und relativ groß, damit du deine Stichworte gut und schnell lesen kannst.
3. Überlege, wie du dein Kurzreferat aufbauen willst. Gliedere in Überschriften, denen du Stichwörter zuordnest.
4. Vermerke, an welchen Stellen du Zitate oder Medien (Bilder, Tonband usw.) einsetzt. Verwende für diese Notizen ein eigenes Zeichen oder eine eigene Farbe.

Das Kurzreferat halten

C
„Verbannt die Inlineskater aus der Fußgängerzone! Kinder und ältere Menschen haben Angst." Diesen Artikel fand ich letzte Woche in unserer Zeitung. Wie ihr euch wahrscheinlich erinnert, hat es durch das rücksichtslose Fahren von zwei Jugendlichen einen Unfall mit Personenschaden gegeben. Dürfen Inlineskater eigentlich auf Gehwegen fahren? Auf diese Frage möchte ich in meinem Referat näher eingehen.

A
Das Thema heute lautet Inlineskaten. Als Erstes möchte ich erklären, wo man fahren darf. Danach will ich auf die Unfallgefahren eingehen.

B
Inlineskaten ist in. Überall sieht man die schnellen Flitzer sausen: auf Fahrbahnen, Gehwegen, in Fußgängerzonen und Einkaufszentren. Doch was den einen gefällt, ist den anderen buchstäblich im Weg. In meinem Kurzreferat heute möchte ich deshalb zwei Grundfragen klären: Wo dürfen Inlineskater fahren und wie können Unfälle vermieden werden?

1 Welcher Anfang ist gelungen? Begründet eure Entscheidung.

2 Wie wollt ihr euer Kurzreferat beginnen?
a) Sammelt gemeinsam Ideen.
b) Notiert für euer Referat die ersten Sätze.

3 Vergleicht die folgenden Beispiele für die Abschlusssätze des Referates. Welches erscheint euch am besten gelungen?

A
Das war mein Kurzreferat zum Thema Inlineskaten. Ich wollte zeigen, wo man fahren darf, wie man Unfälle vermeiden kann.

B
Letztlich wird es von allen Verkehrsteilnehmern abhängen, inwieweit sich partnerschaftliches Verhalten auf unseren Straßen durchsetzt. Eines gilt aber für alle: Der Stärkere bzw. der Schnellere sollte nachgeben, in unserem Fall die Inline-Skater.

4 Formuliert einen passenden Schluss für euer Kurzreferat.

TIPP

Schritt 7: Das Kurzreferat halten

1. Der Anfang ist wichtig. Durch einen geschickten Einstieg kannst du die Aufmerksamkeit auf dich ziehen. Schreibe den Anfang auf und lerne ihn auswendig.
2. Nenne das Thema und beschreibe kurz den Aufbau deines Kurzreferats. Enthält dein Referat mehrere Gliederungspunkte, dann schreibe sie an die Tafel.
3. Übe zu Hause deinen Vortrag. Achte darauf, dass du
   – langsam und deutlich sprichst und
   – keine unübersichtlichen Sätze verwendest.
4. Auch der letzte Satz will gut überlegt sein, denn der letzte Eindruck bleibt beim Publikum haften. Lerne auch diesen Satz auswendig.
5. Halte immer Blickkontakt zum Publikum, dadurch wird dein Vortrag lebendiger.

Standardsprache verwenden

Was is'n eigentlich Inline-Fußball? Wenn ihr net ganz gaga seid, habt ihr scho g'merkt, dass es dabei um Fußball geht und um's Inlineskaten. Besser g'sagt spuit ma Fußball auf die Inliner. Meine Freind und i san scho sakrisch gut beim Fahr'n, aber des war nimma phatt. Also hat unser Sportlehra sich was Neues ausdenkn müssn, weil alles andere is uns scho aufm Keks ganga.
In da Sporthalle haben wir zum Warmmachen imma coole Spiele mit dem Gymnastikball g'macht, später a mit alle anderen Bälle wie Basketball, Fußball oder Tennisbälle.
Weil wir uns die Übungen aussuchen ham kenna, hamma anfangn, auf die Inliner mit die Bälle zu spuin. Zwoa von meine Spezis ham sogar Tischtennisschläger und Tischtennisbälle mitbracht und gegen die Wand in der Halle gspuit, des war irre …

1 Lest den Referatsausschnitt laut vor und beurteilt die Wirkung auf die Zuhörer.

2 Wie könnte man diesen Referatsvortrag verbessern? Die Info kann euch wichtige Hinweise geben.

3 a) Überprüft den Referatsausschnitt und findet Jugendsprache bzw. Umgangssprache und Dialekt heraus. Ein Wörterbuch kann dabei hilfreich sein.
b) Verbessert den obigen Referatsausschnitt sprachlich.

4 Beim nächsten Kurzreferat sollten zwei oder drei von euch nur auf die Sprache achten. Schreibt Ausdrücke auf, die nicht Standardsprache sind, und sucht gemeinsam nach angemessenen Formulierungen.

INFO

Was ist Standardsprache?
Die Standardsprache (Hochsprache) ist die Form einer Sprache, die keine regionalen oder umgangssprachlichen Merkmale besitzt. Im Gegensatz dazu ist der Dialekt (Mundart) eine Variante der Standardsprache. Dialekte verfügen über eigene Begriffe und zum Teil auch über eine von der Standardsprache abweichende Grammatik. Anhand des Dialekts lässt sich die geografische Herkunft des Sprechers erkennen. In der Jugendsprache findet man häufig eine Vermischung von Standardsprache, Dialekt und Umgangssprache vor. In Nachschlagewerken für die deutsche Rechtschreibung werden Begriffe, die nicht standardsprachlich sind, besonders markiert:

ugs.	*umgangssprachlich*
Jugendspr.	*Jugendsprache*
mdal.	*mundartlich*
Schülerspr.	*Schülersprache*
südd.	*süddeutsch*

Eine Fantasiereise beschreiben

Claude Monet, Bras de Seine près de Giverny, 1897

1 a) Schaut euch das Bild konzentriert an.
b) Versucht es euch dann mit geschlossenen Augen vorzustellen.

2 a) Lasst die Augen geschlossen. Hört gut zu, wenn euer Lehrer den nebenstehenden Text vorliest. Vielleicht spielt auch leise Musik.
b) Lasst eurer Fantasie beim Zuhören freien Lauf:
- Welche Bilder entstehen in euch?
- Wie riecht wohl das Wasser?
- Wie fühlt es sich an?

c) Verweilt nach dem Lesen noch einen Moment in eurer Fantasiereise.

3 Beschreibt mündlich eure Empfindungen, die ihr beim Vorlesen gehabt habt.

Ich sehe die dunkle, unbewegte Wasserfläche. Ich höre das Knistern des Schilfs …

Vor mir liegt die unbewegte, dunkle Wasserfläche. Das Schilf knistert leise.

Es ist ziemlich heiß. Der schmale Weg führt zu einem verborgenen Weiher mitten im Wald. Geheimnisvoll und ruhig liegt er vor dir. Der Kieselstein, den du flach aufs Wasser wirfst, hüpft einige Male auf der Wasseroberfläche, bevor er versinkt. Aus dem Schilf, das die kleine Insel säumt, fliegen Wildenten auf. Heute möchtest du zu der Insel schwimmen. Schnell ziehst du dich um und tauchst in das dunkle Wasser ein. Es fühlt sich angenehm an nach der Hitze des Tages. Das Licht bildet im Wasser seltsame Reflexe. Schnell schwimmst du zur Insel. Das Schilf raschelt geheimnisvoll, als du es durchwatest. Dann empfängt dich eine verzauberte Welt: Schwertlilien blühen und vor dir liegt eine kleine Lichtung. Insekten summen und du bekommst Lust, dich einfach hinzulegen und zu dösen.

Ein Fest der Sinne

1 a) Seht euch das Bild genau an und erinnert euch an euren letzten Jahrmarktsbesuch:
- Was kann man alles sehen?
- Wie riecht es?
- Welche Geräusche kann man hören?

b) Legt euch einen Notizzettel mit den Zeichen für die einzelnen Sinneswahrnehmungen an.

c) Notiert zu den einzelnen Symbolen in Stichworten möglichst viele Wahrnehmungen. So könnte euer Notizzettel aussehen:

grelles Leuchten der Reklame …

Kreischen der Leute in der Achterbahn …

☆ ☆ ☆

☆ ☆ ☆

☆ ☆ ☆

☆ ☆ ☆

2 Setzt euch in einen Sitzkreis. Abwechselnd gibt reihum jeder eine Wahrnehmung wieder. Beachtet bei eurer Schilderung den Tipp auf Seite 68.

3 a) Wählt euch eine der Situationen oben aus.
b) Schreibt auf einem Notizzettel wie auf Seite 67 zu allen Sinnen Stichwörter auf.
c) Überlegt, wie ihr die vielfältigen Stimmungen möglichst anschaulich wiedergeben könnt. Lest dazu den Tipp und ergänzt eure Notizen durch einige Formulierungen.
d) Gebt die vielfältigen Empfindungen wieder, ohne die Situation zu nennen. Eure Mitschülerinnen und Mitschüler sollen sie benennen.

TIPP

So schilderst du Empfindungen:
Du gibst eine Stimmung wieder, die aus einer Vielzahl von Eindrücken besteht. Die Zuhörer sollen nachempfinden können, was du siehst, hörst, riechst, schmeckst und spürst ...
Dazu helfen ausschmückende Adjektive und Verben.
Reklame leuchtet grell in allen Farben. Unzählige Lichterketten funkeln und glänzen.
Auch Vergleiche können Stimmung erzeugen.
Viele kleine Lämpchen leuchten wie Sterne.
Es wird das Präsens verwendet.
Achtung: Es geht nicht darum, eine spannende Geschichte zu erzählen!

Im Stau

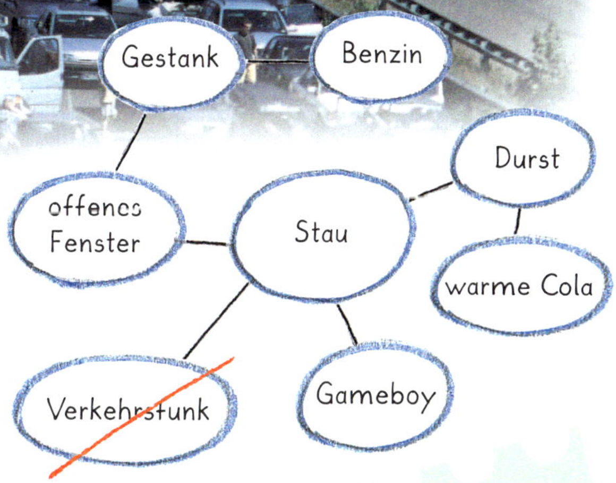

1 Habt ihr eine solche Situation auch schon erlebt? Erzählt von euren eigenen Erlebnissen.

2 a) Greift aus euren Erlebnissen eine Situation heraus, z. B. die Stimmung im Auto nach einer Stunde Stau bei sengender Sonne. Erinnnert euch:
- Was habt ihr gesehen?
- Was habt ihr gehört?
- Welche Gerüche habt ihr wahrgenommen?
- Habt ihr geschwitzt oder gefroren?
- Habt ihr euch gelangweilt oder wart ihr aufgeregt?
- Was habt ihr in diesem Moment gedacht?

b) Sammelt eure Erinnerungen in einem Cluster. Lest dazu den Tipp.

3 a) Schreibt zu der Situation „Im Stau“ einen kleinen Text. Stellt vor allem die Stimmung und die Gefühle dar, die ihr erlebt habt.

b) Streicht die Wörter eures Clusters, die ihr nicht verwenden wollt, durch.

c) Überlegt, wie ihr im ersten Satz den Leser in die Situation einführt.

TIPP

Mit Hilfe eines Clusters Ideen sammeln
1. Zu einem Ausgangswort (z. B. Stau) schreibst du alle Wörter auf, die dir dazu einfallen.
2. Wörter, die zuammengehören, verbindest du mit Strichen. Dadurch können ganze Wortketten entstehen.
3. Wörter, die du nicht verwenden willst, streichst du durch.

Beispiel A

Im Stau
In den letzten Sommerferien wollten wir wie jedes Jahr unseren Urlaub in Italien verbringen. Wir waren schon vier Stunden unterwegs, als wir plötzlich in einen riesigen Stau gerieten. Mein Vater fing gleich an zu schimpfen. „Auch das noch. Typisch. Alle müssen heute unterwegs sein."
Es ging überhaupt nicht vorwärts. Nach zwei Stunden in der Glut näherten wir uns im Schneckentempo einer Ausfahrt, die an einen kleinen See führte. Papa hörte auf meine Bitte und fuhr von der Autobahn ab. Natürlich hatten auch schon andere den See entdeckt und nur mit Mühe gelang es, einen Parkplatz zu finden. Hastig parkten wir ein und stürzten uns ins Wasser. Doch zurück vom Baden erlebten wir eine böse Überraschung. Unser Auto war weg! Mama rief gleich nach der Polizei und Papa schrie: „Meine Fotoausrüstung!" Mit dem Handy rief mein Vater die Polizei an. Bis die Polizei kam, wollte ich mir ein Eis kaufen und ging zu einem Kiosk, der auf der anderen Seite des Sees zu sehen war. Doch was war das? Ich traute meinen Augen kaum. Da stand unser Auto! Wir hatten einfach auf der falschen Seite des Sees gesucht. Erleichtert stiegen wir ein und fuhren weiter.

Beispiel B

Im Stau
Nun stehen wir schon zwei Stunden auf der Autobahn. Die Sonne brennt vom Himmel, kein Lüftchen regt sich. In unserem Auto ist es heiß wie in einer Sauna. Durch das offene Fenster dringt der Gestank von Teer, Benzin und Gummi. Ich bin völlig durchgeschwitzt. Die Cola ist lauwarm geworden und schmeckt fad. Ich bin schrecklich hungrig und mein Magen knurrt laut. Wenn wir doch endlich weiterfahren könnten! Da drüben ist ein kleiner See. Ein Bad im kühlen Wasser wäre jetzt genau das Richtige!

Darstellung einer spannenden Handlung

Präsens

Darstellung von persönlichen Empfindungen

Abfolge von Ereignissen

Wiedergabe von Sinneswahrnehmungen

Präteritum

Ausschnitt aus einem Erlebnis

wörtliche Rede

4 Beide Texte handeln von einem Stau. Text A ist eine Erlebniserzählung, wie ihr sie aus früheren Klassen kennt. Text B ist eine Schilderung. Vergleicht die beiden Texte und haltet die wichtigsten Unterschiede in einer Tabelle fest. Die Stichpunkte rechts helfen euch.

Erlebniserzählung	Schilderung
…	…

5 a) Untersucht in Kleingruppen eure Texte. Welche Texte sind eigentlich Erzählungen?
b) Überarbeitet eure Texte zu Schilderungen.

6 Schildert die Stimmungen und Gefühle zu der Situation „Vor der Schulaufgabe“.

a) Legt einen Notizzettel wie im Beispiel rechts an und sammelt zu den verschiedenen Sinneswahrnehmungen Stichwörter.

b) Schreibt nun mithilfe eurer Notizen eine Schilderung.

TIPP

So schreibst du eine Schilderung:

1. Stelle dir die Situation genau vor.
2. Notiere dir in Stichworten wichtige Empfindungen.
3. Überlege, wie du den Leser in die Situation einführst.
4. Beschreibe die verschiedenen Empfindungen mit ausdrucksstarken Adjektiven und Verben.
   Das Heft verschwimmt vor meinen Augen.
   Vom Gang klingt unbeschwertes Lachen.
5. Verwende treffende Vergleiche:
   Die Zeit vergeht wie im Flug.
   Ich fühle mich hundeelend.
6. Durch Ausrufe kannst du zeigen, wie es dir zumute ist.
   O nein, da kommt schon die Lehrerin!
7. Beende deinen Text durch eine Feststellung oder durch einen Wunsch: *Hoffentlich habe ich das Richtige wiederholt!*
8. Schreibe die Schilderung in der Ich-Form.
9. Verwende die Zeitform des Präsens.

7 Schreibt eine Schilderung zu einem der folgenden Themen.

Im Wartezimmer

Lampenfieber

Heimfahrt vom Skikurs

In der Schuldisco

Pause!

Es war einmal und passiert auch noch **heute**

A Es war einmal ein Mädchen, das hieß Rosa. Seit Rosa denken konnte, färbte sie sich die Haare rot. Deshalb wurde sie von allen Rothärchen genannt. Wieder einmal wollte sie ihre Großmutter besuchen, um ihr die neuesten Modekataloge vorbeizubringen.
Großmutter wohnte am anderen Ende der Stadt und Rothärchen musste sich sputen, wenn sie mit der U-Bahn rechtzeitig zum Kaffeetrinken da sein wollte. Schnell griff sie ihr Handy und die Kataloge und lief los.

B Dann brauste sie in ihrem roten Wagen los. Mitten auf der Autobahn begann der Wagen plötzlich zu stottern und dann setzte der Motor ganz aus. Ein Blick auf die Benzinuhr zeigte Rosi, dass sie vergessen hatte zu tanken. Wo sollte sie jetzt nur Benzin herbekommen?
Da hielt schon ein schnittiger Sportwagen. Ein Mann stieg aus, kam auf sie zu und sagte: „Guten Tag, mein Name ist Wolf. Kann ich etwas für Sie tun?“

C Darauf schnallten Wölfchen und Rosel ihre Inlineskates an und machten sich auf den Weg zur Großmutter. Mitten in der Fußgängerzone begegneten sie Hansi und Greta, die beide von einer Techno-Party zurückkamen.
Natürlich hatten auch sie einen Bärenhunger und freuten sich, als Rosel die beiden einlud, doch mit zur Großmutter zum Kaffeetrinken zu fahren. Als sie bei der Großmutter ankamen, saß diese gerade am Computer und schrieb ein Fax an den Großvater in New York.

1 Den Texten A bis C liegt ein Märchen zugrunde, das ihr sicher kennt. Wie heißt es?

2 Was geschah im ursprünglichen Märchen? Wenn ihr euch nur ungenau erinnern könnt, besorgt euch das Märchen und lest es vor.

3 In den Texten A bis C weichen einige Dinge von der ursprünglichen Fassung ab. Nennt die wichtigsten Veränderungen.

4 Trotz der Veränderungen habt ihr das Originalmärchen wiedererkannt.
- Was wurde in den einzelnen Texten aus dem Originalmärchen übernommen?
- Welcher Text entfernt sich in der Handlung am weitesten von der Vorlage? Belegt eure Meinung.

5 Ihr könnt einen der drei Texte auswählen und vervollständigen.

a) Überlegt, wie ihr den Anfang der Texte B und C gestaltet und wie ihr die Texte fortsetzt.

b) Wie lässt sich Text A weiterführen?
- Wölfe sind heute nicht mehr anzutreffen. Wer könnte Rothärchen und ihre Großmutter in eine bedrohliche Situation bringen?
- Wer könnte die Rolle des rettenden Jägers einnehmen?

TIPP

So kann man in der Märchenform erzählen:

1. Märchen lassen sich in die Jetzt-Zeit versetzen (z. B. wird aus einem Schloss eine Luxusvilla). Dabei bleibt die Handlung des Originalmärchens weitgehend erhalten.
2. Man kann aber auch ein Ereignis aus der heutigen Zeit in die Märchenwelt versetzen (Beispiel: Schneewittchen hält Unterricht, die Zwerge sind die Schüler ...).
3. Der neue Text sollte dabei die Merkmale eines Märchens enthalten:
   - Es werden keine genauen Orts- und Zeitangaben gemacht („Es war einmal ...“).
   - Es kommen Begebenheiten vor, die es in Wirklichkeit nicht gibt (z. B. Tiere können reden).
   - Die Hauptfigur des Märchens muss Gefahren und Prüfungen bestehen.
   - Die Zahlen 3, 6, 7 und 12 spielen eine besondere Rolle.
   - Oft finden sich formelhafte Sprüche („Spieglein, Spieglein an der Wand ...“).
   - Am Schluss werden die Bösen bestraft und die Guten belohnt.

Aus der Märchenkiste

1 a) Wählt euch aus der „Märchenkiste“ fünf Gegenstände aus.

b) Erzählt mit diesen Gegenständen ein Märchen. Geht dazu von einem bekannten Märchen aus und bezieht die Gegenstände ein. Geeignet sind die Märchen *Hans im Glück, Frau Holle* oder *Schneewittchen*. Ihr könnt euch aber auch ein eigenes Märchen ausdenken.

c) Entwickelt zu eurem Märchen zuerst einen Erzählplan.

> Hans im Glück
> - besitzt Mountainbike
> - tauscht gegen Inlineskates
>
> ...

d) Schreibt euer Märchen auf.
Beachtet dabei die Hinweise im Tipp auf Seite 73.

2 Auch aus Zeitungsmeldungen kann man ein Märchen entwickeln.

a) Lest die Zeitungsmeldung.

b) Auf welche märchenhafte Weise könnten die Kinder die Nacht verbracht haben? Benützt die Meldung als Gerüst für euer Märchen.

Kinder in Waldhütte gefunden

Donauwörth – Große Aufregung herrschte bei der Polizei am Abend des 23.12.: Drei Kinder im Alter von fünf, sechs und acht Jahren waren aus der elterlichen Wohnung verschwunden. Erst am Morgen hat sie der Förster in seiner Waldhütte gefunden.

Der Vater der drei Kinder, Horst K., ist seit mehreren Monaten arbeitslos und so konnte sich die Familie in diesem Jahr keine Weihnachtsgeschenke leisten. Kurz vor 18.00 Uhr am Vorweihnachtsabend hatten die Eltern dies ihren Kindern mitgeteilt. Sabrina, Saskia und Stefan hatten sich daraufhin sehr traurig in ihr Zimmer zurückgezogen. Als die Mutter gegen 19.00 Uhr nach ihnen sehen wollte, waren sie verschwunden. Wie Stefan am nächsten Morgen der Polizei berichtete, seien sie aus dem Fenster geklettert, um im Wald nach dem Christkind zu suchen. Dort hatten sich die Kinder dann verirrt. Zum Glück waren sie zur Hütte des Försters Hubert M. gelangt, in der sie die Nacht verbrachten. Als der Förster am nächsten Morgen auf einem Kontrollgang die Kinder entdeckte, konnte er nicht glauben, dass sie bei minus zehn Grad die Nacht unbeschadet überstanden hatten. Die Rückkehr der Kinder war das schönste Weihnachtsgeschenk, das die Eltern sich vorstellen konnten.

Ein Anliegen für euch?

Ängstliches Auftreten ermutigt die Täter

Selbstverteidigungs-Kurse für Schülerinnen

Ingolstadt (DK) Seit der ersten Schulwoche nach den Osterferien gibt es am Christoph-Scheiner-Gymnasium zwei jeweils zwölfstündige Selbstverteidigungskurse für Mädchen der 8. bis 10. Jahrgangsstufen. Diese Kurse wurden vom Elternbeirat organisiert und gesponsert. Der Beitrag je Schülerin betrug daher nur 30 Euro.

Die beiden Kurse finden montags und freitags statt. Insgesamt hatten sich 37 Schülerinnen gemeldet. Ich selbst besuche den Freitagskurs bei Doris G., die die Selbstverteidigungsschule „Cara Mia" leitet. Doris war allen in der Gruppe gleich in der ersten Stunde sympathisch.

Als Erstes erarbeiteten wir gemeinsam die drei Teile, aus denen die Selbstverteidigung besteht, nämlich Auftreten, Nein-Sagen und körperliches Wehren. Danach lernten wir, wie und wo man im Ernstfall richtig zuschlagen kann. Außerdem lernten wir, dass bei der Selbstverteidigung neben dem richtigen Zuschlagen auch das Auftreten eine wichtige Rolle spielt. Dies übten wir in verschiedenen Rollenspielen; ebenso das Verhalten in schwierigen Situationen und wie wir bewusst unsere Körpersprache einsetzen können. Wir beschäftigten uns weiter mit dem richtigen „Nein-Sagen-Können". Am Ende jeder Stunde fanden zehn Minuten „Schlagtraining" statt. Ich bin der Meinung, dass der Kurs seine 30 Euro locker wert ist. Jetzt, da der Kurs schon fast zu Ende ist, sind alle aus der Gruppe viel selbstbewusster als am Anfang. Vor allem strahlen wir, wenn wir abends weggehen, keine Angst mehr aus. Wir jedenfalls sind keine „Opfer-Typen" mehr!

Lisa Kopp, Klasse 8a

1 a) Worum geht es in diesem Bericht? Sprecht darüber.
b) Sollte ein solcher Kurs nur für Mädchen angeboten werden? Nehmt dazu Stellung!
c) Wer von euch würde an einem solchen Kurs teilnehmen wollen? Begründet eure Meinung!
d) Welche Vorteile hätte es, wenn so ein Kurs an eurer Schule angeboten würde?

Es könnte sein, dass es an eurer Schule noch keinen Kurs gibt.
Auf den folgenden Seiten erfahrt ihr, wie man ein solches Anliegen vorbringen kann. Dieses Vorgehen lässt sich auch auf andere Anliegen übertragen.

Meinungen und Anliegen **mündlich** vorbringen

A Und, was gab es heute in der Schule?

B Heute Vormittag kam Marion mit einer Superidee! Darüber haben wir in der Klasse lange diskutiert. Wir wollen den Antrag stellen, in der Schule einen Selbstverteidigungskurs einzurichten. Ist das nicht toll? Da mache ich auch mit.

C Wenn du bei so einem Kurs mitmachst, kannst du dich da nicht verletzen?

D Das ist Quatsch, ich bin doch sportlich!

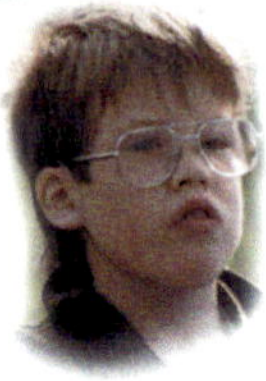

E Wer Karate lernt, wird doch sowieso zum Schläger!

F Du hast ja immer etwas gegen mich, wenn ich etwas vorschlage.

G Ich hab keinen solchen Kurs mitgemacht und mir ist auch noch nichts passiert!

H Ihr seid ja bloß neidisch, weil es das früher nicht gab.

I Die Kurse sind bestimmt nachmittags. Wer soll dich dahin bringen?

J Alle anderen dürfen, nur ich nicht!

K Weil dein Freund mitmacht, deswegen brauchst du noch lange nicht mitzumachen!

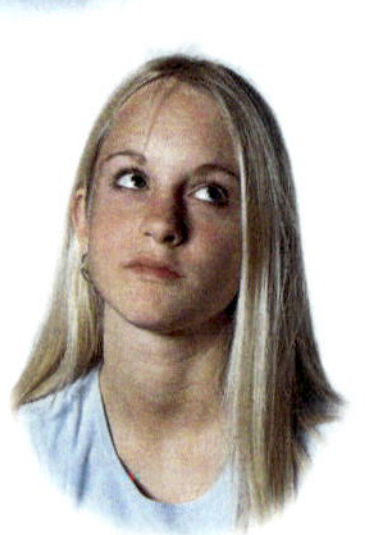

L Ihr seid echt gemein!

M Du musst für die Schule lernen, das ist wichtiger!

N Wenn ich das nicht darf, lerne ich gar nichts mehr in der Schule.

1 a) Lest die Sprechblasen auf der linken Seite.
b) Wie reagiert die Familie auf die Absicht der Tochter?
c) Welche Bedenken sind ernst zu nehmen?
d) Wie reagiert die Tochter auf die Einwände?
e) Warum sind die Reaktionen der Tochter nicht geeignet, die Familie umzustimmen? Lest dazu auch den Tipp.

2 Um jemanden für ein Anliegen zu gewinnen, braucht man überzeugende Begründungen.
a) Lest den Text auf Seite 75. Schreibt Informationen heraus, die sich gut zur Begründung eines Selbstverteidungskurses eignen.
b) Sammelt zusätzliche Begründungen, indem ihr euch noch weiter informiert. Unter folgenden Internetadressen findet ihr Informationen:
http://www.karate-online.de
http://www.judo.de
http://www.aikikai.de

3 a) Überlegt in Partnerarbeit, wie ihr auf die auf Seite 76 geäußerten Bedenken eingehen würdet.
b) Tragt eure Lösungsvorschläge vor und sprecht darüber.
c) Einige Äußerungen (z. B. Sprechblase K) haben mit dem Anliegen wenig zu tun. Wie sollte man sich in diesem Falle verhalten? Macht Vorschläge und besprecht sie.

4 a) Bereitet in Kleingruppen ein Rollenspiel vor. In diesem Gespräch übernehmen zwei die Rollen derjenigen, die das Anliegen vorbringen, die anderen sind Familienmitglieder, die bisher von einem solchen Kursangebot noch nichts gehört haben. Legt für jede Rolle eine Karte an, auf der ihr in Stichworten Fragen, Sorgen und Bedenken sowie eure Begründungen notiert.
b) Führt das Rollenspiel vor.
c) Besprecht nach jedem Rollenspiel:
– War der Gesprächsverlauf glaubwürdig?
– Waren die vorgebrachten Begründungen überzeugend?
– An welchen Stellen hättet ihr anders begründet?

Rollenkarte Vater
– „neumodischer Kram"
– Kurs kostet doch nur Geld.
– ...

Rollenkarte Bruder
– Schwester bekommt alle Extrawünsche erfüllt.
– ...

Rollenkarte Tochter
– Es geht darum, selbstbewusster zu werden.
– Möglichkeiten der Abwehr kennen lernen
– ...

TIPP

Andere überzeugen
Wenn man ein Anliegen vorbringt, muss man auch mit Ablehnung rechnen. Wer darauf nur mit Unmutsäußerungen („Das ist doch Quatsch!") oder Unterstellungen („Du verstehst mich sowieso nie!") reagiert, wird für seine Gründe kein Gehör mehr finden. Gehe daher so vor:
1. Bleibe ruhig.
2. Hör dir die Entgegnungen an und gehe auf sie ein: „Du meinst, dass ein solcher Kurs gefährlich ist. Natürlich muss man aufpassen. Aber in jedem Kurs ist ein Trainer, der ..."
3. Um Bedenken zu entkräften und andere von deinem Vorhaben zu überzeugen, musst du dich selbst gut informieren und gute Begründungen für dein Vorhaben sammeln.

Einen Antrag schriftlich formulieren

1 Natürlich muss die Schulleitung von eurem Anliegen informiert werden, um z. B. Räume und Lehrkräfte zur Verfügung zu stellen. Wie würdet ihr vorgehen?
Diskutiert die folgenden Möglichkeiten:

A Die Schulleitung anrufen.

B Die Schulleitung um ein Gespräch bitten.

C Das Anliegen auf den Anrufbeantworter sprechen.

D An die Schulleitung einen Brief schreiben.

E An die Schulleitung ein E-Mail schicken.

2 Vielleicht zieht ihr es vor, zunächst in einem Gespräch die Schulleitung von eurem Anliegen zu informieren. Warum ist es aber auch notwendig, einen schriftlichen Antrag zu stellen?

3 Entwerft einen Brief an die Schulleitung, in dem ihr die Einrichtung eines Selbstverteidigungskurses beantragt.
a) Lest dazu die Info.
b) Überlegt in Partnerarbeit oder in Kleingruppen, mit welchen Begründungen ihr den Adressaten von eurem Anliegen am besten überzeugen könnt. Bezieht in eure Überlegungen auch die Informationen ein, die ihr auf Seite 77 gesammelt habt.
c) Vergleicht eure Ergebnisse und einigt euch auf einen Entwurf.

INFO

Einen Antrag stellen
Ein schriftlicher Antrag enthält eine genaue Beschreibung des Vorhabens und wichtige Begründungen. Aufgrund dieser Angaben muss sich der Adressat ein genaues Bild von dem Anliegen machen und sich auch von der Richtigkeit und Notwendigkeit des Vorhabens überzeugen können. Daher muss man zu folgenden Fragen im Antrag Informationen finden:
1. Wer will etwas?
2. Was will jemand?
3. Von wem will jemand etwas?
4. Warum will jemand etwas?
5. Wann will jemand etwas?

Anträge haben oft folgenden inhaltlichen Aufbau:
1. Anrede *(Sehr geehrter Herr Wüchner, … Sehr geehrte Damen und Herren, …)*
2. Der Absender stellt sich in einem einleitenden Satz vor und nennt kurz das Anliegen.
3. In einem oder mehreren Absätzen wird die Situation beschrieben und das Anliegen begründet.
4. Der Antrag endet mit einer Zusammenfassung, einem Dank und der Grußformel.

Ein Anliegen im Brief vorbringen

1 Um ein Anliegen überzeugend vorzubringen, muss nicht nur der Inhalt, sondern auch die äußere Form entsprechend gestaltet sein. Lest dazu die Info.

2 Im folgenden Kasten sind die wichtigsten Bestandteile eines sachlichen Briefes in falscher Reihenfolge aufgeführt. Seht euch den Brief auf Seite 80 an und schreibt die richtige Abfolge in euer Heft.

A Anschrift des Empfängers

B kurzgefasste Angabe, worum es in dem Schreiben geht (Betreff)

C Briefinhalt

D Grußformel

E Anschrift des Absenders

F Anrede

G Orts- und Datumsangabe

H Unterschrift

3 Entwerft euren Antrag. Das Muster auf der folgenden Seite kann euch helfen. Stellt eure Gruppenergebnisse vor.

4 a) Benützt, wenn ihr die Möglichkeit habt, für die Reinschrift des Antrages einen Computer.
b) Schreibt euren Brief und überprüft ihn mit dem Rechtschreibprüfungsprogramm.
Lest dazu aber den Tipp auf Seite 45.

INFO

Der Antrag als sachlicher Brief
Anträge werden – sofern es nicht wie bei Behörden bestimmte Antragsformulare gibt – in Form eines sachlichen Briefes verfasst.
Auf der folgenden Seite findet ihr dafür ein Muster.
Denkt daran, dass ein Antrag ein Brief ist. Ihr müsst die Höflichkeitsanreden *Sie, Ihr* und deren gebeugte Formen großschreiben:
Wir hoffen, dass Sie uns unterstützen.
Für Ihre Mühe möchten wir ...
Schreibt höflich und freundlich.
Vermeidet daher Formulierungen wie *„Wir fordern daher ...; Sie sollten ...“*

Realschule Neuburg
Klasse 7 b
86633 Neuburg a. d. Donau
Tel. (0 84 31) 81 76

Neuburg, 20. Juni 2...

Schulleitung der Paul-Winter-Realschule
Amalienstraße 22

86633 Neuburg a. d. Donau

Sehr geehrte Frau Bayerl,

wir, die Schülerinnen und Schüler der Klasse 7 b, wenden uns an Sie mit der Bitte, einen Kurs in Selbstbehauptung und Selbstverteidigung einzurichten.

Leider sind in der letzten Zeit immer wieder Schülerinnen und Schüler aus unserer Klasse belästigt worden. Dies geschah sowohl auf dem Schulweg als auch in der Freizeit. Wir haben deshalb in der Klasse ausführlich darüber diskutiert. Nach unserer Meinung ...

Wir hoffen, dass Sie unser Vorhaben unterstützen werden.

Mit freundlichen Grüßen

Saskia Lorenz

(Klassensprecherin der Klasse 7 b)

Mit Plakaten für eigene Anliegen werben

Selbstverteidigungs- und Selbstbehauptungskurs an der Schule

Mach mit!

Hilf dir selbst!

Wer	**?**	**Alle Interessierten**
Wo	**?**	**In der Turnhalle**
Wann	**?**	**Am Donnerstag um 14:00 Uhr**
Bekleidung	**?**	**Straßenkleidung und Turnschuhe**

1 Schaut euch das Plakat an.
Welche Angaben sind enthalten?
a) Was fällt euch zuerst ins Auge?
b) Welche Aufgabe hat der Text, welche Aufgaben haben die Bilder?
c) Warum sind bestimmte Zeilen groß und andere klein geschrieben?
d) Was würdet ihr anders machen?

2 Entwickelt selbst ein Plakat.
a) Wie lässt sich euer Anliegen möglichst kurz in einem Slogan (in einer kurzen Schlagzeile) zusammenfassen?
b) Über welche Texte und Bilder verfügt ihr?
c) Wie wollt ihr eure Texte und Bilder auf dem Plakat anordnen? Lest den Tipp und entwerft auf einer DIN-A4-Seite eure Plakat-Idee.

TIPP

So gestaltet ihr ein Plakat:
1. Ein Plakat soll Aufmerksamkeit wecken. Überlegt euch daher genau, durch welche Überschrift (Slogan) und durch welches Bild dies für euer Anliegen am besten geschieht.
2. Euer Plakat soll für euer Anliegen werben. Welche Begründungen stellt ihr in den Mittelpunkt?
3. Euer Plakat soll informieren, aber nicht durch Informationen ermüden. Daher: So viel Informationen wie nötig und so wenig Informationen wie möglich.

Sport auf dem Pausenhof?

1 a) Über welches Problem unterhalten sich die Schülerinnen und Schüler?
b) An wen kann man sich eurer Meinung nach mit Lösungsvorschlägen wenden?

2 Ein Gespräch mit der SMV könnte dazu führen, dass die SMV entscheidet, sich mit Vorschlägen an die Schulleitung zu wenden.
a) Lest dazu den nebenstehenden Brief.
b) An wen wendet sich der Brief?
c) Welche Absicht verfolgt die SMV mit dem Brief?
d) Versetzt euch in die Rolle der Empfängerin. Wie würdet ihr auf diesen Brief reagieren?
e) Welche Stellen im Brief erscheinen euch inhaltlich und sprachlich unangemessen?

3 Überarbeitet den Brief oder entwerft ein eigenes Schreiben, in dem ihr euer Anliegen darstellt. Achtet auf die angemessene äußere Form (siehe Seite 80).

SMV Wiesenstein

Hi Frau Meiler,
wie Sie ja sicherlich selbst schon gesehen haben, ist unser Pausenhof in einem echt groben Zustand. Die SMV der Realschule Wiesenstein meint daher, dass hier etwas passieren muss. Sie müssen uns dabei helfen, schließlich sind Sie ja die Leiterin der Schule. Wir erwarten von Ihnen, dass Sie dafür sorgen, dass möglichst bald Sportgeräte für den Pausenhof angeschafft werden. Für eine neue Einrichtung Ihres Büros ist ja schließlich auch Geld da. Eine Tischtennisplatte und ein Streetballkorb sollten es mindestens schon sein.
Wir warten auf Ihre Antwort.

Die SMV

A Zusammen mit unserer Schulleiterin, Frau Meiler, und den Lehrern der Schule wollen wir etwas dagegen tun.

B Wir fangen um 12.05 Uhr an, denn Frau Meiler hat die letzte Stunde frei gegeben (Applaus).

C Mit freundlichen Grüßen

D Folgende Attraktionen warten auf euch:

E die ultimative Straßendisco mit den neuesten Hip-Hop-Songs,

F An den Elternbeirat der Realschule Wiesenstein

G ein Streetballturnier für Mannschaften aus allen Klassen,

H ein Tombola-Hauptgewinn ist ein Plakat von Michael Jordan mit Originalunterschrift,

I Butterbrezeln, bis zum Abwinken von uns geschmiert, für nur 0,50 Euro das Stück.

J Wir zählen auf euch.

K Sehr geehrte Damen und Herren,

L wie Sie sicher wissen, ist unser Pausenhof in keinem sehr schönen Zustand.

M Wir möchten gerne auf dem Pausenhof einen Streetballkorb und eine Tischtennisplatte aufstellen.

N Mitschülerinnen und Mitschüler, aufgepasst und mitgemacht!

O Die SMV der Realschule Wiesenstein

P Vom Erlös werden Tischtennisschläger und ein Basketball angeschafft.

Q Aber leider stehen der Schule nicht die dafür notwendigen Mittel zur Verfügung.

R Am Freitag steigt das megacoole Event dieses Schuljahres. Zur Einweihung unseres Mini-Sportparks (Streetballkorb und Tischtennisplatte) lädt die SMV alle Schülerinnen und Schüler herzlich ein.

S Deshalb bitten wir Sie, unser Anliegen finanziell zu unterstützen.

T Wir hoffen auf Ihr Verständnis.

U Eure SMV

4 a) Zwei Texte der SMV sind hier durcheinandergeraten. Wenn ihr auf den Inhalt, die Sprache und auf die Adressaten achtet, könnt ihr die zueinandergehörenden Briefteile herausfinden. Ordnet die Textteile mithilfe einer Folie oder mit der Copy 6.

b) Schreibt beide Texte in der angemessenen Form auf.

c) Mit welchen unterschiedlichen Absichten wurden die beiden Texte geschrieben?

d) Untersucht, ob die Sprache im Hinblick auf die Adressaten und das Anliegen angemessen ist.

e) Begründet eure Meinung.

TIPP

Beim Schreiben an den Adressaten denken

Mit einem Text können unterschiedliche Absichten verfolgt werden: unterhalten, informieren, überzeugen, zu etwas auffordern oder etwas kritisieren. Damit ein Text den gewünschten Erfolg hat, muss man bei der sprachlichen Gestaltung den Empfänger (Adressaten) berücksichtigen: ein gleichaltriger Jugendlicher will anders angesprochen werden als ein Erwachsener.

Was ist wichtig?

Die Sache mit den Klößen
Erich Kästner

1 Der Peter war ein Renommist.
Ihr wisst vielleicht nicht, was das ist?
Ein Renommist, das ist ein Mann,
der viel verspricht und wenig kann.

2 Wer fragte: „Wie weit springst du, Peter?“,
bekam zur Antwort: „Sieben Meter.“
In Wirklichkeit – Kurt hat's gesehn –
sprang Peter bloß drei Meter zehn.

3 So war das immer: Peter log,
dass sich der stärkste Balken bog.
Und was das Schlimmste daran war:
Er glaubte seine Lügen gar!

4 Als man einmal vom Essen sprach,
da dachte Peter lange nach.
Dann sagte er mit stiller Größe:
„Ich esse manchmal dreißig Klöße.“

1 Lest euch das Gedicht sorgfältig durch. Worum geht es in diesem Gedicht?

2 Dieses Gedicht erzählt eine kleine Geschichte, deren Inhalt ihr zusammenfassen sollt. Lest dazu in der Info den ersten Abschnitt.

3 Lest den Text „mit dem Bleistift“, wie in den ersten drei Strophen schon geschehen. Unterstreicht auf einer Folie oder in Copy 7 jede Information, die euch wichtig erscheint (Schlüsselstellen).

4 Schreibt in Stichworten wichtige Angaben auf:
- Wer ist die Hauptperson?
- Was wird über sie ausgesagt?
- Gibt es Angaben, wann und wo die Geschichte spielt?

INFO

Inhalte zusammenfassen
Eine Inhaltszusammenfassung informiert in knapper Form über den Inhalt eines Textes. Sie ist Teil der Textbeschreibung (siehe Seite 94).
In der Inhaltszusammenfassung werden
- die Hauptfiguren und – sofern angegeben – Ort und Zeit der Handlung genannt,
- nur die wichtigsten Erzählschritte in knapper Form dargestellt.

Was sind Erzählschritte?
Die Handlung eines Textes besteht aus mehreren Erzählschritten. In jedem Erzählschritt geschieht etwas Neues. Ein Erzählschritt kann in einem Satz abgeschlossen sein, er kann aber auch mehrere Absätze umfassen.

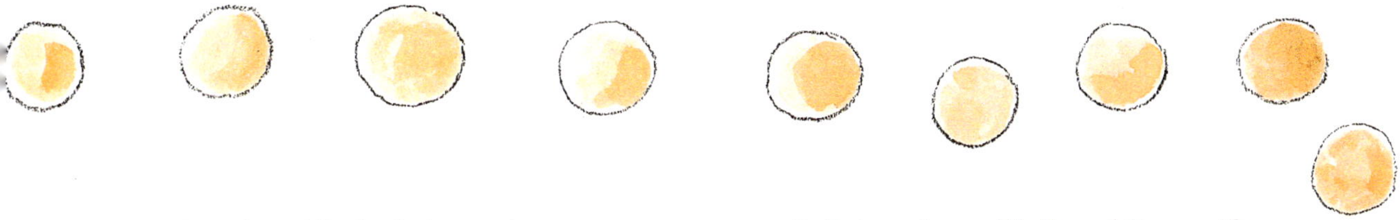

5 Die anderen Kinder lachten sehr,
doch Peter sprach: „Wenn nicht noch mehr!"
„Nun gut", rief Kurt, „wir wollen wetten."
(Wenn sie das bloß gelassen hätten!)

6 Der Preis bestand, besprachen sie,
in einer Taschenbatterie.
Die Köchin von Kurts Eltern kochte
die Klöße, wenn sie's auch nicht mochte.

7 Kurts Eltern waren ausgegangen.
So wurde endlich angefangen.
Vom ersten bis zum fünften Kloß,
da war noch nichts Besondres los.

8 Die anderen Kinder saßen stumm
um Peter und die Klöße rum.
Beim siebeten und achten Stück
bemerkte Kurt: „Er wird schon dick."

9 Beim zehnten Kloß ward Peter weiß
und dachte: Kurt erhält den Preis.
Ihm war ganz schlecht, doch tat er heiter
und aß, als ob's ihm schmeckte, weiter.

10 Er schob die Klöße in den Mund
und wurde langsam kugelrund.
Der Anzug wurde furchtbar knapp.
Die Knöpfe sprangen alle ab.

11 Die Augen quollen aus dem Kopf.
Doch griff er tapfer in den Topf.
Nach fünfzehn Klößen endlich sank
er stöhnend von der Küchenbank.

12 Die Köchin Hildegard erschrak,
als er so still am Boden lag.
Dann fing er grässlich an zu husten,
dass sie den Doktor holen mussten.

13 „Um Gottes Willen", rief er aus,
„der Junge muss ins Krankenhaus."
Vier Klöße steckten noch im Schlund.
Das war natürlich ungesund.

14 Mit Schmerzen und für teures Geld
ward Peter wieder hergestellt.
Das Renommieren hat zuzeiten
auch seine großen Schattenseiten.

5 a) Welche Erzählschritte lassen sich unterscheiden? Lest dazu den zweiten Abschnitt in der Info.
b) Seht euch die folgenden Notizen an. Begründet, warum Strophe 1 bis 3 einen Erzählschritt bilden.

> 1. Erzählschritt:
> Peter ist ein Angeber.
>
> 2. Erzählschritt
> ...

c) Welche Strophen bilden den zweiten Erzählschritt? Schaut euch dazu eure angestrichenen Schlüsselstellen an. Fasst den Inhalt dieses Erzählschrittes in Stichworten oder in einem Satz zusammen.
d) Sucht in gleicher Weise die weiteren Erzählschritte heraus und fasst deren Inhalt zusammen.
e) Vergleicht eure Erzählschritte und begründet eure Abgrenzungen.

Eine Inhaltszusammenfassung schreiben

„Die Sache mit den Klößen"
von Erich Kästner
Textsorte: Gedicht
Hauptperson: Peter
Orts- und Zeitangaben: fehlen
Wichtige Erzählschritte:
1. Peter ist ein Angeber.
2. Er behauptet, dass er 30 Klöße essen könne.
3. Die anderen Kinder lachen darüber ...

1 So oder ähnlich könnte euer Notizzettel aussehen. Eure Aufgabe ist es jetzt, mithilfe eurer Notizen den Inhalt in einem kurzen Text zusammenzufassen. Lest dazu die Info.

INFO

Der Aufbau der Inhaltszusammenfassung

1. Die Einleitung informiert über den Autor und den Titel des Textes sowie über die Textsorte und den Kerninhalt.
   Das Gedicht „Die Sache mit den Klößen" stammt von Erich Kästner. Die Hauptperson ist der Angeber Peter, der eine gefährliche Wette eingeht.
2. Im Hauptteil werden die wichtigsten Inhalte möglichst in eigenen Worten zusammengefasst.
3. Eine Inhaltszusammenfassung ist ein informierender Text. Er wird im Präsens geschrieben und enthält keine Ausschmückungen oder persönliche Gedanken und Meinungen.
4. Die direkte Rede wird in die indirekte Rede umgeformt (Kapitel *Wann gebraucht man den Konjunktiv?*, Seite 153).
5. Der Schluss enthält eine Stellungnahme mit einer Begründung.
   Der Text hat mir gefallen, weil ...
   Ich finde den Text altmodisch, denn ...

2 Vergleicht die folgenden beiden Anfänge des Hauptteils. Welcher passt besser zu einer Inhaltszusammenfassung?

A Peter war ein richtiger Angeber. Wenn ihn jemand fragte, wie weit er springen kann, behauptete er: „Sieben Meter." Da er immer log, glaubte er schließlich selbst seinen Lügen. Einmal sprach er mit anderen Kindern vom Essen. Da sagte er: „Ich esse manchmal dreißig Klöße." Die anderen Kinder lachten ihn natürlich aus. Daraufhin behauptete er, dass er noch viel mehr essen könne. Kurt hatte ihn früher schon beim Lügen ertappt. Deshalb hat er ihn jetzt zu einer Wette herausgefordert ...

B Peter ist ein Angeber. So behauptet er eines Tages, dass er dreißig Klöße essen könne. Da die anderen Kinder darüber lachen, lässt er sich mit Kurt auf eine Wette ein ...

3 a) Warum erinnert der erste Textanfang an eine Nacherzählung?
b) Welche anderen Fehler sind enthalten?

4 a) Welche wichtigen Informationen enthält der Anfang B?
b) Aus welchen Strophen des Gedichts stammen diese Informationen?
c) Setzt den zweiten Text fort. Berücksichtigt dazu den Tipp.
d) Vergleicht eure Lösungen.

Den Inhalt einer Erzählung zusammenfassen

Ein Hund mit blauen Augen
Gina Ruck-Pauquèt

So lange er denken konnte, hatte sich Amak einen Hund gewünscht. Einen Hund, der nur ihm gehörte. Aber sein Vater hatte stets den Kopf geschüttelt. Besaßen sie nicht dreizehn Schlittenhunde? Das sollte auch Amak genügen.
So war wieder ein Sommer vergangen, den sie mit Jagd und Fischfang verbracht hatten, und wieder war ein Winter gekommen. Sie hatten das Zelt aus Fellen gegen den Iglu vertauscht und immer noch hatte sich Amaks Wunsch nicht erfüllt.
„Wenn ich einen Hund hätte", sagte er eines Abends leise, „wäre er bei mir in der Nacht."
Der Vater schnitzte an einer Elfenbeinfigur.
„Nimm dir einen", sagte er lächelnd. „Es liegen dreizehn Hunde vorm Eingang."
Aber das war es ja. Amak wollte nicht irgendeinen Hund. Jung sollte er sein, dass er sich an ihn gewöhnte. Und dann, vor allem, musste er blaue Augen haben. Drüben auf der Insel, die „Heimat der Winde" hieß, hatten sie Hunde mit blauen Augen. Amak hatte sie selbst gesehen.
„Mein Sohn will einen besonderen Hund!" Der Vater lachte. Die Mutter schnitt ein Stück vom gefrorenen Robbenfleisch herunter und legte es in die Pfanne. Dann warf sie den Schlittenhunden ihre Fische vor wie alle Tage. Niemand sprach mehr ein Wort an diesem Abend. Lange lag Amak wach in seinem Bett aus Fellen. Ein Hund, mit Augen so blau wie der Himmel an einem guten Tag.
Am anderen Morgen zog der Vater früh mit dem Kajak los.
„Warum hat er mich nicht mitgenommen?", wollte Amak wissen. Doch die Mutter nähte ruhig weiter an ihrem neuen Parka und lächelte nur. Da lief Amak hinaus zu seinem Eisloch und fischte. Aber heute fing er nichts. Es mochte daran liegen, dass er zu unruhig war. Bald lungerte er wieder in dem Iglu herum.
Lang zogen sich die Stunden, bis endlich der Kajak aus der Ferne auftauchte. Amak rannte dem Vater entgegen. „Langsam", sagte er lächelnd. „Langsam, Söhnchen!"
Und dann wurde es Wirklichkeit: Unter den Fellen sprang ein Hund hervor – ein Hund für Amak. Er war ein halbwüchsiges, langhaariges, dunkles Tier von starkem Körperbau.
„Er heißt Punjon", sagte der Vater. „Und er wird einmal der größte Hund weit und breit sein."
„Oh!", stammelte Amak. „Danke!"
Er starrte Punjon an und Punjon starrte zurück. Der größte Hund weit und breit, dachte Amak. Aber er hat keine blauen Augen. Und seine Enttäuschung war wie ein dumpfer Schmerz, der ihn schlug.
Der Hund blieb an Amaks Seite, den Blick auf seinen neuen Herrn gerichtet. Amak aber ging umher und grübelte. Und endlich nahm der Plan für ihn Gestalt an.
Er würde Punjon zur „Heimat der Winde" bringen. Er würde ihn eintauschen gegen einen Hund mit blauen Augen. Punjon war schön und stark, warum sollten sie ihn nicht wollen? Amak war sicher, dass sie ihn nehmen würden.
Im Sommer hätte Amak mit seinem leichten Fellboot fahren können, aber wo alles Wasser Eis war, musste er laufen.
„Komm!", sagte er zu dem Hund und sie gingen los. Die erste Zeit kamen sie gut vorwärts. Große Schritte machte Amak in seinen dicken Pelzstiefeln und Punjon folgte ihm mühelos. Dann aber, als die „Heimat der Winde" schon greifbar vor ihnen zu liegen schien, brach der Schneesturm los. Längst hatte Amak gesehen, dass der Himmel schwefelgelb und dann schwarz wurde. Er kannte die Zeichen. Aber was blieb ihm übrig, als weiterzugehen?

Anfangs sprang ihn der Wind von hinten an. Da jagte er mit den Flocken der Insel entgegen. „Komm!“, schrie er. Und Punjon war da.
Dann aber schlug der Sturm um. Wie ein rasend wehender Vorhang warf der Schnee sich ihnen jetzt entgegen. Millionen eisiger Speere trafen Amaks Gesicht. Verzweifelt stemmte er sich gegen sie, kämpfte sich mühsam Schritt für Schritt in die plötzliche Dunkelheit. Waren nicht auch die Schneeflocken schwarz? Laut schrie der Wind.
„Punjon?“, fragte Amak. Da war die Schnauze des Hundes an seiner Hand. Weit konnte es nicht mehr sein zur Insel. Doch dann jagte der Schnee von rechts heran, von links, von hinten, von vorne, von allen Seiten. Amak drehte sich um sich selbst. Wohin mussten sie? Nach dort? Nach da? Er machte ein paar Schritte und blieb stehen. Und im selben Augenblick fühlte er, wie bleischwer die Müdigkeit in seine Glieder kroch. Wohin sollten sie denn?
„Punjon?“, fragte Amak. Der Hund stupste ihn an.
„Ja“, sagte Amak und er taumelte weiter.
Nach einer Weile aber wurde die Müdigkeit so stark, dass er nicht mehr standhalten konnte.
„Geh heim“, sagte er, bevor er sich einfach fallen ließ. „Du findest vielleicht heim.“
Aber während er in den Schlaf sank, spürte er die Wärme des Hundes an seiner Seite. Punjon war da.
Als es wieder hell wurde, fanden sie ihn. Er hatte die Insel fast erreicht.
„Der Hund hat dich warm gehalten“, sagten sie, als er bei ihnen im Iglu saß und heiße Fischsuppe schlürfte.
Amak nickte. Vor ihm auf dem Boden spielten drei junge Hunde. Ihre Augen waren so blau wie der Himmel an einem guten Tag.
„Warum bist du gekommen?“, wollte der Schamane[1] wissen.
Amak legte den Arm um Punjon. Fest hielt er ihn an sich gedrückt. Und Punjon blickte zu ihm auf. „Wir wollten euch besuchen“, sagte Amak. „Mein Hund und ich. Nur so.“

[1] *Zauberpriester bei Naturvölkern*

1 Amak will am Ende nun doch nicht seinen Hund gegen einen mit blauen Augen eintauschen. Sprecht darüber.

2 a) Lest den Text ein zweites Mal und unterstreicht auf einer Folie oder in Copy 8 und Copy 9 die wichtigsten Informationen (Schlüsselstellen).
b) Notiert euch Angaben über die Hauptpersonen und darüber, wo die Geschichte spielt.
c) Um die wichtigsten Erzählschritte zu ermitteln, skizziert die Handlung in nicht mehr als sechs Comicbildern.

d) Vergleicht eure Skizzen und diskutiert die Unterschiede.
e) Stellt fest, auf welche Absätze sich eure Comicbilder beziehen. Fasst den Inhalt jedes Erzählschrittes in Stichworten oder als kurze Sätze zusammen.
f) Fasst den Inhalt der Erzählung in nur einem oder zwei Sätzen zusammen (Kerninhalt).
Ihr könnt so beginnen:
Ein Eskimojunge will seinen Hund eintauschen …

Entwürfe überarbeiten

1 Damit eine Inhaltszusammenfassung verständlich wird, müssen die Sätze in einen Zusammenhang gebracht werden. Versucht, die folgenden Sätze gedanklich zu verbinden.
Lest dazu die Punkte 1 und 2 im Tipp.

> Amaks Vater nimmt ihn eines Morgens nicht mit. Er will ihn überraschen. Er bringt ihm einen Hund mit. Der Hund ist schön und stark. Amak ist enttäuscht. Der Hund hat keine blauen Augen. Amak will ihn zur „Heimat der Winde" bringen. Dort gibt es Hunde mit blauen Augen.
>
> Amaks Vater nimmt ihn eines Morgens nicht mit, da er …

2 Fasst das Gespräch von Zeile 113 bis Zeile 118 zusammen. Lest dazu Punkt 3 im Tipp.

3 Bei der Ausformulierung der Inhaltszusammenfassung müsst ihr möglichst knapp formulieren. Wie lassen sich die folgenden Sätze kürzer wiedergeben? Lest dazu Punkt 4 im Tipp.

> Amak hat sich schon immer einen Hund gewünscht, einen Hund, der nur ihm allein gehören und der blaue Augen haben sollte. Der Vater versteht den Wunsch, den sein Sohn hat, und bietet ihm an, sich einen Hund aus der Meute, die die Familie besitzt, auszusuchen.

4 Schreibt nun eure Inhaltszusammenfassung.

TIPP

So überarbeitest du deine Inhaltszusammenfassung:

1. Setze Sätze miteinander in Beziehung. Verwende Wörter wie
   - *als, bis, bevor, während, nachdem …*
   - *weil, da, denn, deshalb, darum, …*
   - *aber, zwar, jedoch, …*
   - *obwohl, wenn auch, …*
   - *indem, sodass, dadurch dass, …*
   - *damit …*

   Der Hund rettet Amaks Leben. Er wärmt ihn.
   Der Hund rettet Amaks Leben, indem er ihn wärmt.
   (siehe auch Einheit „Sätze verknüpfen", Seite 168)
2. Eine Verknüpfung erreichst du auch mit Wörtern wie *dadurch, darauf, dabei, damit, dort, so, …*
   Amaks Vater schenkt ihm einen kleinen Hund. Er will ihm seinen Wunsch erfüllen.
   Amaks Vater schenkt ihm einen kleinen Hund. Damit will er ihm seinen Wunsch erfüllen.
3. Bei der Zusammenfassung von Gesprächen sind folgende Textbausteine und Wörter hilfreich:
   Aus dem Gespräch mit dem Schamanen erfährt Amak, wie er …; Auf die Frage, warum/ob … antwortet …, dass …
4. Prüfe, ob du einen Bandwurmsatz kürzen kannst, indem du einen Attributsatz durch ein Attribut ersetzt.
   Der Plan, den Amak fasst, …
   Amaks Plan …
   (siehe auch Kapitel *Attribute und Attributsätze*, Seite 161–164)

Stuntprofi

Wenn Tanja de Wendt beschreiben soll, was sie in ihrem Beruf so alles macht, dann sagt sie: „Springen, fallen, stürzen, klettern, Fahrten mit Autos, Motorrädern, Rennbooten, – na ja, und natürlich Schlägereien.“ Tanja de Wendt ist eine der besten Stuntfrauen Deutschlands.

„Stunt“ ist englisch und bedeutet „Trick“ oder „Kunststück“ – und davon müssen die Stuntleute einige auf Lager haben. Denn sie sind zwar mutig, aber durchaus nicht lebensmüde. Wenn sie mit einem Auto in einen Fluss rasen müssen, haben sie meist eine Sauerstoffflasche dabei; wenn sie aus großen Höhen springen, wartet unten meist ein Luftkissen, und wenn sie brennend vor der Kamera herumlaufen müssen, tragen sie natürlich einen Spezialanzug.

Trotzdem ist das kein Job für Leute, die über jeden blauen Fleck jammern. Und die Stuntfrauen müssen sogar oft noch eine ganze Portion „härter“ sein als ihre männlichen Kollegen: Wenn ein Mann nämlich einen Treppensturz „spielt“, ist er unter seinem Anzug meist gepolstert wie ein Eishockeyspieler. Aber unter einem engen Minikleid ist kein Platz für dickes Schaumgummi …

Tanja de Wendt ist schon von Brücken hinab auf fahrende Schiffe gesprungen oder mit einem Motorrad durch die Luft geflogen. Bei ihrem spektakulärsten Stunt stürzte sie sich 180 Meter tief vom Düsseldorfer Fernsehturm.

Die Vorbereitungen dafür dauerten anderthalb Jahre. Für Tanja wurde eine Spezialweste genäht, an der ein Stahlseil befestigt war; es gab Probewürfe, Testbremsungen – und dann kam der Moment, als es hieß: „Kamera läuft“. Und Tanja sprang. „Ich habe geschrien, als säße ich in einer Achterbahn“, erzählte sie anschließend. Alles ging gut – aber einige Wochen später versuchte ein Stuntman in den USA den gleichen Sprung. Er verletzte sich schwer und sitzt seitdem im Rollstuhl.

Weil dieser Job so gefährlich ist, kommt es ganz besonders auf eine perfekte Vorbereitung an. Und natürlich auf gute Körperbeherrschung. Aber wie trainiert man das? Am besten, du machst viel Sport und besuchst später eine Stuntschule.

Die Stuntschule Köln/Düsseldorf zum Beispiel sucht ein paar Mal im Jahr aus vielen hundert Bewerbern die besten aus. Für diese Glücklichen beginnt dann eine mehrjährige Ausbildung – denn Stuntleute müssen absolut fit sein in Hechtrollen, Scheinkämpfen und Fensterstürzen. Es schadet auch nicht, nebenbei Schauspielunterricht zu nehmen. Das erhöht die Chancen auf „richtige“ Rollen und ein bisschen Ruhm.

Denn Stuntmänner und -frauen sind zwar die wahren Filmhelden, aber trotzdem werden die wenigsten von ihnen berühmt. *Christine Fink*

Nach einem Beitrag aus: GEOlino, Heft 4, 1999

Den Inhalt zusammenfassen

1 a) Lest den Text.
b) Erschließt Wörter oder Formulierungen, die ihr nicht versteht, aus dem Zusammenhang oder schlagt im Wörterbuch nach.

2 a) Worum geht es in dem Text?
b) Was beeindruckt euch am meisten?
c) Erzählt von einer Stuntszene, die ihr selbst schon in einem Film gesehen habt.
d) Welche Informationen im Text sind für euch neu?

3 a) Fasst den Inhalt des Textes zusammen. Lest dazu den Tipp.
b) Verwendet zum Unterstreichen wichtiger Textstellen eine Folie oder benützt Copy 12.
c) Notiert anschließend die wichtigsten Informationen.
So könnte euer Notizzettel beginnen:

1. Abschnitt: Tanja de Wendt - eine der besten Stuntfrauen
2. Abschnitt: Stuntprofis und ihre Tricks
3. Abschnitt: ...

TIPP

Den Inhalt eines Textes zusammenfassen:
Einen Text zusammenfassen bedeutet, nur die wichtigsten Informationen wiederzugeben. So gehst du am besten vor:
1. Unterstreiche in jedem Abschnitt die Schlüsselstellen.
2. Schreibe auf einem Notizzettel abschnittsweise die wichtigsten Informationen in Stichworten heraus.
3. Fasse den Inhalt des Textes mit eigenen Worten zusammen. Du kannst dich dabei an der Abfolge der Abschnitte orientieren.
4. Schreibe im Präsens.

4 Beurteilt die folgende Textzusammenfassung:
– Wurde das Wichtigste erfasst?
– Beurteilt auch den sprachlichen Ausdruck.

Der erste Abschnitt handelt von Tanja de Wendt.
Im zweiten Abschnitt brauchen Stuntfrauen eine Sauerstoffflasche, ein Luftkissen und einen Spezialanzug.
Weil sie einen Minirock tragen, dürfen sie im dritten Abschnitt nicht über jeden blauen Fleck jammern.

5 a) Entwerft mithilfe eurer Notizen selbst eine Inhaltszusammenfassung.
b) Vergleicht zu zweit oder zu dritt eure Entwürfe und sprecht über die Unterschiede.
c) Verbessert eure Entwürfe.

6 Formuliert aufgrund eurer Notizen auch den Kerninhalt des Textes in ein bis zwei Sätzen.
Der Text handelt von ...

Die äußere Form beschreiben

1 a) Woran erkennt ihr, dass der Text „Stuntprofi“ (Seite 90) ein Zeitschriftentext ist?
b) Haltet eure Beobachtungen zur äußeren Form dieses Textes in Stichworten fest.
Im Tipp findet ihr dazu Hinweise.

TIPP

Darauf musst du achten:
1. Wie ist die Überschrift gestaltet? (fett, kursiv, farbig abgesetzt, unterstrichen, in Großbuchstaben ...)
2. Wie ist der Text aufgebaut? (Blocksatz, Spalten, Abschnitte, Teilüberschriften)
3. Welche Abbildungen werden verwendet? (Schwarz-Weiß-Fotos, Bilder, Zeichnungen, Skizzen, Comics)
4. Welche zusätzlichen Informationen gibt es? (Verfasser, Quelle, Ortsangabe)

Alle Mittel der optischen Gestaltung haben eine oder mehrere Aufgaben. Meistens sollen sie das Interesse des Lesers wecken und/oder ihn informieren.

2 a) Stellt fest, welche Arten von Abbildungen (Fotos, Zeichnungen ...) für diesen Text gewählt wurden.
b) Überlegt, welche Aufgabe die Bilder haben. Schaut euch dazu die Skizze an.

Bilder können bestimmte Aufgaben übernehmen:

c) Häufig haben Bilder mehrere Aufgaben. Beschreibt zunächst, worin ihr die wichtigste Aufgabe seht, und schließt dann weitere Vermutungen an:
Das Bild soll vor allem den Blick des Lesers auf diesen Artikel lenken. Es macht aber auch deutlich ...

3 a) Beschreibt mithilfe eurer Notizen die äußere Form des Textes. Schreibt in ganzen Sätzen.
Dieser Text stammt aus der Zeitschrift Geolino. Er ist in zwei Spalten aufgebaut ...
b) Besprecht zu zweit oder zu dritt eure Ergebnisse.
c) Überarbeitet euren eigenen Entwurf.

Das Risiko hat Andrea schon immer geliebt

16-jährige Schülerin ist Deutschlands jüngstes Stuntgirl

Ingolstadt (lb).
Schon als kleines Mädchen liebte sie es, auf Bäume zu klettern. Später genoss sie es, als Beifahrerin mit einem rasanten Auto- oder Motorradfahrer unterwegs zu sein. Alle zwei Wochen trainiert sie in einer Turnhalle im Ingolstädter Ortsteil Etting Klettern, Fechten, Treppenstürze. Mit ihren 16 Jahren dürfte die Hauptschülerin Deutschlands jüngstes Stuntgirl sein.

„Sie hat eine Menge Talent", bekräftigt Sascha Borysenko, der die Ingolstädter Stuntmen-Schule leitet. „Ich werde sie bald zu den ersten Auftritten mitnehmen." Die Entscheidung für den ungewöhnlichen Beruf fiel vor drei Jahren. Andrea Keppler war 13 Jahre alt, als sie eine Show auf dem Bavaria-Filmgelände in München besuchte. „Da stand für mich fest: Das will ich auch mal machen", erinnert sich die Schülerin, die in Pfullingen in Baden-Württemberg zu Hause ist. Zur Sicherheit wird sie nach dem Schulabschluss im Herbst eine Lehre als Friseurin beginnen. Beide Ausbildungen laufen parallel.
Alle 14 Tage treffen sich die angehenden Stuntmen in Ingolstadt, sie reisen aus ganz Deutschland an. Das Training in der Turnhalle beginnt mit Aufwärmübungen. Die Schüler lernen das richtige Abrollen und Hinfallen, Sprünge auf dem Trampolin und aus der Luft. „Stürze vom Basketballkorb kann ich schon", erzählt Andrea Keppler. Die 16-Jährige selbstbewusst: „Was ich mir nicht zutraue, das lasse ich." Andrea Keppler hat eine zierliche Figur. Sie ist 1,65 Meter groß und 50 Kilogramm schwer.

Anfragen von TV-Shows
Nun fiebert Andrea ihrem ersten Auftritt entgegen. Sascha Borysenko koordiniert die Termine. Es gibt Anfragen von TV-Shows. Später sind auch Rollen bei Spielfilmen drin. Die 16-Jährige hofft, eine Marktlücke zu schließen. „Als Frau hat man mehr Chancen weiterzukommen. Es gibt einfach nicht viele, die das machen."
Durch brennende Reifen springen, vom Pferd fallen, über die Kühlerhaube eines Autos schlittern, eine Fechtszene nachspielen – Andrea Keppler hat keine Angst vor diesen Herausforderungen. „Ich habe schon immer gerne gefährliche Sachen gemacht."

Nach einem Beitrag aus der Augsburger Zeitung vom 23. Mai 2000

Sprachliche Besonderheiten beschreiben

1 Auch der Text auf Seite 93 handelt von Stuntprofis. Fasst den Inhalt des Textes schriftlich zusammen (siehe Tipp auf Seite 91).

2 a) Woran kann man erkennen, dass es sich um einen Zeitungsbericht handelt?
Lest dazu auch die Info auf Seite 119.
b) Beschreibt mündlich die äußere Form. Denkt an die Gesichtspunkte, die im Tipp auf Seite 92 festgehalten sind.

3 Auch die Sprache eines Textes kann man untersuchen und deren Wirkung beschreiben. Lest dazu den Tipp.

TIPP

Sprache untersuchen und deren Wirkung beschreiben

Die folgenden Fragen helfen dir, sprachliche Besonderheiten festzustellen:

1. Ist die **Wortwahl** auffällig? (z. B. viele Adjektive, Verben, Fremdwörter, Fachbegriffe ...).
2. Gibt es auffällige **Aufzählungen**?
3. Kommt häufig **wörtliche Rede** vor?
4. Treten besondere **Satzformen** auf? (z. B. Ausrufesätze, Fragesätze, auffällig viele kurze oder lange Sätze)
5. Welcher **Sprachstil** herrscht vor? (Alltagssprache, Jugendsprache, Fachsprache)

Beschreibe deine Feststellungen und belege sie durch Beispiele:
In dem Text kommen viele Fachbegriffe vor: „Stuntgirl“ (Z. 9).
Richtig zitieren lernst du auf Seite 205.
Versuche auch festzustellen, welche Wirkung die von dir beschriebene sprachliche Besonderheit hat:
Der Text wirkt durch dieses sprachliche Mittel lebendig (anschaulich, informativ, sachlich ...).

4 a) Untersucht den Text von Seite 93 nach sprachlichen Besonderheiten. Die folgende Liste kann euch dabei helfen.
b) Übertragt sie in euer Heft. Ergänzt die Übersicht durch weitere Beobachtungen.

sprachliche Besonderheiten	Beispiele
Fremdwörter	Chancen (Z. ☆)
Fachbegriffe	Stuntgirl (Z. ☆)
	Aufwärmübungen (Z. ☆)
Aufzählungen	Klettern (Z. ☆)
	Treppenstürze (Z. ☆)
wörtliche Rede	„Sie ... Talent“ (Z. ☆)

5 a) Lest die folgende Beschreibung der sprachlichen Besonderheiten des Textes auf Seite 93.
b) Vergleicht sie mit euren Notizen und sprecht darüber.
c) Schreibt eine überarbeitete Fassung in euer Heft.

Der Text ist ein typischer Zeitungsbericht. Er enthält viele Fachbegriffe wie „Stuntgirl“ (Z. 9), die zeigen, dass der Verfasser sich auskennt.
Das beweisen auch die Fachbegriffe wie „Aufwärmübungen“ (Z. 26). Manche Fremdwörter wie „Show“ (Z. 16) sind zugleich Fachbegriffe. Häufig kommen Aufzählungen von Tätigkeiten vor. („Klettern ... Treppenstürze“, Z. 7).
Ich finde den Text gut verständlich, weil die Sprache der Alltagssprache entspricht.

6 Untersucht die sprachlichen Besonderheiten des Zeitungsartikels auf Seite 116.

Produktionsaufgabe

Verfasse einen Brief an Andrea.

1 a) Diese Produktionsaufgabe bezieht sich auf den Text von Seite 93. Lies den Tipp.
b) Was möchtest du Andrea sagen oder fragen? Mache dir Notizen.
c) So kannst du beginnen:

Bewunderung
Zeit für Freund?
Verletzungen?
Meinung der Eltern
...

d) Schreibe mithilfe deiner Notizen einen Brief an Andrea.

Liebe Andrea,

ich finde es ganz toll, dass du ein Stuntgirl werden willst ...

TIPP

So bearbeitest du Produktionsaufgaben:
Produktionsaufgaben können sehr unterschiedlich sein, z. B. einen Brief schreiben, ein Tagebucheintrag ... Sie geben dir die Möglichkeit, deine Gedanken zu diesem Text weiterzuentwickeln. Zwei Tipps:
1. Deine Texte sollten sich immer auf das Thema des Ausgangstextes beziehen.
2. Die äußere Form des Textes sollte sich an der geforderten Textsorte (z. B. Brief) orientieren.

Textgebundener Aufsatz zu „Stuntprofi" (S. 90)

2 Auf Seite 96 bis 97 lernt ihr, wie man die Merkmale von Sachtexten in einem Aufsatz beschreibt. Wenn ihr diese Seiten bearbeitet habt, könnt ihr einen Textgebundenen Aufsatz zu „Stuntprofi" anfertigen. Verwendet dazu die Vorlage, die ihr schon auf den Seiten 91 und 92 erarbeitet habt. Orientiert euch an den folgenden Aufgabenstellungen.

Erschließungsaufgaben zu „Stuntprofi"

1. Schreibe eine **Einleitung**.
   – Achte auf die Angaben auf dem Textblatt.
   – Formuliere den Kerninhalt in zwei Sätzen.
2. Schreibe die **Inhaltszusammenfassung**. Fasse den Text dazu absatzweise zusammen.
3. Beschreibe die **äußere Form** des Textes.
   – Achte auf die Anordnung des Textes.
   – Beschreibe die Art und die Anordnung der Bilder. Welche Aufgabe haben sie?
4. Nenne die Textsorte und beschreibe die wichtigsten Merkmale.
5. Beschreibe die **sprachlichen Besonderheiten** und zitiere Beispiele. Welche Wirkung haben diese Besonderheiten? Achte auf die Wortarten, auf den Satzbau und auf den Stil.
6. Äußere deine **Meinung** zum Text und **begründe** sie.
7. Schreibe den **Werbetext** einer Stuntschule, der sich an junge Leute in deinem Alter richtet. Verwende Informationen aus dem Text.

Eine neue Aufsatzart: der Textgebundene Aufsatz

1 Ihr habt gelernt,
- den Inhalt eines Textes zusammenzufassen (Seite 91),
- die äußere Form eines Textes zu beschreiben (Seite 92),
- die sprachlichen Besonderheiten zu benennen (Seite 94).

Diese Ergebnisse werden in dem Textgebundenen Aufsatz zusammengefügt.

a) Lest in der Info nach, aus welchen Bausteinen dieser Aufsatz besteht.

b) Stellt fest, welche Teile ihr schon behandelt habt.

2 a) Neu ist für euch die Teilaufgabe *Stellungnahme*.
Wie eine Stellungnahme aussehen kann, zeigen euch die folgenden Beispiele:

Ich finde den Text interessant, weil ich gerne aufregende Filme mit Stunts anschaue.

Mir gefällt der Text nicht, weil mich das Thema nicht interessiert.

Ich würde gerne mehr Informationen bekommen, weil ....

b) Formuliert eine eigene Stellungnahme zu dem Text auf Seite 93.

3 Auf der folgenden Seite findet ihr in verwürfelten Abschnitten einen Textgebundenen Aufsatz zum Text von Seite 93.
Findet die richtige Abfolge heraus. Die Info hilft euch dabei. Das Lösungswort hat mit dem Text zu tun.

INFO

Der Textgebundene Aufsatz
Der Textgebundene Aufsatz besteht aus den Bausteinen **Texterschließung** und **Produktionsaufgabe**. Es wird grundsätzlich das Präsens verwendet.

Baustein Texterschließung

1. **Einleitung**
   - Titel des Textes
   - Name des Verfassers
   - Quelle
   - Kerninhalt

2. **Hauptteil**
   - Zusammenfassung des Inhalts und Beschreibung des Aufbaus
   - Textsorte (Zeitschriftentext, Erzählung, Kurzgeschichte...)
   - Beschreibung der äußeren Form
   - Beschreibung von sprachlichen Besonderheiten und deren Wirkung

3. **Stellungnahme**
   Sie enthält eine Aussage zum Text und eine Begründung, warum dir der Text gefallen oder nicht gefallen hat.

Baustein Produktionsaufgabe
Zu dem Text wird eine Aufgabe gestellt, in der du z. B. zum Thema des Textes einen Brief, einen Tagebucheintrag, eine kurze Erzählung oder einen Werbetext anfertigen sollst.

In den folgenden Klassen lernst du weitere Bausteine des Textgebundenen Aufsatzes kennen. Dadurch ändert sich dann auch der Aufbau.
In der Regel erhältst du zu dem Text Erschließungsaufgaben, die du genau beachten musst.

T

In einem Vorspann sind die wichtigsten Informationen über Andrea Keppler zusammengefasst. Im ersten Abschnitt kommt der Trainer zu Wort. Außerdem erzählt Andrea, wie sie zu ihrem Entschluss gekommen ist. Anschließend wird das Training beschrieben. Schließlich erfahren wir etwas über die weiteren Pläne von Andrea.

N

Der Text enthält viele Fachbegriffe wie „Stuntgirl" (Z. 9) oder „Aufwärmübungen" (Z. 26). Manche Fremdwörter wie „Show" (Z. 16) sind ebenfalls Fachbegriffe. Darüber hinaus sind mir noch einige Aufzählungen aufgefallen („Klettern ... Treppenstürze", Z. 7). Die häufig verwendete wörtliche Rede macht den Text lebendig („Sie ... Talent" Z. 11). Da der Text mit Ausnahme der Fachbegriffe in der Alltagssprache geschrieben ist, finde ich ihn leicht verständlich.

S

Der Text „Das Risiko hat Andrea schon immer geliebt" ist ein Zeitungsbericht, der in der Augsburger Zeitung vom 23. Mai 2000 erschienen ist. Der Verfasser ist nicht genannt. Der Text handelt von Andrea Keppler, dem jüngsten Stuntgirl Deutschlands.

T

Mir gefällt der Text, weil ich gerne Filme mit aufregenden Stunts anschaue.

S

Liebe Andrea,

ich finde es ganz toll, dass du Stuntgirl werden willst. Hoffentlich kann ich dich bald in einer richtigen Show sehen. Ich würde dir gern noch einige Fragen stellen: Hast du eigentlich einen Freund? Ist er manchmal dabei, wenn du trainieren musst? Am meisten interessiert mich aber, was deine Eltern zu deinen Plänen sagen. Meine Eltern würden mir so eine Ausbildung nie erlauben. Hast du eigentlich überhaupt Zeit, in die Disco zu gehen? Hast du dich schon einmal richtig verletzt? Ich wünsche dir viel Erfolg.

Mario

U

Der Text ist ein Zeitungsbericht. Die Überschrift ist fett gedruckt und unterstrichen. Eine kleine zweite Überschrift dient zur Erklärung. Links neben der Überschrift befindet sich ein Schwarz-Weiß-Foto, das Andrea mit einem Degen zeigt. Der Text ist in zwei Spalten gedruckt. Drei Absätze erleichtern das Lesen. Über dem letzten Abschnitt steht eine Teilüberschrift. Unter der Überschrift steht die Ortsangabe „Ingolstadt", die Quellenangabe folgt nach dem Text.

Geräusch der Grille – Geräusch des Geldes

Frederik Hetmann

Eines Tages verließ ein Indianer die Reservation und besuchte in der Stadt einen weißen Mann, mit dem er befreundet war.

In einer großen Stadt zu sein – mit all dem Lärm, den Autos und den vielen Menschen, die es alle so eilig haben – war neuartig und recht verwirrend für den Indianer.

Der rote und der weiße Mann gingen die Straße entlang, als plötzlich der Indianer seinem Freund auf die Schulter tippte und sagte: „Bleib doch einmal stehen. Hörst du auch, was ich höre?"

Der weiße Mann antwortete: „Alles, was ich höre, ist das Hupen der Autos und das Rattern der Omnibusse. Und dann freilich auch die Stimmen und das Geräusch der Schritte vieler Menschen. – Was ist es denn, was dir besonders aufgefallen ist?"

„Nichts von alledem, aber ganz in der Nähe höre ich eine Grille zirpen."

Der weiße Mann horchte:

Dann schüttelte er den Kopf.

„Du musst dich täuschen, Freund", sagte er, „hier gibt es keine Grillen. Und selbst wenn es irgendwo eine Grille gäbe, würde man doch ihr Zirpen bei dem Lärm nicht hören können."

Der Indianer ging ein paar Schritte. Vor einer Hauswand blieb er stehen. Wilder Wein rankte an der Mauer. Er schob die Blätter auseinander, und da – sehr zum Erstaunen des weißen Mannes – saß tatsächlich eine Grille, die laut zirpte. Nun, da der weiße Mann die Grille sehen konnte, nahm er auch das Geräusch wahr, das sie von sich gab.

Als die beiden Männer weitergegangen waren, sagte der Weiße nach einer Weile: „Freilich hast du die Grille hören können. Dein Gehör ist eben besser geschult als meines. Indianer hören eben einfach besser als Weiße."

Der Indianer lächelte, schüttelte den Kopf und erwiderte: „Du täuschst dich, mein Freund. Das Gehör eines Indianers ist nicht besser und nicht schlechter als das eines weißen Mannes. Pass auf, ich will es dir beweisen."

Er griff in die Tasche, holte ein 50-Cent-Stück heraus und warf es auf das Pflaster. Es klimperte auf dem Asphalt und die Leute, die mehrere Meter von dem weißen und dem roten Mann entfernt gingen, wurden auf das Geräusch aufmerksam und sahen sich um. Endlich hob einer von ihnen das Geldstück auf, steckte es ein und ging weiter.

„Siehst du", sagte der Indianer, „das Geräusch, das das 50-Cent-Stück gemacht hat, war nicht lauter als das Geräusch der Grille, und doch hörten es viele der weißen Frauen und Männer und drehten sich um, während das Geräusch der Grille niemand hörte außer mir. Es stimmt nicht, dass das Gehör der Indianer besser ist als das der weißen Männer. Der Grund liegt darin, dass wir alle stets das gut hören, worauf wir zu achten gewohnt sind."

Aus: Geh und spiel mit dem Riesen.
Erstes Jahrbuch der Kinderliteratur.
Hrsg. von Hans-Joachim Gelberg.
Weinheim 1971, Seite 286

Erschließungsaufgaben:

1. Fasse den Kerninhalt in ein bis zwei Sätzen zusammen.
2. Schreibe eine Inhaltszusammenfassung.
3. Überlege, um welche Textsorte es sich bei diesem Text handelt.
4. Beschreibe die sprachlichen Besonderheiten.
   Achte dabei auf die Wortwahl, den Satzbau und den Sprachstil.
5. Nimm zu diesem Text Stellung.
6. Überlege dir eine Geschichte, in der der Indianer etwas sieht, was der weiße Mann nicht sehen kann.
   Ändere die Geschichte ab Zeile 10: „Bleib doch einmal stehen. Siehst du auch, was ich sehe?"

Den Inhalt zusammenfassen

1 a) Lest den Text mit verteilten Rollen vor (Indianer, Weißer, Erzähler).
b) Sucht den Satz in der Geschichte, der eurer Meinung nach der wichtigste ist.
c) Lest ihn vor und sprecht miteinander darüber.

2 a) Unter dem Text auf Seite 98 stehen mehrere Erschließungsaufgaben. Lest euch diese Aufgaben durch. Haltet eure Lösungen schriftlich fest. Ihr habt dann schon wichtige Vorarbeiten für den Textgebundenen Aufsatz geleistet.
b) Zunächst müsst ihr den Kerninhalt der Geschichte zusammenfassen. Lest dazu die folgenden Beispiele und überlegt, welche Formulierung eurer Meinung nach die beste ist.

Der Text handelt von einem Weißen, einem Indianer, einer Grille und einem Geldstück.

In dem Text zeigt ein Indianer einem weißen Mann, dass jeder das hört, was für ihn wichtig ist.

In dem Text geht es darum, dass der Indianer besser hört als der Weiße.

3 a) Die zweite Erschließungsaufgabe verlangt von euch, den Inhalt zusammenzufassen. Lest dazu den Tipp.
b) Unterstreicht Absatz für Absatz die Schlüsselbegriffe. Verwendet dazu eine Folie oder Copy 17.

Eines Tages verließ ein Indianer die Reservation und besuchte in der Stadt einen weißen Mann, mit dem er befreundet war.
In einer großen Stadt zu sein – mit all dem Lärm, den Autos und den vielen Menschen, die es alle so eilig haben – war neuartig und recht verwirrend für den Indianer.

c) Schaut euch eure unterstrichenen Schlüsselstellen an und legt die Erzählschritte fest.
d) Welche Abschnitte umfassen die einzelnen Erzählschritte? Vergleicht eure Ergebnisse.
e) Schreibt eure Inhaltszusammenfassung.

TIPP

So fasst du den Inhalt zusammen:
1. Unterstreiche zunächst in jedem Absatz die Schlüsselstellen und lege die Erzählschritte fest. Was man unter einem Erzählschritt versteht, kannst du auf Seite 84 nachlesen.
2. Gib die wichtigsten Inhalte jedes Erzählschritts mit eigenen Worten wieder. Benenne zum Anfang die Hauptpersonen und den Ort und die Zeit der Handlung.
3. Verwende das Präsens.
4. Vermeide gleiche Satzanfänge: *Im ersten Abschnitt ...* *Im zweiten Abschnitt ...* Verwende Überleitungen wie *zunächst, anschließend, dann, während, obwohl.*

Textsorte bestimmen und sprachliche Merkmale beschreiben

1 Um welche Textsorte handelt es sich bei dem Text auf Seite 98? Überprüft folgende Begriffe und begründet eure Entscheidung:

Märchen · Sage · Schwank · Erzählung · Fabel

Hinweise zu den Begriffen findet ihr im Anhang *Grundwissen Literatur* (Seite 214–216).

2 a) Die vierte Erschließungsaufgabe auf Seite 98 fordert euch auf, die sprachlichen Besonderheiten des Textes *Geräusch der Grille – Geräusch des Geldes* zu beschreiben.
Lest dazu den Tipp auf Seite 94.

b) Legt euch folgende Liste an. Untersucht den Text nach den wichtigsten Sprachmerkmalen.

sprachliche Besonderheiten	Beispiele
auffällig häufig Verben	—
auffällig häufig Adjektive	☆
Fremdwörter	Reservation, Z.
Fachbegriffe	☆
Ausrufesätze	☆
Fragesätze	☆
lange Sätze	„In … Indianer" Z. 4-7
wörtliche Rede	☆
Alltagssprache	☆

3 a) Formuliert aus euren Notizen vollständige Sätze und schreibt sie auf.

b) Ihr könnt auch wie der folgende Text beginnen und die notwendigen Angaben und Beispiele ergänzen.

Dieser Text ist eine Erzählung ohne auffällige sprachliche Merkmale. Er enthält nur wenige Fremdwörter, zum Beispiel ☆, (Z. ☆). Mehrere Sätze sind lang und kompliziert zusammengesetzt (Beispiele: ☆ ☆). Trotzdem ist die Erzählung gut verständlich. Auffällig für die Geschichte ist die häufige Verwendung der ☆ ☆, die man fast in jedem Abschnitt finden kann (☆, Z. ☆). Dadurch kann man sich das Gespräch zwischen dem Indianer und dem weißen Mann gut vorstellen. Auch die Alltagssprache erleichtert …

Von den Erschließungsaufgaben zum Aufsatz

1 Entwerft eine Stellungnahme zu dem Text auf Seite 98, in der ihr eure Meinung zu der Erzählung darlegt und begründet.

2 Um die Aufgabe 6 von Seite 98 bearbeiten zu können, müsst ihr noch einmal genau die Arbeitsanweisung durchlesen. Je selbstständiger ihr eure Geschichte weitererzählt, desto besser ist es.

3 a) Schaut euch die Info auf Seite 96 an. Welche Teile des Textgebundenen Aufsatzes habt ihr mit den Erschließungsfragen 1–6 erarbeitet?
b) Welche Teile müsst ihr für einen Textgebundenen Aufsatz ergänzen?
c) Schreibt den Textgebundenen Aufsatz aufgrund eurer Erarbeitungen sauber auf.

4 Auf Seite 87 findet ihr die Erzählung „Ein Hund mit blauen Augen".
Sie bietet euch eine weitere Übungsmöglichkeit.
a) Lest den Text.
b) Bearbeitet den Text nach den Erschließungsaufgaben 1–3 auf Seite 98.

5 a) Verwendet zur Beschreibung der sprachlichen Besonderheiten die Liste von Seite 100.
b) Schaut euch die Sätze in den Zeilen 4–5, 61–62, 75–76, 85–86 genau an.
Welche sprachliche Besonderheit fällt euch auf?
c) Manchmal führt Amak Selbstgespräche.
Sucht die entprechenden Stellen im Text und überlegt, welche Wirkung sie haben.

6 Schreibt als Produktionsaufgabe ein Gespräch zwischen Amak und seinem Vater nach der Rückkehr. Ihr könnt den folgenden Anfang fortsetzen.

> Als Amak am nächsten Tag mit seinem Hund zurückkehrte, kam ihm schon sein Vater entgegen:
> Vater: „Amak, wo bist du gewesen? Wir haben uns große Sorgen gemacht."
> Amak: ☆ ☆ ☆

7 Schreibt mithilfe eurer Erarbeitungen einen Textgebundenen Aufsatz zu diesem Text.
Beachtet für den Aufbau die Info auf Seite 96.

Wiederholungen vermeiden

In dem Jugendbuch „Der Stern der Cherokee" von Forrest Carter geht es um einen kleinen Indianerjungen. Der Indianerjunge gehört zum Stamm der Cherokee-Indianer. Schon früh verliert der Indianerjunge seine Eltern. Der Junge wächst als Waisenjunge bei den Großeltern auf. Er wird von den Großeltern liebevoll „Little Tree" genannt. Die Großeltern erziehen Little Tree nach alter indianischer Tradition. Der Junge lernt die Kultur und Lebensform seiner Vorfahren kennen ...

1 Ihr seid Mitglieder einer Schreibkonferenz. Euch liegt der Entwurf einer Buchbesprechung zu dem Jugendbuch *Der Stern der Cherokee* vor. Der Text beginnt mit einer Inhaltsangabe.

a) Lest den Ausschnitt oben und achtet auf die sprachliche Gestaltung. Was fällt euch auf?

b) Unterstreicht alle Wörter, die mehrfach im Text vorkommen. Verwendet dazu eine Folie oder die Copy 21.

c) Überlegt, wie sich diese vermeiden lassen. Der erste Hinweis im Tipp hilft euch dabei. Notiert eure Vorschläge und vergleicht sie.

2 a) Welche Wiederholungen wurden im Verbesserungsvorschlag A vermieden?

b) Mit welchen Mitteln ist dies gelungen?

A
Der Junge wächst als Waisenjunge bei den Großeltern auf, die ihn liebevoll „Little Tree" nennen. Sie erziehen ihn nach alter indianischer Tradition.

3 a) Vergleicht den Verbesserungsvorschlag B mit dem Ausgangstext.

b) Welcher Unterschied besteht zum Vorschlag A?

B
Der Junge wächst als Waisenjunge bei den Großeltern auf. Er wird von ihnen liebevoll „Little Tree" genannt und nach alter indianischer Tradition erzogen.

4 Überarbeitet den Text oben und vergleicht eure Lösungen.

TIPP

So kannst du Wiederholungen im Text vermeiden:

1. Ersetze Nomen durch Pronomen (er, sie es, ihn, ihre, ihnen ...).
2. Ersetze Verben oder Adjektive durch Wörter aus dem gleichen Wortfeld: sagen – sprechen, erzählen, berichten ...
3. Verknüpfe Sätze miteinander. Es geht um einen kleinen Indianerjungen. Der Indianerjunge gehört zum Stamm der Cherokee-Indianer. Es geht um einen kleinen Indianerjungen, der zum Stamm der Cherokee-Indianer gehört.

Gleichförmige Sätze vermeiden

1 Der nebenstehende Auszug gibt die persönliche Meinung des Schreibers wieder.
a) Lest den Text.
b) Warum wirkt er so eintönig?

2 a) Vergleicht die Satzanfänge.
b) Bestimmt in mehreren Sätzen die Reihenfolge der Satzglieder. Was fällt euch auf?
c) Stellt in einigen Sätzen die Satzglieder um. Wie wirkt der Text jetzt?

Dieses Buch hat mir super gefallen.
Es beschreibt ausführlich die Kultur und die Lebensweise der Indianer. Es schildert auch gut, wie diese im Einklang mit der Natur stehen.
Es wird am Beispiel gezeigt, wie ungerecht die indianischen Urbewohner Nordamerikas durch die weißen Eroberer behandelt wurden.
Von den Siedlern wurden sie aus ihrer Heimat vertrieben, von den Soldaten wurden viele Indianer getötet, die ihnen mit ihren Waffen überlegen waren. Vom Staat wurden sie gezwungen aus ihren Stammesgebieten in Reservate umzusiedeln. Der Cherokee-Familie von Little Tree bleibt dieses Schicksal erspart, sie kann sich in den Bergen vor den Weißen verstecken.

3 a) Wodurch entsteht im folgenden Satz eine falsche gedankliche Beziehung?

Von den Soldaten wurden viele Indianer getötet, die ihnen mit ihren Waffen überlegen waren.

b) So könnt ihr den Sinnbezug richtigstellen:
1. Stellt die Satzglieder des Hauptsatzes um.
2. Verändert die Stellung des Nebensatzes im Satzgefüge.

Probiert beide Möglichkeiten aus.

4 a) Überprüft auch bei den übrigen Satzgefügen im Text, ob eine Textverbesserung durch die Umstellung von Satzgliedern oder Nebensätzen erreicht werden kann.
b) Bearbeitet den Text so, dass er im Satzbau keine sprachlichen Mängel mehr enthält.

TIPP

So kannst du gleichförmige Sätze überarbeiten:

1. Verändere die Stellung der Satzglieder:
   Von den Siedlern / wurden / sie / aus ihrer Heimat / vertrieben.
   Sie / wurden / von den Siedlern / aus ihrer Heimat / vertrieben.
   Aus ihrer Heimat/ wurden / sie / von den Siedlern / vertrieben.
2. Untersuche, ob du in Satzgefügen durch eine Umstellung des Nebensatzes eine Textverbesserung erreichen kannst:
   Wie ungerecht die indianischen Ureinwohner Nordamerikas durch die weißen Eroberer behandelt wurden, wird am Beispiel der Cherokee-Indianer gezeigt.

Bandwurmsätze
vermeiden

Das Tolle an diesem Buch ist nicht etwa, dass die Handlung besonders spannend wäre, sondern dass man sich gut in die indianische Lebensweise einfühlen kann und auch die Trauer und den Stolz, mit dem die Indianer leben, nachempfinden kann, den sie, obwohl sie ungerecht behandelt worden sind, bis heute bewahrt haben. Jeder, der das Buch liest, wird bestimmt feststellen, dass er bisher falsche Vorstellungen von Indianern und Weißen hatte, die beim Lesen der alten Wildwestgeschichten oder durch die vielen Westernfilme entstanden sind, denn in Wirklichkeit stimmt es ja gar nicht, dass alle, die eine rote Haut hatten, ihre Feinde brutal und grausam getötet haben und dass jeder, der weiß war, immer nur tapfer gekämpft hat, um sein Leben zu verteidigen und um sein Recht zu kämpfen.

1 Welche Textstellen habt ihr nicht gleich verstanden? Woran liegt das?

2 Zum ersten Satz liegt folgender Verbesserungsvorschlag vor:

> Das Tolle an diesem Buch ist, dass man sich gut in die indianische Lebensweise einfühlen kann. Ebenso kann man die Trauer und ...

Vergleicht diesen Vorschlag mit dem Ausgangstext. Wie wurde der Bandwurmsatz aufgelöst?

3 a) In dem folgenden Verbesserungsvorschlag wurde der Bandwurmsatz auf eine andere Weise vermieden. Durch welchen „Kniff" ist das gelungen?

> Das Tolle an diesem Buch ist nicht etwa die besonders spannende Handlung, sondern dass man sich gut in die indianische Lebensweise einfühlen kann. Ebenso kann man die Trauer und ...

b) Lest den Tipp und versucht den weiteren Text zu verbessern, indem ihr die Bandwurmsätze auflöst.

TIPP

So kannst du Bandwurmsätze auflösen:

1. Oft kann man schon durch Streichen viel erreichen. Kontrolliere aber, ob das Wesentliche der Aussage erhalten bleibt.
2. Überprüfe, ob du den langen Satz in zwei oder drei Sätze auflösen kannst.
3. Prüfe, ob du einen Nebensatz durch ein einfaches Satzglied ersetzen kannst:
Jeder, der das Buch liest, wird feststellen ...
Jeder Leser wird feststellen ...
Siehe dazu auch die Einheit Attribute und Attributsätze (S. 165–166).

Mit der Checkliste
Texte sprachlich überarbeiten

Achtung, Fehler!

Die Geschichte und Kultur der Cherokee

Die Geschichte der Cherokee ist ein typisches Beispiel für das Schicksal der Indianer. Die Indianer haben seit mehr als 2 000 Jahren als Prärie-, Wald-, Küsten- oder Puebloindiander in Nordamerika gelebt. Die Europäer haben das Land in ihren Besitz genommen. Die Europäer haben den Indianern innerhalb von 200 Jahren ihr Land genommen. Sie haben sie unterdrückt und sie haben sie getötet. Die Cherokee-Indianer lebten ursprünglich östlich der Großen Seen. Die Cherokee lebten später weiter südlich im Alleghanygebirge. Sie lebten neben der Jagt vom Ackerbau. Sie fingen im 18. und 19. Jahrhundert sogar mit Baumwollanbau und Schafzucht an.

Der Cherokee Sequoya führte 1820 eine Schriftsprache ein, die er zur Einheitssprache für alle Indianer machen wollte. Sequoya führte die erste indianische Verfassung für die Cherokee ein. Bei der zwangsweisen Umsiedlungsaktion von 1830 die festlegte das kein Indianer mehr östlich des Mississippi leben durfte, mussten 140 000 Cherokee zu Fuß den 800 Meilen langen Weg nach Westen marschieren, um in das Reservat in Oklahoma zu kommen. Sie waren sechs Monate unterwegs, jeder vierte starb, etwa 1 000 Cherokee konnten in das Mississippi-Alabama-Gebiet fliehen sie konnten sich in den Bergen verstecken, etwa 6 000 Nachkommen sind heute noch im Mississippi-Alabama-Gebiet.

1 Den Text auf dieser Seite könnt ihr mithilfe der Checkliste überarbeiten. Verwendet dazu eine Folie oder die Copy 22.

a) Markiert beim Durchlesen in eurer Textvorlage Stellen, an denen ihr sprachliche Mängel feststellt.

b) Notiert am Rand oder im Text, was ihr an den entsprechenden Stellen verbessern möchtet.

c) Bearbeitet den Text und schreibt ihn auf. Ihr könnt den Text auch in der ursprünglichen Fassung in den Computer eingeben und die Bearbeitung am Bildschirm vornehmen.

2 Überprüft, ob der Text Fehler in der Rechtschreibung oder Zeichensetzung enthält. Wenn ihr diese Prüfung mit dem Rechtschreibprogramm des Computers vornehmt, lest den Tipp auf Seite 45.

CHECKLISTE

Texte sprachlich überarbeiten

1. Wortwiederholungen? Siehe Tipp Seite 102.
2. Gleichförmiger Satzbau? Siehe Tipp Seite 103.
3. Bandwurmsätze? Siehe Tipp Seite 104.
4. Rechtschreibfehler?
5. Zeichensetzung?

Geschichten in Gedichten

John Maynard
Theodor Fontane

John Maynard!
„Wer ist John Maynard?"
„John Maynard war unser Steuermann,
Aushielt er, bis er das Ufer gewann,
Er hat uns gerettet, er trägt die Kron,
Er starb für uns, unsre Liebe sein Lohn.
John Maynard."

Alle Glocken gehn; ihre Töne schwelln
Himmelan aus Kirchen und Kapelln,
Ein Klingen und Läuten, sonst schweigt die Stadt,
Ein Dienst nur, den sie heute hat:
Zehntausend folgen oder mehr,
Und kein Aug im Zuge, das tränenleer.

Sie lassen den Sarg in Blumen hinab,
Mit Blumen schließen sie das Grab,
Und mit goldner Schrift in den Marmorstein
Schreibt die Stadt ihren Dankspruch ein:
„Hier ruht John Maynard. In Qualm und Brand
Hielt er das Steuer fest in der Hand,
Er hat uns gerettet, er trägt die Kron,
Er starb für uns, unsre Liebe sein Lohn.
John Maynard."

1 Das sind der Anfang und das Ende eines Gedichtes. Der Mittelteil fehlt.
a) Welche Situationen werden in den beiden Textteilen beschrieben?
b) Welche der Situationen könnte früher, welche später passiert sein? Begründet eure Antwort.
c) Sucht Hinweise darauf, was sich im fehlenden Mittelteil ereignet haben könnte.

2 Auf Seite 107 sind die Abschnitte des Mittelteils durcheinandergewürfelt.
a) Sucht nach Hinweisen, die etwas über die Reihenfolge der Abschnitte verraten.
b) Überlegt euch die richtige Reihenfolge der Abschnitte. Bei richtiger Lösung ergeben die Buchstaben vor den Strophen ein sinnvolles Lösungswort.

3 **a)** Lest das gesamte Gedicht in der richtigen Reihenfolge vor. Ihr könnt dazu die Copy 57 verwenden.
b) Sprecht über eure Eindrücke von diesem Gedicht.

4 Was gibt dieses Gedicht wieder? Entscheidet euch für eine der folgenden Möglichkeiten und begründet eure Entscheidung.

- eine Stimmung in der Natur
- eine spannende Handlung
- die Gefühle einer Person

(T)
Alle Herzen sind froh, alle Herzen sind frei –
Da klingts aus dem Schiffsraum her wie Schrei,
„Feuer!“ war es, was da klang,
Ein Qualm aus Kajüt und Luke drang,
Ein Qualm, dann Flammen lichterloh,
Und noch zwanzig Minuten bis Buffalo.

(S)
Die „Schwalbe“ fliegt über den Eriesee,
Gischt schäumt um den Bug wie Flocken von Schnee;
Von Detroit fliegt sie nach Buffalo –
Die Herzen aber sind frei und froh,
Und die Passagiere mit Kindern und Fraun
Im Dämmerlicht schon das Ufer schaun,
Und plaudernd an John Maynard heran
Tritt alles: „Wie weit noch, Steuermann?“
Der schaut nach vorn und schaut in die Rund:
„Noch dreißig Minuten … halbe Stund.“

(E)
Und die Passagiere, buntgemengt,
Am Bugspriet stehn sie zusammengedrängt,
Am Bugspriet vorn ist noch Luft und Licht,
Am Steuer aber lagert sichs dicht,
Und ein Jammern wird laut: „Wo sind wir? Wo?“
Und noch fünfzehn Minuten bis Buffalo.

(R)
Das Schiff geborsten. Das Feuer verschwelt.
Gerettet alle. Nur einer fehlt!

(E)
„Noch da, John Maynard?“ Und Antwort schallts
Mit ersterbender Stimme: „Ja, Herr, ich halts!“
Und in die Brandung, was Klippe, was Stein,
Jagt er die „Schwalbe“ mitten hinein.
Soll Rettung kommen, so kommt sie nur so.
Rettung: der Strand von Buffalo.

(U)
Der Zugwind wächst, doch die Qualmwolke steht,
Der Kapitän nach dem Steuer späht,
Er sieht nicht mehr seinen Steuermann,
Aber durchs Sprachrohr fragt er an:
„Noch da, John Maynard?“ –
„Ja, Herr. Ich bin.“
„Auf den Strand! In die Brandung!“ –
„Ich halte drauf hin.“
Und das Schiffsvolk jubelt: „Halt aus! Hallo!“
Und noch zehn Minuten bis Buffalo.

5 Nennt einige sprachliche Mittel, die Fontane verwendet, um die Spannung zu steigern. Denkt dabei auch an die Mittel, die ihr beim Erzählen gebraucht.

6 Vom Erzählen kennt ihr auch die Spannungskurve. Wie verläuft sie in dieser Ballade?
a) Übertragt dazu die nebenstehende Tabelle in euer Heft.
b) Bestimmt für jede Strophe das Maß der Spannung. Tragt den Wert in die Tabelle ein und verbindet die Punkte durch eine Linie.
c) Vergleicht eure Kurven.

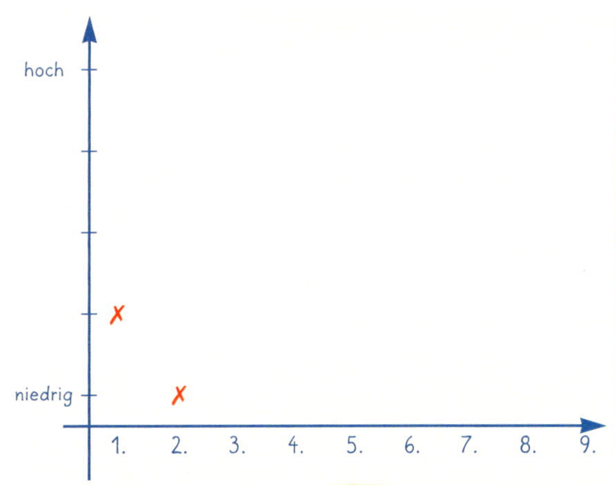

Erlkönig[1]
Johann Wolfgang Goethe

Wer reitet so spät durch Nacht und Wind?
Es ist der Vater mit seinem Kind;
Er hat den Knaben wohl in dem Arm,
Er fasst ihn sicher, er hält ihn warm.

„Mein Sohn, was birgst du so bang dein Gesicht?“
„Siehst, Vater, du den Erlkönig nicht?
Den Erlenkönig mit Kron und Schweif?“
„Mein Sohn, es ist ein Nebelstreif.“

„Du liebes Kind, komm, geh mit mir!
Gar schöne Spiele spiel ich mit dir;
Manch bunte Blumen sind an dem Strand,
Meine Mutter hat manch gülden Gewand.“

„Mein Vater, mein Vater, und hörest du nicht,
Was Erlenkönig mir leise verspricht?“
„Sei ruhig, bleibe ruhig, mein Kind;
In dürren Blättern säuselt der Wind.“

„Willst, feiner Knabe, du mit mir gehn?
Meine Töchter sollen dich warten[2] schön;
Meine Töchter führen den nächtlichen Reihn[3]
Und wiegen und tanzen und singen dich ein.“

„Mein Vater, mein Vater, und siehst du nicht dort
Erlkönigs Töchter am düstern Ort?“
„Mein Sohn, mein Sohn, ich seh es genau:
Es scheinen die alten Weiden so grau.“

„Ich liebe dich, mich reizt deine schöne Gestalt;
Und bist du nicht willig, so brauch ich Gewalt.“
„Mein Vater, mein Vater, jetzt fasst er mich an!
Erlkönig hat mir ein Leids getan!“

Dem Vater grauset's, er reitet geschwind,
Er hält in den Armen das ächzende Kind,
Erreicht den Hof mit Mühe und Not:
In seinen Armen das Kind war tot.

[1] *Erlkönig* ist eine andere Bezeichnung für *Elfenkönig*.
Elfen sind Zauberwesen, die häufig ein anmutiges Äußeres haben.
[2] *warten* hat hier die Bedeutung *sich um jemand kümmern*.
[3] *Reihn* ist die ältere Bezeichnung für *Reigen*, einen Gruppentanz.

7 a) Gebt die Handlung dieser Ballade mit eigenen Worten wieder.
b) Wie erklärt ihr euch die Angst des Sohnes?
c) Woran stirbt wohl das Kind?
d) Welche Personen kommen in diesem Gedicht zu Wort? Unterstreicht mit verschiedenen Farben auf einer Folie oder in der Copy 25 die Aussagen dieser Personen.

8 a) „John Maynard“ und „Erlkönig“ sind Balladen. Welche Merkmale der Liste rechts treffen auf beide Texte zu?
b) Sucht weitere Gemeinsamkeiten. Erstellt eine Liste mit den Merkmalen einer Ballade.

A Wiedergabe einer Handlung

B außergewöhnliches Geschehen

C Schilderung der Stimmung, die von einer Naturlandschaft ausgeht

D Vermischung mehrerer Geschichten miteinander

E Gespräch zwischen Personen

F Verwendung vieler Wörter in übertragener Bedeutung

G Verwendung der Alltagssprache

H Vorhandensein eines Erzählers

Balladen wirkungsvoll vortragen

1 Balladen kommen besonders gut zur Wirkung, wenn sie lebendig vorgetragen werden.
a) Lest dazu die Checkliste.
b) Sucht und markiert (auf einer Folie oder in der Copy 25) in der Ballade *Erlkönig* Stellen, an denen Pausen notwendig sind.
Achtet auf die Satzzeichen.

2 a) Sprecht den folgenden Dialog.
Probiert dabei verschiedene Möglichkeiten der Tonlage aus: ängstlich, besorgt, neugierig, erstaunt, gelassen, enttäuscht ...

„Mein Sohn, was birgst du so bang dein Gesicht?"
„Siehst Vater, du den Erlkönig nicht?
Den Erlenkönig mit Kron und Schweif?"
„Mein Sohn, es ist ein Nebelstreif."

b) Sprecht darüber, welche der Möglichkeiten am besten passen.
c) Sucht auch für die übrigen Strophen der Ballade nach der geeigneten Tonlage.
d) Lest euch gegenseitig die Ballade mit Pausen und mit unterschiedlichen Tonlagen vor.

3 Der Vortrag dieser Ballade lässt sich in Gruppen gut zu einer Hörszene gestalten.
a) Sucht Textstellen heraus, die Hinweise auf Geräusche geben.
b) Überlegt, wie ihr die Geräusche erzeugen könnt, und legt fest, wer von euch dafür zuständig ist.
Benützt dafür Copy 26.
c) Verteilt die verschiedenen Aufgaben (Sprecher/Geräuschemacher) und probiert mehrfach den Ablauf.
d) Spielt euch gegenseitig eure Szenen vor und sprecht über deren Wirkung.
e) Nehmt eure Hörszenen auf Kassette auf.

CHECKLISTE

Lebendig und anschaulich vorlesen

1. Plane angemessene Sprechpausen ein.
(Kennzeichnung: / für kurze Pause,
// für lange Pause)
2. Betone besonders wichtige Wörter.
(Kennzeichnung durch Unterstreichen)
3. Passe die Tonlage der jeweiligen Situation an. Beachte dabei Lesetempo, Lautstärke und Stimmung.
(Kennzeichnung durch passende Randbemerkungen)
4. Prüfe, ob du deinen Lesevortrag durch Mimik und Gestik unterstützen kannst.

INFO

Merkmale der Ballade

1. In ihr wird eine Handlung wiedergegeben.
2. Im Mittelpunkt steht ein außergewöhnliches Geschehen.
3. Sie ist spannend.
4. Sie hat einen Höhepunkt.
5. Sie ist in Strophen eingeteilt
6. Sie weist Verse auf, die sich reimen.
7. Häufig enthält sie Rede und Gegenrede.

In der Ballade mischen sich daher die Merkmale der drei Dichtungsgattungen Lyrik (Gedicht), Epik (erzählende Dichtung) und Dramatik (szenische Texte).

Chansons – moderne Balladen?

Ankomme Freitag den 13.
Reinhard Mey

Es rappelt am Briefschlitz, es ist viertel nach sieben.
Wo, um alles in der Welt, sind meine Latschen geblieben?
Unter dem Kopfkissen nicht und auch nicht im Papierkorb,
dabei könnte ich schwören, sie war'n gestern noch dort!
Also dann eben nicht, dann geh ich halt barfuß.
Meine Brille ist auch weg, liegt sicher im Abfluss
der Badewanne, wie immer, na –, ich seh auch gut ohne
und die Brille hält länger, wenn ich sie etwas schone.
So tapp ich zum Briefschlitz durch den Flur unwegsam,
falle über meinen Dackel auf ein Telegramm.
Ich les es im Aufsteh'n mit verklärter Miene:
„Ankomme Freitag, den 13., um 14 Uhr, Christine!"

Noch sechseinhalb Stunden, jetzt ist es halb acht.
Vor allen Dingen: ruhig Blut, mit System und Bedacht.
Zunächst einmal anzieh'n, – halt, vorher noch waschen! –
da find ich die Pantoffeln in den Schlafanzugtaschen.
Das Telefon klingelt: Nein, ich schwöre, falsch verbunden,
ich bin ganz bestimmt nicht Alfons Yondrascheck, – noch viereinhalb Stunden.
Den Mülleimer raustragen, zum Kaufmann geh'n,
Kopfkissen neu beziehen und Knopf an Hose näh'n.
Tischdecke wechseln, – ist ja total zerrissen,
hat wahrscheinlich der kriminelle Dackel auf dem Gewissen,
und wahrscheinlich war der das auch an der Gardine!
„Ankomme Freitag, den 13., um 14 Uhr, Christine!"

Zum Aufräumen ist keine Zeit, ich steck alles in die Truhe,
Abwasch, Aschenbecher, Hemden, so, jetzt habe ich Ruhe.
Halt, da fällt mir ein, ich hatte ihr ja fest versprochen:
An dem Tag, an dem sie wiederkommt, wollte ich ihr etwas kochen!
Obwohl ich gar nicht kochen kann! Ich will es doch für sie versuchen!
Ich hab auch keine Ahnung vom Backen und back ihr trotzdem einen Kuchen.
Ein Blick in den Kühlschrank: Drin steht nur mein Wecker.
Noch mal runter zum Lebensmittelladen und zum Bäcker.
Rein in den Fahrstuhl und Erdgeschoss gedrückt.
Der Fahrstuhl bleibt stehen, der Dackel wird verrückt.
Nach dreiviertel Stunden befreit man mich aus der Kabine.
„Ankomme Freitag, den 13., um 14 Uhr, Christine!"

Den Dackel anbinden vorm Laden, aber mich lassen sie rein,
ich kaufe irgendwas zum Essen und drei Flaschen Wein,
eine Ente dazu – ich koche Ente mit Apfelsinen –,
für den Kuchen eine Backform, eine Hand voll Rosinen.
„Darf's für 20 Pfennig mehr sein? Im Stück oder in Scheiben?"
„Ist mir gleich, ich hab das Geld vergessen, würden Sie's bitte anschreiben?!"
Ich pack alles in die Tüte. Vorsicht, nicht am Henkel anfassen,
sonst reißen die aus! Na, ich werd schon aufpassen!
Rabatz vor der Tür, der Dackel hat sich losgerissen
und aus purem Übermut einen Polizisten gebissen.
Da platzt meine Tüte, es rollt die Lawine …
„Ankomme Freitag, den 13., um 14 Uhr, Christine!"

„Sind Sie der Halter dieses Dackels? Bitte mal Ihre Papiere!"
Das ist mir besonders peinlich, weil ich Papiere immer verliere.
Ich schimpfe, ich weine, ich verhandle und lache.
„Das kennen wir schon, komm' Se mit auf die Wache!"
Um die Zeit müsste die Ente schon seit zehn Minuten braten,
und vielleicht wär mir der Kuchen ausnahmsweise geraten.
Und ich sitz auf der Wache, und das ausgerechnet heut,
dabei hab ich mich so unverschämt auf das Wiedersehn gefreut!
Vielleicht ist sie schon da und es öffnet ihr keiner?
Jetzt ist's 20 nach vier, jetzt ist alles im Eimer!
Da fällt mein Blick auf den Kalender, und da trifft mich der Schlag:
Heute ist erst der 12. und Donnerstag!

1 Wie stellt ihr euch den Menschen vor, der im Mittelpunkt des Liedes steht? Beschreibt eure Vorstellungen.

2 **a)** Welche Hindernisse treten bei den Vorbereitungen des Begrüßungsessens auf? Fasst die wichtigsten Erzählschritte zusammen.
b) Mit welcher Pointe endet der Text?
c) Im Text kommen mehrere Zeitangaben vor. Welche Aufgabe haben sie?

3 Mit welchen Merkmalen der Ballade stimmt dieses Lied überein? Lest dazu die Info auf Seite 109.

4 Kennt ihr andere moderne Liedtexte, die balladenhafte Züge besitzen? Bringt sie mit und untersucht sie.

5 **a)** Bereitet auch diesen Text für einen Lesevortrag vor.
b) Ihr könnt den Text auch paarweise vortragen: Eine Person liest den Text vor und die andere spielt das Verhalten der Hauptperson pantomimisch, also nur mit Mimik und Körpersprache.

6 **a)** Lasst euch diesen Song vorspielen.
b) Wie wird die Wirkung des Textes durch die Musik gesteigert?

Mehr als eine kurze Geschichte

Guanahani
Gerold Effert

Er saß neben Britta an der Uferböschung und blickte zu der kleinen Insel im See hinüber, die eigentlich kaum mehr als ein Haufen von Geröll und Schutt war. Im Sommer des vorletzten Jahres hatte er das Inselchen entdeckt, war bald regelmäßig hinübergeschwommen, allein, und hatte stundenlang dort drüben gelegen, an einer sandigen Stelle, und auf das Wasser gestarrt. Manchmal war ein Schwarm von Fischen vorbeigezogen, junge Schleien oder Karpfen vielleicht, und an der flachen Bucht hatten sich Kaulquappen getummelt. Als gegen Herbst hin das Wasser schon empfindlich kühl geworden war, hatte er ein Büschel Weidenruten mit hinübergenommen, hatte sie in den feuchten Boden gesteckt, wo sie sich zu seiner Freude verwurzelten und zu wachsen begannen. Bald würden sie hoch genug sein, um sich dahinter zu verstecken, eine grüne Wildnis, die ihm allein gehörte. Und im vergangenen Sommer hatte er drüben einige Wurzelknollen von Schwertlilien eingegraben.

Am liebsten möchte ich ausreißen, hörte er Britta sagen, weg von daheim, von der Schule, weit fort.

Erstaunt wandte er sich zur Seite, sah, wie das Mädchen mit einer ruckenden Bewegung die schwarzen Locken schüttelte, und fragte, du auch? Ich dachte immer, mir geht es allein so. Britta warf ihm einen Blick zu und lächelte bitter.

Die meisten in meiner Klasse haben es satt, sagte sie. Aber niemand traut sich, Ernst zu machen und wirklich zu verschwinden.

Das kommt darauf an, erwiderte er und schaute unentwegt zu seiner Insel hinüber. Ein Wildentenpaar glitt daran vorüber; wahrscheinlich hatte es an der vorderen Stelle, wo einige Büschel Schilf wuchsen, ein Nest.

Worauf kommt es an?, fragte sie.

Einfach davonzurennen, das ist Unsinn, sagte er nachdenklich. Die Polizei braucht nicht lange, um dich aufzustöbern und wieder heimzuschaffen. Und dann ist alles noch viel schlimmer als zuvor. Man müsste ein Ziel haben, Guanahani zum Beispiel. So hat er seine Insel genannt, aber bisher mit keinem darüber geredet.

Wie bitte?, fragte Britta, während sie in ihrer Umhängetasche kramte, zwei Bananen hervorzog und ihm eine reichte.

Das ist ein Indianerwort, verstehst du? Kolumbus ist dort gelandet, auf dieser Insel, vor fünfhundert Jahren oder so, und hat sie San Salvador genannt.

Guanahani, sagte Britta, wie fremd das klingt. Dort am Strand liegen oder ins warme Wasser hineinwaten und nicht mehr an die Mathearbeit denken müssen, an Vokabeln und Grammatik oder an die ewige Nörgelei daheim, das stelle ich mir schön vor. Er nickte, wollte näher an Britta heranrücken, traute sich aber nicht, sondern stand auf, ging die drei Schritte zum Ufer hinunter und tauchte seine rechte Hand ins Wasser.

Wie ist es?, fragte Britta, während sie aus ihrer Tasche ein in Papier gewickeltes Brot zog und es auszupacken begann.

Noch viel zu kalt zum Baden, gab er missmutig zur Antwort. Das dauert noch zwei Monate oder länger, bis es warm genug ist, dass man hinüberschwimmen kann.

Wohin?, fragte sie.

Nach Guanahani, sagte er. Dabei deutete er auf seine Insel und hörte, wie Britta ein Lachen ausstieß.

Manchmal hast du die verrücktesten Ideen, rief sie.

Dort drüben liegt mein Guanahani, erwiderte er. Ein bisschen steinig ist es noch, aber ich habe schon Weiden gepflanzt und sogar Schwertlilien verbuddelt. Im Sommer gibt es für mich keinen schöneren Ort weit und breit. Und würdest du mich mitnehmen?, fragte sie. Er sah, wie sie das Butterbrotpapier glattstrich und auf ihren Knien zu falten begann.

Warum nicht?, sagte er und stellte sich vor, wie sie gemeinsam hinüberschwimmen, mit dem Schilfgras eine Kuhle auskleiden und sich darin sonnen würden. Aber dazwischen lag noch eine endlose Zeit mit Aufsätzen und schwierigen Arbeiten. Er würde sich ins Zeug legen, um seine Versetzung ins nächste Schuljahr zu schaffen, dann könnte er sich sechs Wochen lang mit Britta treffen, Tag für Tag. Davonrennen, das war kein richtiger Ausweg, genauso wenig wie vorzeitig aufgeben.

Er wusste, was Britta faltete: zuerst einen Helm und mit weiteren flinken Handgriffen ein Papierschiff. Aus ihrer Tasche zog sie einen Lippenstift, drehte ihn auf und malte zu beiden Seiten des Bugs einen roten Kreis mit Strahlen auf das Papier: die Sonne. Dann sprang das Mädchen auf, kam zu ihm herab und setzte das Schiffchen vorsichtig auf das Wasser. Langsam trieb es davon, zunächst ein Stück am Ufer entlang, bald aber auf die offene Wasserfläche hinaus. Britta reichte ihm wortlos die Hälfte des Brots und stand so dicht neben ihm, dass ihr linker Arm seinen rechten berührte.

Ob es drüben ankommt?, fragte sie.

Bestimmt, antwortete er lächelnd, da bin ich ganz sicher. Und während sie nebeneinanderstanden, nahm das Papierschiff, von einem leichten Wind geschaukelt, wirklich Kurs auf die kleine Insel. Er schaute gespannt hinterher und fühlte sich so glücklich wie schon seit langem nicht.

1 Fühlt ihr euch von diesem Text angesprochen? Nennt Gründe für eure Meinung.

2 **a)** Was erfahrt ihr im ersten Satz dieser Geschichte?
b) Warum nimmt die Beschreibung der Insel im Rest des ersten Absatzes einen so großen Raum ein?

3 Wie stellt ihr euch die Hauptpersonen vor?
a) Sucht Textstellen, die Rückschlüsse auf die beiden zulassen.
b) Überlegt, welche der Adjektive jeweils auf ihn oder Britta zutreffen.

ängstlich	missmutig
ärgerlich	mutig
egoistisch	nachdenklich
eigenbrötlerisch	neugierig
einsam	offenherzig
enttäuscht	optimistisch
ernst	pessimistisch
fleißig	realistisch
fürsorglich	schüchtern
gefühllos	traurig
glücklich	verliebt
hilfsbereit	verträumt

4 a) „Man müsste ein Ziel haben …“ heißt es in der Zeile 42. Man könnte diese Stelle als Schlüsselstelle des ganzen Textes bezeichnen. Was spricht für diese Meinung?
b) Sucht die Textstelle, in der der Autor die Herkunft des Namens „Guanahani“ klärt.
c) Überlegt, warum der Autor als Titel des Textes „Guanahani“ gewählt hat.

5 a) Die Insel führt zu einer Annäherung der beiden jungen Menschen. Durch welche Gesten und Handlungen am Schluss wird das deutlich?
b) Welche symbolische (übertragene) Bedeutung könnte man dem Schiffchen am Schluss der Geschichte beimessen?

6 a) Bei dem Text „Guanahani“ handelt es sich um eine Kurzgeschichte. Lest dazu die Info.
b) Vergleicht die möglichen Kennzeichen der Kurzgeschichte mit dem Text. Welche Übereinstimmungen könnt ihr feststellen?

7 Versetzt euch in eine der beiden Hauptpersonen. Welchen Eintrag würdet ihr am Abend in euer Tagebuch schreiben?

Heute war ein toller Tag …

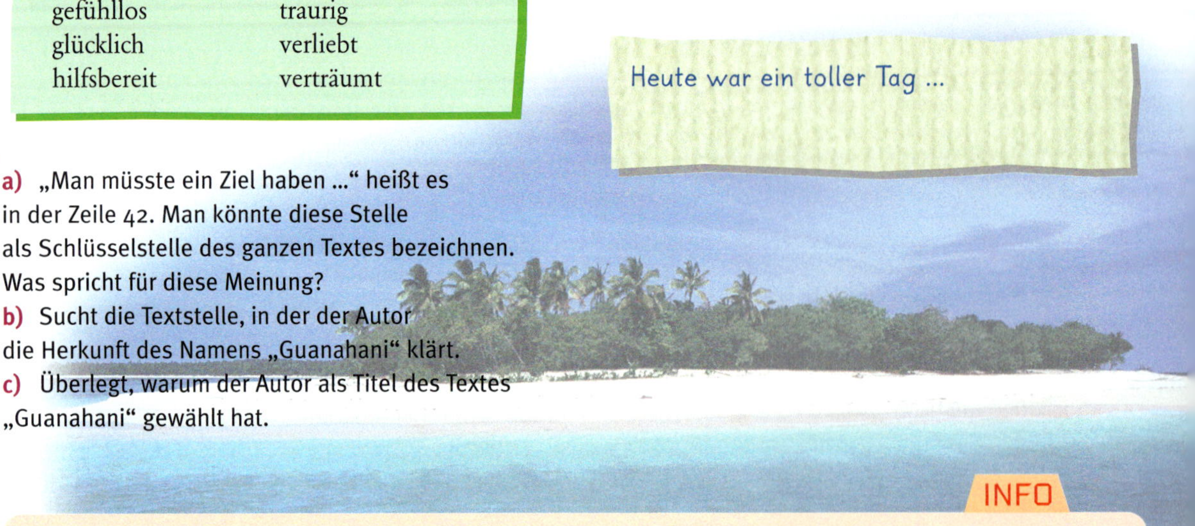

INFO

Merkmale einer Kurzgeschichte
Vergleicht man Kurzgeschichten miteinander, dann lassen sich häufig folgende Merkmale finden:

1. Die Handlung setzt unvermittelt ein und endet offen.
2. Die Umgebung, in der die Handlung spielt, hat nur eine untergeordnete Rolle. In den Vordergrund rückt eine alltägliche Begebenheit.
3. Kernstück einer Kurzgeschichte ist die unerwartete Wendung, die für das weitere Leben der Hauptperson(en) oft entscheidend ist.
4. Gegenstände und Orte können eine symbolische Bedeutung (Sinnbilder) annehmen.
5. In der Kurzgeschichte bevorzugt der Autor häufig kurze, aneinandergereihte Hauptsätze (zum Teil auch unvollständige Sätze), Alltagssprache und oftmals Wiederholungen.

Nicht immer treten in einer Kurzgeschichte alle genannten Merkmale auf.

Die Meldung

1 a) Worüber berichtet der Text rechts?
b) Warum wurde über dieses Ereignis berichtet?

2 a) Der Text ist eine Meldung.
Lest in der Info nach, was man darunter versteht.
b) Untersucht, auf welche W-Fragen ihr in dem Text eine Information findet.
Legt dazu wie unten eine Tabelle an.
Haltet eure Ergebnisse in der Spalte „Meldung“ stichwortartig fest.

	Meldung	Bericht
Was?	4 Eisbären getötet	☆
Wo?	☆ ☆ ☆	☆
Wann?	☆ ☆ ☆	☆
Wer?	☆ ☆ ☆	☆
Wie?	☆ ☆ ☆	☆
Warum?	☆ ☆ ☆	☆

Nachrichtenüberblick:

Vier Eisbären im Nürnberger Zoo getötet

Nachdem im Nürnberger Zoo Unbekannte am Mittwochabend ein Wildtier-Gehege gewaltsam aufgebrochen hatten, konnten vier Eisbären entweichen. Nach einer mehrstündigen Jagd erlegten Tierpfleger die Bären mit Gewehrschüssen.
Bericht auf Seite 7.

3 Welche Fragen bleiben für euch offen?
Was möchtet ihr genauer wissen?
Haltet eure Fragen in Stichworten fest.

4 a) Bringt selbst Tageszeitungen mit.
Untersucht, welche Meldungen sich auf der ersten Seite befinden.
b) Schneidet die Meldungen aus und klebt sie auf ein Wandplakat.
c) Ergänzt die Meldungen durch Berichte, die sich darauf beziehen. Nehmt auch Berichte auf, die in den folgenden Ausgaben der Zeitung dazu erscheinen.

INFO

Die Meldung
Mit Meldung wird die Kurzform der Nachricht bezeichnet. Sie befindet sich häufig auf der ersten Seite einer Zeitung. Sie soll die Aufmerksamkeit des Lesers wecken und ihn auf einen ausführlicheren Zeitungsbericht zu dem angesprochenen Thema im Innenteil der Zeitung hinweisen.

Der Bericht

Äußerst gefährlich und

Nürnberg: Eisbären auf der Flucht erschossen – Unbekannte hatten

Nürnberg. (dpa) Drama im Nürnberger Tiergarten: Unbekannte haben am Mittwochabend ein Wildtier-Gehege aufgebrochen und vier Eisbären entweichen lassen.

„Wir bedauern, dass wir zu diesen Mitteln greifen mussten. Aber es war die letzte Möglichkeit, um Leib und Leben von Menschen nicht zu gefährden“, erklärte Tiergartendirektor Peter Mühling am Donnerstag.

Die Polizei leitete sofort eine Fahndung nach den Tätern ein – bis zum Donnerstagabend tappten Beamte einer Sonderkommission aber noch im Dunkeln. „Wir haben keine Anhaltspunkte zu Tätern und Motiv“, erklärte der Pressesprecher des Polizeipräsidiums, Peter Grösch. Unbekannte hatten die massiven Schlösser des Bärenstalls vermutlich mit einem Brecheisen aufgehebelt. Ein zehnköpfiges Sonderkommando der Kriminalpolizei sicherte die Spuren. Außerdem suchen die Beamten den Besucher mit Kind, der seine Beobachtung gemeldet hat, und andere Augenzeugen. Spekulationen, radikale Tierschützer könnten die Gehegetüren aufgebrochen haben, wollten die Beamten nicht kommentieren.

Eine interne Sabotage schloss Tiergartendirektor Mühling allerdings mit folgender Begründung aus: „Unsere Mitarbeiter hängen viel zu sehr an den Tieren.“

Durch Baustelle gestreift

Nach Angaben der Zoo-Leitung hatte ein Zoobesucher am Abend den Zwischenfall als Erster bemerkt: Er traute seinen Augen nicht, als er plötzlich einen Eisbären unbeaufsichtigt durch eine Zoo-Baustelle streifen sah. Der Mann, der zusammen mit einem Kind den Tiergarten besucht hatte, alarmierte sofort das Personal. Rund 15 Mitarbeiter des Zoos eröffneten wenige Minuten später mit Narkosegewehren und scharfen Gewehren die Jagd auf die Ausbrecher.

Betäubungspfeile wirkungslos

Zunächst versuchten sie vergebens in der einsetzenden Dämmerung, die „äußerst gefährlichen und aggressiven“ Eisbären mit mehreren Betäubungspfeilen zu treffen.

Zoologe Helmut Mägdefrau vor dem Eisbärengehege im Nürnberger Tiergarten: Er zeigt in den Wald, in dem zwei von vier entflohenen Eisbären erschossen wurden.
Unbekannte Täter hatten die Türen des Geheges aufgebrochen, sodass die gefährlichen Tiere entkommen konnten. Zahlreiche Versuche, sie zu betäuben, waren gescheitert.

aggressiv

Gehege aufgebrochen

Einige hätten ihr Ziel wegen des windigen Wetters verfehlt. Andere seien wegen des dicken Winterfells und der Fettschicht darunter wirkungslos geblieben, erklärte Tierarzt Bernhard Neurohr. Außerdem wirke eine Narkose trotz der hohen Dosis erst nach 15 Minuten, bei aufgeregten Tieren oft sogar überhaupt nicht. Der Tierarzt hatte einen Teil der Betäubungspfeile zum Teil durch das heruntergelassene Fenster eines Autos auf die unberechenbaren Ausreißer abgefeuert. Zeitweise habe die Entfernung zwischen den Jägern und den Eisbären nur noch acht Meter betragen. In dem abschüssigen und unübersichtlichen Waldgelände sei dies für die Tierpfleger nicht ungefährlich gewesen, sagte der Leiter der Abteilung Tierpflege, Helmut Mägdefrau. Eisbären könnten bis zu 70 Stundenkilometer schnell laufen. Richten sich die Bären auf, reichten ihre Tatzen bis in eine Höhe von 3,20 Meter. In einer brenzligen Situation des dramatischen Einsatzes hätten die Tiere zum Glück noch einmal abgedreht.

Riesenglück gehabt

Trotz der spätabendlichen Dramatik verlief der Zwischenfall für den Zoo nach Einschätzung der Verantwortlichen vergleichsweise glimpflich. „Ich bin heilfroh, dass keine Menschen betroffen sind. Wenn der Besucher den Ausbruch der Eisbären nicht gemeldet hätte, hätte es vielleicht niemand so schnell bemerkt“, sagte Tiergartendirektor Mühling. Für die Tiere wäre es dann ein Leichtes gewesen, durch den Zaun des Zoos in die angrenzenden Wohnviertel zu entkommen. Bären hätten genügend Kraft, um den Maschendrahtzaun niederzudrücken.

1 a) Die Meldung auf Seite 115 verweist auf diesen Bericht. Was erfahrt ihr Neues? Lest den Artikel und unterstreicht die Schlüsselstellen. Benützt dazu eine Folie oder Copy 28.
b) Ergänzt eure Tabelle von Seite 115, indem ihr in der Spalte *Bericht* zu den W-Fragen die neuen Informationen stichwortartig aufschreibt.
c) Überprüft, welche eurer Fragen (siehe Seite 115, Aufgabe 2) dieser Bericht beantwortet hat.

2 a) Ist die Überschrift – nur für sich genommen – verständlich?
b) Welche Textzeilen erklären die Überschrift?
c) Warum wurde die Überschrift wohl so formuliert?

3 a) An mehreren Stellen im Text wird angegeben, woher der Reporter seine Informationen bekommen hat. Unterstreicht diese Stellen.
b) Warum benennt der Reporter seine Informationsquellen?
c) Welche Aufgabe hat die wörtliche Rede in diesem Bericht?

4 An mehreren Stellen werden Aussagen in indirekter Rede wiedergegeben.
a) Lest auf Seite 153 in der Info nach, was man unter indirekter Rede versteht.
b) Unterstreicht auf einer Folie oder auf der Copy 28 solche Stellen.

5 Was denkst du über die Vorgehensweise der Zoo-Leitung oder den Täter? Gib deine Meinung in einem Leserbrief wieder. So kannst du beginnen:

Gestern erschien in Ihrer Zeitung ein Bericht über die Tötung der Eisbären im Zoo.
Ich bin über den Tod der Eisbären sehr traurig, denn …
Allerdings frage ich mich, ob …

Zoo-Drama: Eisbären-Befreier gefasst

Das Eisbären-Drama im Nürnberger Tiergarten ist offenbar aufgeklärt. Knapp drei Wochen nach dem Tod der vier Raubtiere nahm die Polizei einen 30 Jahre alten Arbeitslosen fest, der das Eisbären-Gehege geöffnet haben soll. Der psychisch kranke Verdächtige hatte sich im Zoo zuvor vergeblich um eine Stelle als Handwerker beworben.

Der 30-Jährige bestreitet die Tat und macht widersprüchliche Angaben. Ein Ermittlungsrichter ordnete die vorläufige Unterbringung des Mannes in einer geschlossenen Abteilung eines psychiatrischen Krankenhauses an.

Am Abend des 29. März waren die massiven Schlösser des Bären-Geheges vermutlich mit einem Brecheisen aufgehebelt worden. Die vier Eisbären brachen aus und mussten von Mitarbeitern des Tiergartens erschossen werden.

Seit dem Drama hatte eine Sonderkommission der Polizei rund 150 Spuren verfolgt. Der 30-Jährige aus Nürnberg ist laut Polizei seit Jahren psychisch krank und steht unter ständiger ärztlicher Betreuung. Zeugen wollen ihn am Tattag in der Nähe des Geheges gesehen haben, was der Mann jedoch bestreitet.

6 a) Dieser Bericht wurde drei Wochen nach dem Tod der Eisbären veröffentlicht. Welche neue Nachricht liegt diesem Bericht zugrunde?
b) Von wem stammt die Aussage, dass der Täter psychisch krank sei?

7 Kürzt den Bericht und verfasst eine Zeitungsmeldung. Haltet in dieser Meldung nur fest, was ihr Neues erfahren habt.

INFO

Nachricht – Meldung – Bericht

Jeder Meldung und jedem Bericht liegt eine **Nachricht** zugrunde. Man versteht darunter eine Information, die für den Leser neu, wichtig und interessant ist.
Jede Nachricht sollte Antworten auf die wichtigsten W-Fragen (Wer? Was? Wann? Wo? Wie? Warum?) geben und den Sachverhalt allgemein verständlich darstellen.
Wie eine Nachricht in einer Zeitung zum Abdruck kommt, kann sehr unterschiedlich sein:

1. In der **Meldung** (Kurzform der Nachricht) werden nur die wichtigsten Informationen zusammengefasst.
2. Der **Bericht** (Langform der Nachricht) enthält eine ausführliche Darstellung der Nachricht.

Über die reine Information zu einem Ereignis hinaus werden in einem Bericht mögliche Zusammenhänge und Hintergründe aufgezeigt. Dazu werden von Reportern Recherchen (Nachforschungen, Befragungen von Verantwortlichen, Zeugen usw.) durchgeführt. Häufig werden in Berichten die Antworten der Befragten wörtlich zitiert.
Dies kann unterschiedliche Gründe haben:

- Die Aussage wird als sehr bedeutsam und wichtig eingeschätzt.
- Durch die wörtliche Wiedergabe soll der Bericht glaubhaft erscheinen.
- Durch die Wiedergabe von wörtlicher Rede wirkt der Bericht lebendiger.

Der Aufbau eines Zeitungsartikels

1 a) Schaut euch in der Info die Fachausdrücke zum äußeren Aufbau eines Zeitungsartikels genau an und sprecht darüber.
b) Warum werden in der Überschrift und in dem Vorspanntext schon die wichtigsten Informationen genannt? Berücksichtigt bei eurer Antwort den Leser.

2 a) Entspricht der Bericht auf der Seite 118 auch diesem Aufbau?
b) Untersucht mitgebrachte Zeitungsartikel: Inwieweit weicht deren Aufbau von dem Beispiel in der Info ab?

INFO

Die Überschrift (auch Schlagzeile, Headline genannt) soll das Interesse wecken.

Der Untertitel enthält wichtige Informationen als Leseanreiz.

Der Artikel beginnt mit einem fettgedruckten Vorspann (Lead). Er enthält eine Zusammenfassung der wichtigsten Informationen.

Äußerst gefährlich und aggressiv

Nürnberg: Eisbären auf der Flucht erschossen – Unbekannte hatten Gehege aufgebrochen

Nürnberg. (dpa) Drama im Nürnberger Tiergarten: Unbekannte haben am Mittwochabend ein Wildtier-Gehege aufgebrochen und vier Eisbären entweichen lassen.

„Wir bedauern, dass wir zu diesen Mitteln greifen mussten. Aber es war die letzte Möglichkeit, um Leib und Leben von Menschen nicht zu gefährden“, erklärte Tiergartendirektor Peter Mühling am Donnerstag. Die Polizei leitete sofort eine Fahndung nach den Tätern ein – bis zum Donnerstagabend tappten Beamte einer Sonderkommission aber noch im Dunkeln. „Wir haben keine Anhaltspunkte zu Tätern und Motiv“, erklärte der Pressesprecher des Polizeipräsidiums, Peter Grösch. Unbekannte hatten die massiven Schlösser des Bärenstalls vermutlich mit einem Brecheisen aufgehebelt. Ein zehnköpfiges Sonderkommando der Kriminalpolizei sicherte die Spuren. Außerdem suchen die Beamten den Besucher mit Kind, der seine Beobachtung gemeldet hat, und andere Augenzeugen. Spekulationen, radikale Tierschützer könnten die Gehegetüren aufgebrochen haben, wollten die Beamten nicht kommentieren.

Eine interne Sabotage schloss Tiergartendirektor Mühling allerdings mit folgender Begründung aus: „Unsere Mitarbeiter hängen viel zu sehr an den Tieren.“

Durch Baustelle gestreift

Nach Angaben der Zoo-Leitung hatte ein Zoobesucher am Abend den Zwischenfall als Erster bemerkt: Er traute seinen Augen nicht, als er plötzlich einen Eisbären unbeaufsichtigt durch eine Zoo-Baustelle streifen sah. Der Mann, der zusammen mit einem Kind den Tiergarten besucht hatte, alarmierte sofort das Personal. Rund 15 Mitarbeiter des Zoos eröffneten wenige Minuten später mit Narkosegewehren und scharfen Gewehren die Jagd auf die Ausbrecher.

Betäubungspfeile wirkungslos

Zunächst versuchten sie vergebens in der einsetzenden Dämmerung, die „äußerst gefährlichen und aggressiven“ Eisbären mit mehreren Betäubungspfeilen zu treffen.

Zoologe Helmut Mägdefrau vor dem Eisbärengehege im Nürnberger Tiergarten: Er zeigt in den Wald, in dem zwei von vier entflohenen Eisbären erschossen wurden.
Unbekannte Täter hatten die Türen des Geheges aufgebrochen, sodass die gefährlichen Tiere entkommen konnten. Zahlreiche Versuche, sie zu betäuben, waren gescheitert.

Einige hätten ihr Ziel wegen des windigen Wetters verfehlt. Andere seien wegen des dicken Winterfells und der Fettschicht darunter wirkungslos geblieben, erklärte Tierarzt Bernhard Neurohr. Außerdem wirke eine Narkose trotz der hohen Dosis erst nach 15 Minuten, bei aufgeregten Tieren oft sogar überhaupt nicht. Der Tierarzt hatte einen Teil der Betäubungspfeile zum Teil durch das heruntergelassene Fenster eines Autos auf die unberechenbaren Ausreißer abgefeuert. Zeitweise habe die Entfernung zwischen den Jägern und den Eisbären nur noch acht Meter betragen. In dem abschüssigen und unübersichtlichen Waldgelände sei dies für die Tierpfleger nicht ungefährlich gewesen, sagte der Leiter der Abteilung Tierpflege, Helmut Mägdefrau. Eisbären könnten bis zu 70 Stundenkilometer schnell laufen. Richten sich die Bären auf, reichten ihre Tatzen bis in eine Höhe von 3,20 Meter. In einer brenzligen Situation des dramatischen Einsatzes hätten die Tiere zum Glück noch einmal abgedreht.

Riesenglück gehabt

Trotz der spätabendlichen Dramatik verlief der Zwischenfall für den Zoo nach Einschätzung der Verantwortlichen vergleichsweise glimpflich. „Ich bin heilfroh, dass keine Menschen betroffen sind. Wenn der Besucher den Ausbruch der Eisbären nicht gemeldet hätte, hätte es vielleicht niemand so schnell bemerkt“, sagte Tiergartendirektor Mühling. Für die Tiere wäre es dann ein Leichtes gewesen, durch den Zaun des Zoos in die angrenzenden Wohnviertel zu entkommen. Bären hätten genügend Kraft, um den Maschendrahtzaun niederzudrücken.

Illustrationen (Fotos, Karten, Grafiken, ...) veranschaulichen oder erklären.

Illustrationen werden durch eine Bildunterschrift erklärt.

Manchmal gliedern Zwischenüberschriften den Text.

Welche Jugendzeitschriften lest ihr?

1 a) Welche Jugendzeitschriften kennt ihr? Nennt einige und schreibt die Namen auf.
b) Worin unterscheiden sie sich?

2 Welche Rolle spielen Zeitschriften bei euch? Lesen Mädchen andere Zeitschriften als Jungen? Um diese Fragen etwas genauer beantworten zu können, macht eine kleine Befragung.
a) Schaut euch dazu die Tabelle unten an.
b) Wenn ihr die Tabelle ändern wollt, macht Vorschläge.
c) Übertragt diese oder eure Tabelle in euer Heft und an die Tafel.
d) Bildet Gruppen von fünf bis sechs Schülerinnen und Schülern. Jede Gruppe füllt für sich die Tabelle aus und schreibt das Ergebnis an die Tafel.

3 a) Wertet das Ergebnis aus:
- Welche Zeitschriften werden am meisten gelesen?
- Was bevorzugen Mädchen, was Jungen?
- Welche weiteren Ergebnisse könnt ihr feststellen?

b) Entsprechen die Ergebnisse euren Erwartungen?

INFO

Jugendzeitschriften
Man kann zwei Gruppen von Jugendzeitschriften unterscheiden:
1. Zeitschriften, die sich mit unterschiedlichen Themengebieten beschäftigen,
2. Zeitschriften, bei denen es einen inhaltlichen Schwerpunkt gibt (z. B. Sport).

	Inhalt		regelmäßige Leser in der Klasse		
Titel der Zeitschrift	unterschiedliche Themen	ein Themenschwerpunkt	Zahl der Mädchen	Zahl der Jungen	Gesamtzahl
PC-Games	☆	✗	☆	☆	☆

Titelseite: Spiegel des Inhalts

1 a) Was fällt dem Betrachter als Erstes auf?
b) Aus welchen Bestandteilen setzt sich die Titelseite zusammen?
c) Wie sind die Bestandteile angeordnet?
d) Welche Aufgaben soll das Titelbild erfüllen?
e) Spricht euch das Titelbild an? Begründet.
f) Wo findet ihr „versteckte Werbung"?

2 a) Entwerft in Partnerarbeit die Titelseite einer Jugendzeitschrift. Ihr könnt dafür Bestandteile aus bereits vorhandenen Titelseiten verwenden, aber auch eigene Bilder und Texte einbauen.
b) Überlegt euch einen eigenen Titel.

Themen in Jugendzeitschriften

1 Lest die folgenden Inhaltverzeichnisse von Jugendzeitschriften.
Klärt die folgenden Fachbegriffe:

News · Rubriken · Impressum · Mailbox · Editorial

2 a) Vergleicht die Themen der drei Inhaltsverzeichnisse. Welche inhaltlichen Unterschiede stellt ihr fest?
b) In welchem Beispiel werden verschiedene Themengebiete und in welchem nur ein Thema angesprochen?
c) Wo spielt Unterhaltung, wo Information eine größere Rolle?

3 Welche Personengruppen versuchen die drei Zeitschriften mit ihren Inhaltsverzeichnissen vor allem anzusprechen?

4 Welche euch bekannten Jugendzeitschriften könnten sich hinter den Inhaltsverzeichnissen verbergen?

5 Welches der Inhaltsverzeichnisse sagt euch am meisten zu? Begründet eure Entscheidung.

Beispiel A

Stars Aktuell
Schock der Woche
Zlatko
Pokémon
DJ Ötzi
Atemlos
Enrique Iglesias
Westlife
Christina Aguilera
Interview: Hanson
Fresh!
Show-Bizz

Musik News
Killer Barbies
Ricky Martin
CD-News
Chart-News
Stars auf Tournee

Kino News
Film-Foto-Story: „28 Tage“
Neue Filme am Start

TV News
Wayne Carpendale („Unter uns“)
„Die Motorradcops“
TV-Highlights plus
Soap-News

Report
41 Kilo – einfach weg!
Mini-Pigs

Foto-Love-Story
„Engel der Gewalt“

Mode
Beachwear

Emotions
Test: „Hast du Angst vor der Liebe?“
Love & Sex
Our Love
Dr.-Sommer-Team
Mein erstes Mal

Fun & More
Fun Page
Horoskop
Keine Panik!
Service: Computerspiele
Leser zu *NSYNC
Spiel und Spass
Preisrätsel
New Games
Cartoons

Poster
Hanson
A*Teens
Guano Apes
„Harte Jungs“
S Club 7

Standards
Zentrale
Aktion Leser-Report
Mailbox
Songbook
Impressum

Beispiel B

EDITORIAL
Eure besten Ideen für den „Geschenkten Tag“

MENSCHENKINDER
Wenn Jungs mit Falken und Mädchen mit Nashörnern spazieren gehen

ROBOTER
Clevere Computerhirne oder blöde Blechdosen?

BILDRÄTSEL MIT 15 FEHLERN
Mozart zwischen Alphörnern? Ein Musical mit Misstönen

CUBA
Lucumi, der kleine Trommelmeister

DACKEL
Ein Welpe entdeckt die Welt

SPURLOS VERSCHWUNDEN
Was geschieht eigentlich im Bermuda-Dreieck?

SCHUHSCHNABEL
Der Vogel mit den Riesenzinken

KNISTER! BRITZEL!
Vier tolle Experimente mit Elektrizität

RÄTSELECKE
Buchstabensalat, Zahlenreihen und komische Vögel

KENYA, DEUTSCHLAND Vietnam
Drei Kinder – und die Welt, in der sie leben

UNICEF
Wie geht es den Mädchen und Jungen dieser Welt morgen?

BERUF
Goldschmied – ein schillerndes Handwerk

GROSSER WETTBEWERB
Erfinder-Kinder: Wir suchen eure verrücktesten Konstruktionen

GLETSCHERFORSCHER
Das Geheimnis der Eishöhlen

COMIC
Abschied von den Maya

LESERBRIEFE

IMPRESSUM

Beispiel C

Titelthemen
Mehmet Scholl: Bayerns Dribbel-Star greift an
Trefft die Bundesliga-Stars! Wir sagen euch, wo sie trainieren und spielen
Die Tennis-Girls – so kennt ihr sie noch nicht
Der Sommerhit: Wakeboarding
Streetsurfen: Surfing in the City

Extra
Zwölf Champion-Cards zum Sammeln

Fußball
Exklusiv: Bei Roque Santa Cruz in Paraguay
Arminia Bielefeld: Sparen, fighten, beten!

Basketball
Close-up: Alle Facts zum Superstar des NBA-Finalisten – Latrell Sprewell

Leichtathletik
Stabhochsprung. Das deutsche Super-Quartett vor der WM

Poster
Serena und Venus Williams
Oliver Neuville
Pit Beirer

Style
Funsport-News.
55 Teile zu gewinnen

Fun
BMX: Rookie Sascha rast allen davon
European Downhillskate-Championships
NEU! Sportspiele für den Gameboy

Radsport
Tour de France: Alle fahren für Erik Zabel

Motocross
Pit Beirer: Der WM-Spitzenreiter

Schwimmen
Sandra Völker: Nicht zu stoppen

Serie
Die größten Sportler: Ayrton Senna

Formel 1
Magny-Cours: Frentzen macht alle nass!

Rubriken
Anpfiff
Spaß
Phone-line
Center
Rätsel/Doc/Ticker
News
TV-Highlights

Texte

in Jugendzeitschriften

Starkes Video!

„Denn ich weiß nichts mehr von dir, nichts mehr von dir . . ." singt Dennis (2.v.l.) im Refrain des neuen Songs

Eine Performance voller Emotionen: Frontmann Dennis lässt seinen Gefühlen sichtlich bewegt freien Lauf

Dramatischer Höhepunkt: Dennis rockt die Zeilen „Was ist mit mir los? Warum geschieht mir das bloß?"

Sie treffen sich, aber sie ha
mehr zu sagen: Dennis un

ATEMLOS heben ab

Exklusiv! BRAVO beobachtete Jens, Alex, Dennis und Holger (v.l.) beim Dreh zu „Nichts mehr von dir" . . .

BRAVO 10

Ich lese bei den Artikeln meistens nur die Überschriften und schaue mir die Bilder an.

Ich verschlinge fast immer den ganzen Artikel.

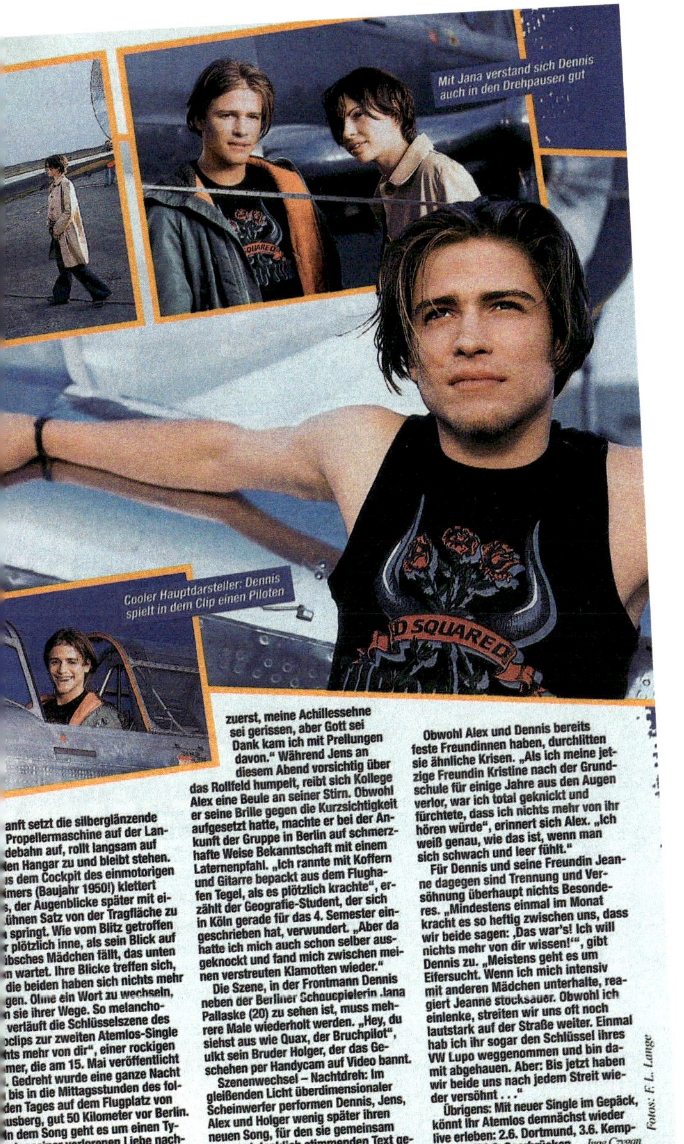
Mit Jana verstand sich Dennis auch in den Drehpausen gut

Cooler Hauptdarsteller: Dennis spielt in dem Clip einen Piloten

anft setzt die silberglänzende
Propellermaschine auf der Lan-
debahn auf, rollt langsam auf
den Hangar zu und bleibt stehen.
us dem Cockpit des einmotorigen
imers (Baujahr 1950!) klettert
s, der Augenblicke später mit ei-
ühnen Satz von der Tragfläche zu
springt. Wie vom Blitz getroffen
r plötzlich inne, als sein Blick auf
übsches Mädchen fällt, das unten
n wartet. Ihre Blicke treffen sich,
die beiden haben sich nichts mehr
gen. Ohne ein Wort zu wechseln,
n sie ihrer Wege. So melancho-
verläuft die Schlüsselszene des
oclips zur zweiten Atemlos-Single
hts mehr von dir", einer rockigen
mer, die am 15. Mai veröffentlicht
. Gedreht wurde eine ganze Nacht
bis in die Mittagsstunden des fol-
den Tages auf dem Flugplatz von
usberg, gut 50 Kilometer vor Berlin.
In dem Song geht es um einen Ty-
, der seiner verlorenen Liebe nach-
uert und nicht damit klarkommt",
lärt Jens. „Immer wieder stellt er
h dieselben Fragen: Was ist mit mir
? Warum geschieht mir das bloß?"
chdenklich fügt er hinzu: „Mir selbst
das zum Glück noch nie passiert.
enn ich mal unglücklich bin, dann
atsche ich mich bei meinen besten
mpels Nazim und Jehat aus."
Um ein Haar wäre der Dreh wegen
ens ins Wasser gefallen, weil der
ngste Köhler-Brother mit seinem BMX-
ad mal wieder voll aufs Ganze gegan-
en ist: „Vor ein paar Tagen bin ich mit
em Rad eine Treppe in unserer Straße
untergesprungen. Dabei blieb ich mit
em rechten Fuß in den Speichen hän-
en und stürzte", gibt er kleinlaut zu.
Das tat höllisch weh, und ich dachte
zuerst, meine Achillessehne
sei gerissen, aber Gott sei
Dank kam ich mit Prellungen
davon." Während Jens an
diesem Abend vorsichtig über
das Rollfeld humpelt, reibt sich Kollege
Alex eine Beule an seiner Stirn. Obwohl
er seine Brille gegen die Kurzsichtigkeit
aufgesetzt hatte, machte er bei der An-
kunft der Gruppe in Berlin auf schmerz-
hafte Weise Bekanntschaft mit einem
Laternenpfahl. „Ich rannte mit Koffern
und Gitarre bepackt aus dem Flugha-
fen Tegel, als es plötzlich krachte", er-
zählt der Geografie-Student, der sich
in Köln gerade für das 4. Semester ein-
geschrieben hat, verwundert. „Aber da
hatte ich mich auch schon selber aus-
geknockt und fand mich zwischen mei-
nen verstreuten Klamotten wieder."
Die Szene, in der Frontmann Dennis
neben der Berliner Schauspielerin Jana
Pallaske (20) zu sehen ist, muss meh-
rere Male wiederholt werden. „Hey, du
siehst aus wie Quax, der Bruchpilot",
ulkt sein Bruder Holger, der das Ge-
schehen per Handycam auf Video bannt.
Szenenwechsel – Nachtdreh: Im
gleißenden Licht überdimensionaler
Scheinwerfer performen Dennis, Jens,
Alex und Holger wenig später ihren
neuen Song, für den sie gemeinsam
den nachdenklich stimmenden Text ge-
schrieben haben – und lassen dabei
ihren aufgewühlten Emotionen freien
Lauf. Denn: bis auf Jens hat jeder der
Jungs eine ähnliche Situation tatsäch-
lich schon mal selbst erlebt.
„Ich verliebte mich 1998 im Robinson
Club auf Fuerteventura in eine Schüle-
rin aus der Schweiz", berichtet Holger.
„Zuerst fotografierte ich sie am Strand,
später verbrachten wir drei romanti-
sche Tage zusammen. Doch uns beiden
war klar, dass unsere Liebe nicht von
Dauer sein konnte. Es stimmte leider.
Nach dem Urlaub schrieben wir uns noch
ein paar Mal, dann brach der Kontakt ab.
Ich war wochenlang traurig und emp-
fand dieses Gefühl der Enttäuschung,
das wir im Song wiedergeben."
Obwohl Alex und Dennis bereits
feste Freundinnen haben, durchlitten
sie ähnliche Krisen. „Als ich meine jet-
zige Freundin Kristine nach der Grund-
schule für einige Jahre aus den Augen
verlor, war ich total geknickt und
fürchtete, dass ich nichts mehr von ihr
hören würde", erinnert sich Alex. „Ich
weiß genau, wie das ist, wenn man
sich schwach und leer fühlt."
Für Dennis und seine Freundin Jean-
ne dagegen sind Trennung und Ver-
söhnung überhaupt nichts Besonde-
res. „Mindestens einmal im Monat
kracht es so heftig zwischen uns, dass
wir beide sagen: ‚Das war's! Ich will
nichts mehr von dir wissen!'", gibt
Dennis zu. „Meistens geht es um
Eifersucht. Wenn ich mich intensiv
mit anderen Mädchen unterhalte, rea-
giert Jeanne stocksauer. Obwohl ich
einlenke, streiten wir uns oft noch
lautstark auf der Straße weiter. Einmal
hab ich ihr sogar den Schlüssel ihres
VW Lupo weggenommen und bin da-
mit abgehauen. Aber: Bis jetzt haben
wir beide uns nach jedem Streit wie-
der versöhnt . . ."
Übrigens: Mit neuer Single im Gepäck,
könnt Ihr Atemlos demnächst wieder
live erleben: 2.6. Dortmund, 3.6. Kemp-
ten, 21./22.6. Saarbrücken. *Inge Czygan*

Fotos: F. L. Lange

Kritischer Beobachter: Wie gebannt verfolgt Jens (M.) die abgedrehten Szenen am Monitor

BRAVO 11

1 Wie lest ihr Jugendzeitschriften?
Nehmt Stellung zu den zwei Sprechblasen.

2 **a)** Wie ist das Verhältnis von Bildern zu Text in diesem Artikel?
b) Welches Leseverhalten wird dadurch unterstützt?

3 **a)** Worüber berichtet der Artikel? Verwendet zum besseren Lesen Copy 29.
b) Welche Leser will dieser Artikel in erster Linie ansprechen?

4 Im Artikel stehen Dinge über das Privatleben der Musiker. Suche diese Stellen heraus. Warum beschäftigt sich die Verfasserin damit?

5 Der Text weist ein Reihe von umgangssprachlichen Fomulierungen auf.
a) Sucht entsprechende Stellen heraus.
b) In welchen Passagen treten diese Ausdrücke auf?
c) Warum ist der Text so geschrieben?

6 **a)** Mit welcher geschäftlichen Absicht könnte dieser Artikel geschrieben worden sein? Belegt eure Vermutungen mit Stellen aus dem Text.
b) Warum ist diese Absicht nicht auf den ersten Blick erkennbar?

7 Untersucht selbst weitere Artikel aus Jugendzeitschriften, inwieweit sie „versteckte Werbung" enthalten.

8 Haben solche Artikel Einfluss auf eure Meinungsbildung (z. B. über Bands)? Diskutiert diese Frage aufgrund eurer eigenen Erfahrungen.

Eure Fragen

Nancy, 15: ***Ein guter Freund (16) von mir ist seit Monaten total schlecht drauf. Er bildet sich ein, dass alle gegen ihn sind und ihn keiner mag. Er strahlt das Negative förmlich aus und verdreht alles Nette, was ich zu ihm sage, ins krasse Gegenteil. Oft betrinkt er sich auch und redet dann nur noch düsteres Zeug. Ich will ihm unbedingt helfen, wieder ein normaler Junge zu werden. Wahrscheinlich sollte er besser zu einem Psychiater, aber davor will ich ihn bewahren. Bitte sagt mir: Was kann ich noch für ihn tun?***

Unsere Antwort

Es ist sehr nett von dir, liebe Nancy, dass du deinem Freund helfen willst. Du versuchst alles, ihn aus seinem dunklen Loch zu „befreien". Dass du dich so sehr um ihn bemühst, zeigt ihm ganz klar: Er hat in dir eine super Freundin! Doch leider kannst du den Jungen nicht „retten". Du hast richtig erkannt, dass er vielleicht psychologische Hilfe braucht – aber du willst ihn „vor einem Psychiater bewahren". Warum eigentlich? Stell dir vor, dein Freund hätte zum Beispiel eine Erkrankung der Lunge: Würdest du ihm dann auch von einer Kur oder einem Lungenspezialisten abraten? Sicher nicht. Ebenso verhält es sich mit Krankheiten der Seele, auch sie müssen therapiert werden. Du hast wirklich alles für deinen Freund getan, Nancy. Aber jetzt weißt du nicht mehr weiter, fragst dich, wie du es schaffen kannst, dass dein Kumpel wieder „ganz normal" wird. Eins ist sicher: Du allein kannst das nicht leisten. Dieses Ziel erreicht dein Freund nur, wenn er sich selbst – mit fachärztlicher und psychologischer Hilfe – auf den Weg macht. Denn niemand kann für ihn denken und fühlen, das muss er selbst tun! Beende also (vorerst) deine gut gemeinte „Hilfsaktion". Denn erst wenn sich dein Freund eingesteht, dass er Hilfe braucht, wird er sie auch annehmen! Dann, wenn er diesen entscheidenden Schritt getan hat, kannst du ihm deine Unterstützung anbieten. Das Einzige, was du schon vorher tun kannst: Nenne ihm Adressen, wo er professionelle Hilfe findet. Alles Weitere liegt an ihm!

7 a) Welches Problem beschäftigt die Verfasserin des Leserbriefes?
b) Warum wendet sie sich damit an die Redaktion einer Jugendzeitschrift?
c) Wie geht die Antwort auf den Leserbrief ein?
d) Welche Hilfen werden der Schreiberin des Leserbriefes angeboten?

8 Sollte man sich mit einem Problem in einem Leserbrief an eine Jugendzeitschrift wenden? Diskutiert in der Klasse eure Meinungen. Bezieht in eure Überlegungen auch andere Beratungsmöglichkeiten ein.

Lesen ist toll

Ich lese eigentlich alles gerne, es muss nur gut und spannend geschrieben sein.

Ich lese am liebsten Bücher, die von Jugendlichen und ihren Problemen handeln. Die sprechen mich am meisten an.

Also, ich lese am liebsten Fantasy-Geschichten. Dann vergesse ich meistens alles um mich herum.

1 Was lest ihr gerne? Tauscht euch darüber in kleinen Gruppen aus und berichtet dann darüber.

2 Treffen die rechts vorgestellten Bücher euer Leseinteresse?
Tauscht eure Meinungen darüber aus.

3 Der Vorschlag „Das Buch des Monats“ soll Anregungen für das Lesen bieten.
Lest dazu den Tipp und sprecht darüber.
In dieser Einheit erhaltet ihr für die Durchführung weitere Hinweise.

TIPP

Das Buch des Monats
Einmal im Monat stellt eine Gruppe von drei bis vier Schülerinnen und Schülern ein Buch vor. Sie haben das Buch selbst ausgewählt und auch die Präsentation selbstständig vorbereitet.
So entsteht im Laufe eines Jahres eine Vorschlagsliste attraktiver Bücher.

„Paul und Paula“
Ulf Stark

Turbulent, teils chaotisch – alles beginnt mit einem lästigen Umzug nach „weit draußen“ ins Haus von Mamas Freund genau an Paulas zwölftem Geburtstag. Im Durcheinander geht der Hund verloren, taucht Opa in Damenstiefeln auf und am ersten Schultag wird Paula zum neuen Mitschüler Paul. Das ist der Gipfel! Witzig, aber auch anstrengend so ein ungewollter Rollentausch – und schwierig, als sich ein Mädchen in Paul verknallt und Paula sich in einen Jungen verliebt.

„Da musst du durch, Lurch“
Jenny Robson

Gestatten: MacKenzie De Jongh, Kapstadt, Südafrika, genannt: Chamäleonauge. Denn MacKenzies Augen rollen in verschiedene Richtungen und er schielt, dass sich die Leute abwenden und sagen: „Armer Junge!“
„Armer MacKenzie“, das sagen auch seine Lehrerin, seine Mutter und seine Schwestern. Nur Oubaas, dem Bruder, kommt MacKenzies Schielen gerade recht: Er nimmt ihn mit, wenn er klauen geht, und benützt ihn als Lockvogel. Als die beiden eines Tages wieder zusammen in Kapstadt unterwegs sind, geschieht etwas sehr Sonderbares. Etwas, das MacKenzies Leben völlig verändert …
Ein spannender Roman aus Südafrika zur Zeit des großen Umbruchs. Ausgezeichnet von terre des hommes und der Erklärung von Bern mit dem Preis „Die blaue Brillenschlange“.

Wo findet man interessante Bücher?

1 **a)** Es gibt unterschiedliche Möglichkeiten reizvolle Bücher zu finden.
Schaut euch dazu die Abbildungen rechts an.
b) Welchen Weg bevorzugt ihr?

2 **a)** Bei der Suche nach Büchern kann euch auch das Internet helfen.
Schaut euch dazu die Abbildung unten an.
b) Nach welchen Kriterien kann auf der abgedruckten Website nach Büchern gesucht werden?
c) Warum ist diese Seite hilfreich, auch wenn man noch kein bestimmtes Buch im Auge hat?
d) Wie könnt ihr dafür sorgen, dass nur nach Büchern gesucht wird, die eurem Alter entsprechen?

3 Sucht selbst über Internet nach interessanten Bücher. Lest dazu die Info.

4 Nehmt euch für die Suche und Beschaffung der Bücher vierzehn Tage Zeit. Klärt gemeinsam in der Klasse, welche Gruppe zu welchem Zeitpunkt ihr Buch vorstellt.

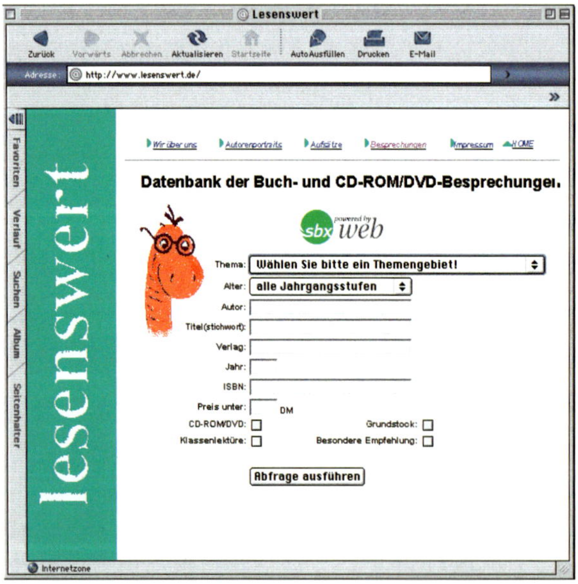

INFO

Büchersuche im Internet
Folgende Suchmaschinen im Internet orientieren sich speziell an den Bedürfnissen von Kindern und Jugendlichen:
www.blinde-kuh.de
www.kidsville.de
www.kidsweb.de
www.kindernet.de
Mithilfe dieser Suchmaschinen findest du Hinweise auf Buchbesprechungen auf Internetseiten.
Du kannst auch die Seiten von Internetbuchläden aufrufen. Auch sie enthalten Buchbesprechungen und Hinweise auf aktuelle Jugendbücher.

Bücher wirkungsvoll präsentieren

Es werden euch mehrere Möglichkeiten aufgezeigt, wie man ein Buch vorstellen kann. Informiert euch und entscheidet euch für eine Form der Buchpräsentation.

Das Buch auf einem Plakat vorstellen

1 Eine Buchpräsentation sollte auf das Buch neugierig machen.
a) Vergleicht die Buchvorstellung rechts mit den Klappentexten auf Seite 127. Welche Unterschiede könnt ihr feststellen?
b) Welche der Buchvorstellungen wirkt auf euch attraktiver? Begründet eure Meinung.

2 a) Welche Vorteile hat ein Plakat?
b) Welche Informationen sollte das Plakat enthalten? Sprecht über das Beispiel unten.

3 Entwickelt für euer Buch ein Plakat.
a) Entscheidet, welche Form der Buchvorstellung für euer Buch geeignet ist.
b) Teilt die Aufgaben sinnvoll auf.

Dann eben mit Gewalt
Jan de Zanger

Hallo, mein Name ist Lex Verschoor. Ich lebe in Holland, bin 17 Jahre alt und gehe noch in die Schule. Bis vor Kurzem war in meinem Leben fast alles in Ordnung. Ich habe mich mit meiner Freundin Sandra ganz toll verstanden und war einer der besten Spieler in meiner Wasserballmannschaft. Doch seit in meiner Schule fremdenfeindliche Parolen und Hakenkreuze an die Wand geschmiert worden sind und Sandra wegen ihrer dunklen Hautfarbe von einer Horde Jungs verprügelt worden ist, hat sich alles verändert. Sandra geht immer mehr auf Distanz zu mir und auch ich selber habe einen Drohbrief bekommen. Ich muss deshalb einfach herausfinden, wer hinter dieser ganzen Sache steckt.

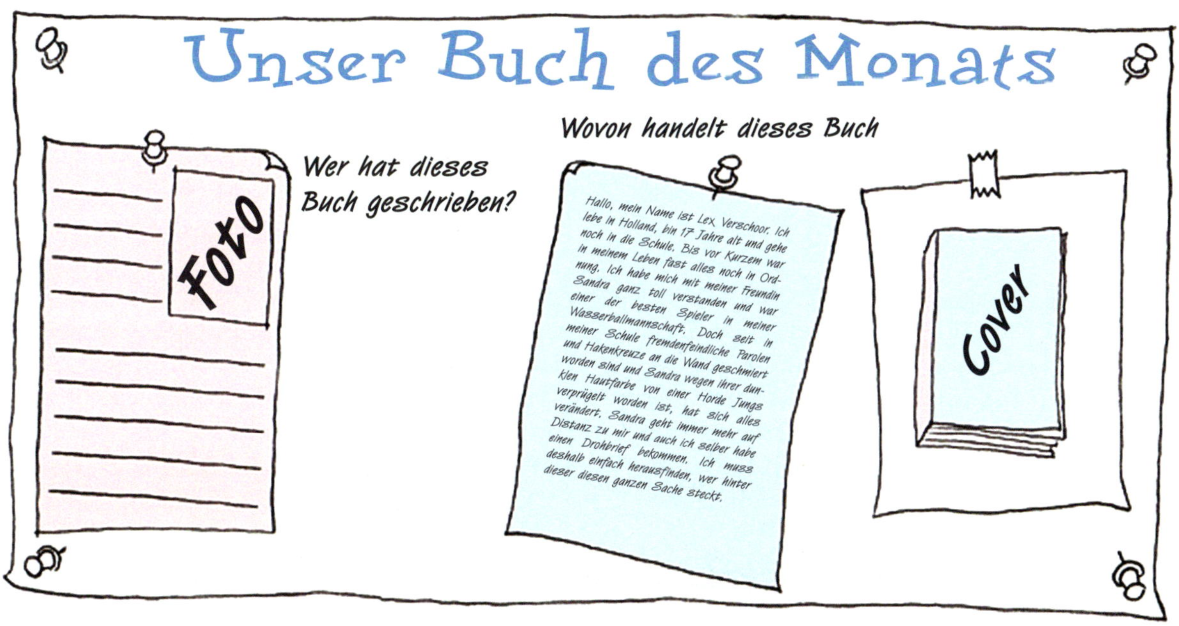

Das Buch durch Vorlesen bekanntmachen

1 a) Welche Stellen sollte man zum Vorlesen auswählen? Nennt Gesichtspunkte.
b) Vergleicht die beiden Textstellen auf dieser Seite aus dem Buch „Dann eben mit Gewalt“. Welche macht euch auf das Buch neugieriger? Begründet eure Einschätzung.

2 a) Sucht geeignete Stellen in eurem Buch, die zum Vorlesen nicht länger als zehn Minuten benötigen.
b) Überlegt, welche Informationen ihr über die Handlung geben müsst, damit die ausgewählten Textstellen verständlich sind.
c) Lassen sich die ausgewählten Stellen von verschiedenen Sprechern vorlesen?
d) Bereitet den Lesevortrag gut vor.
Achtet auf
- langsames und deutliches Sprechen,
- sinnvolle Pausen und Betonungen.
e) Sprecht in der Gruppe ab, wer bei eurer Buchvorstellung welche Aufgaben übernimmt.

Textstelle A
Wie oft hatte er das seit Freitag früh immer wieder erlebt? Er quälte sich selbst damit. Er mochte dann zwar versuchen, jedes ihrer Worte erneut zu hören, aber was sie gesagt hatte, blieb dasselbe. Sie wollte nichts mehr mit ihm zu tun haben. Weil er weiß war.
Er drehte sich auf den Rücken. Scheißferien. Verdammte Saubande. Er musste rauskriegen, wer sie waren, aber das hatte er sich nun schon so oft überlegt. Er musste etwas unternehmen, er musste versuchen, logisch zu denken.
Es war nicht wahrscheinlich, dass er als Einziger einen handschriftlichen Drohbrief bekommen hatte. Den ersten hatte er sofort zerrissen und in die Jackentasche gesteckt. Den zweiten und den dritten hatte er sorgfältiger behandelt. Er brauchte sie gar nicht mehr herauszuholen, so oft hatte er sie schon angesehen. (S. 92)

Textstelle B
Irgendetwas ging da vor. Irgendetwas war verändert. Langsam drehte er den Kopf nach links und nach rechts, wobei er Ines ein wenig von sich schob. Das Licht im Treppenhaus rechts vom Eingang war angegangen, aber er konnte niemand hinter dem Glasgiebel sehen.
Dann wurde in der sechsten Etage eine Tür geöffnet. […] Auf dem Laubengang sah er vier Leute seines Alters. Voran ging ein langer schwarzer Junge, dahinter Sandra, klein und den ganzen Kopf voller Löckchen. Ihr folgten Robbi und ein Molukker. Wie hatte Sandra den genannt? Was machten sie hier mitten in der Nacht? Das konnte doch kein Zufall sein! Edwin ging zum Fahrstuhl und drückte auf den Knopf neben der Tür. Sich ruhig unterhaltend, standen sie da oben und warteten. Die Fahrstuhltür ging auf, er sah sie einsteigen, dann ging die Tür wieder zu.
Anhand der Lämpchen, die in jeder Etage über der Fahrstuhltür aufleuchteten, konnte er den Fahrstuhl bis nach unten verfolgen. Dort sah er sie aussteigen. […] Die Tür des Fahrstuhls schloss wieder … und dann war plötzlich überall Bewegung. Aus der Halle hinter der Treppe kamen vier Figuren in dunkelgrünen, glänzenden Jacken und blauen Jeans. Sie hatten olivgrüne Mützen auf, die sie ganz vors Gesicht gezogen hatten. Für die Augen hatten sie sich kleine Löcher hineingeschnitten. Er sah Sandra schnell zur Außentüre laufen, aber als sie die geöffnet hatte, kamen von beiden Seiten Jungen in den gleichen grünen Jacken angerannt. Sie stießen die Tür weiter auf.
„Nein!“, hörte er sich selbst schreien. „Sandra, nein!“ (S. 128 f.)

Momentaufnahme

1 Die Schülerinnen und Schüler haben die Textstelle B (siehe Seite 130) aus dem Buch „Dann eben mit Gewalt“ nachgestellt. Im Vordergrund steht Sandra und stellt sich vor.

2 a) Dies ist eine Momentaufnahme. Lest in der Info nach, was darunter zu verstehen ist.
b) Eignet sich diese Form der Buchvorstellung auch für euer Buch?

3 a) Wählt eine passende Szene aus eurem Buch aus.
b) Entwickelt zur Vorbereitung für jede dargestellte Person einen Steckbrief wie im Beispiel unten.
c) Probt die Momentaufnahme.

Steckbrief von Lex
Alter: 17
Aussehen: ☆ ☆ ☆
Lebenssituation: ☆ ☆ ☆
Beziehung zu anderen Figuren: ☆ ☆
Wesensmerkmale: ☆ ☆ ☆
Rolle in dieser Szene: ☆ ☆ ☆

INFO

Was ist eine „Momentaufnahme“?

1. Aus dem Buch wird ein zentrale Szene der Handlung ausgewählt.
2. Diese Szene wird als bewegungsloses, „eingefrorenes“ Bild, jedoch mit passender Mimik und Gestik nachgestellt.
3. Die dargestellten Figuren treten nacheinander aus dem Bild heraus und stellen sich vor.
4. Sie beschreiben anschließend aus ihrer Sicht die Ereignisse, die zu der dargestellten Szene führten.

Ziele
der Werbung

1 a) Wofür wirbt diese Anzeige?
b) An wen wendet sie sich?
c) Wer ist Auftraggeber dieser Werbung?

2 a) Was sticht bei dieser Anzeige als Erstes ins Auge?
b) Wodurch wird das erreicht?
c) Erklärt mithilfe des Bildes, was ein Dummy ist.
d) Welches Wortspiel steckt in dem Werbespruch „Ich bin doch kein Dummy"?
e) Welche Aufgabe hat das Bild?

INFO

Werbung
Werbetexte nennt man **appellative Texte,** weil sie zu einem bestimmten Verhalten auffordern. Dies kann sich auf den Kauf eines Produktes beziehen, aber auch auf andere Ziele. Um dies zu erreichen, werden die Interessen oder Bedürfnisse der angezielten Personen (Zielgruppen) angesprochen. Text und Bilder sind aufeinander abgestimmt.

3 a) Für welches Produkt wird in der Anzeige oben geworben?
b) Woran wird deutlich, dass sich die Anzeige an Jugendliche wendet?

4 Welches Bedürfnis von Jugendlichen greift diese Anzeige auf?
a) Betrachtet dazu die Abbildungen.
b) Untersucht den Werbespruch:
- Wie ist die Schrift gestaltet?
- Macht durch Vorlesen deutlich, wie er gemeint sein könnte.

c) Spricht euch die Anzeige an?

5 a) Bringt Jugendzeitschriften mit. Sucht alle Werbeanzeigen heraus.
b) Stellt fest, wofür geworben wird. Lest dazu die Info auf Seite 132.
c) Welche Wünsche oder Bedürfnisse greifen die Anzeigen durch Bilder oder Texte auf?

6 Untersucht auch die Werbung in Jugendfernsehsendungen. Sind ähnliche Ergebnisse feststellbar wie bei den Jugendzeitschriften?

Merkmale der Werbesprache

D: Liebe auf den ersten Klick!

F: Der Durstlöscher für die Haut

G: Stehen Sie zu Ihrer Leidenschaft

C: Alles guTEE

H: Heute schon gewonnen?

B: Ihre inneren Kräfte wachsen

E: Sie haben es sich verdient

A: Ihre Füße werden staunen

1 a) Welcher Spruch könnte zu welchem Produkt passen? Ordnet zu:

Fotoapparat | Tee | Urlaubsreise | Schuhe | Milchgetränk | Hautcreme | Lotterie | Auto

b) Welche Sprüche lassen sich verschiedenen Produkten zuordnen?

2 a) Mit welchen sprachlichen Mitteln arbeiten diese Werbesprüche? Lest die Info.
b) Ordnet den dort genannten sprachlichen Mitteln die Beispiele von oben zu.

Wortspiel: C, D
Behauptung: ...

3 Was sollen die sprachlichen Mittel bewirken? Versucht die Absichten der Werbesprüche zu bestimmen.

persönlich ansprechen | Information geben | ... | Wünsche und Bedürfnisse wecken

INFO

Merkmale der Werbesprache (I)
Werbesprüche, auch Slogans genannt, müssen auffällig sein, damit der Verbraucher auf das Produkt aufmerksam wird.
Sie müssen einprägsam sein, um den Produktnamen im Kopf des Verbrauchers zu verankern.

1. **Satzbau**
   Die Sätze sind in der Regel kurz.
   Häufig sind die Sätze unvollständig.
   Es fehlen Satzglieder oder Nebensätze stehen allein.
2. **Sprachliche Auffälligkeiten**
   - Anrede, Aufforderungen: *Kommen Sie zu uns!*
   - Behauptungen: *Die beste Pizza, die es je gab.*
   - Fragen: *Wer bietet Ihnen mehr?*
   - Wortspiele: *(P)reisefieber*
   - Reime: *Lalilo macht Dackel froh und andre Hunde sowieso.*
   - Sprichwörter/Redensarten: *Für 'nen Appel und 'n Ei*
   - Alliteration: ... *macht müde Männer munter.*

4 a) An wen wendet sich die Anzeige?
b) Was fällt an der sprachlichen Gestaltung der Anzeige auf?
c) Durch welche Wörter wird das Produkt als besonders wertvoll herausgestellt?
d) Schreibt alle Adjektive aus dem Anzeigentext heraus. Welche Besonderheiten fallen euch auf?
e) Betrachtet die im Text verwendeten Nomen. Beschreibt die Auffälligkeiten.

5 a) Lest die Info.
b) Ordnet den dort genannten Merkmalen Beispiele aus der Anzeige zu.
c) Drei Merkmale sind nicht enthalten. Sucht sie heraus.

6 Untersucht die sprachlichen Merkmale der von euch mitgebrachten Werbeanzeigen.

INFO

Merkmale der Werbesprache (II)

3. **Wortwahl**
- Adjektive in gesteigerter Form: *Die **angenehmste** Art zu reisen.*
- Adjektive mit Vorsilben, die einer Steigerung dienen: ***ultra**modern, **extrem**belastbar, **super**günstig*
- Sprachgags: ***Post**blitz!*
- Wortneuschöpfungen: *Geld-zurück-Garantie, Sorglos-Autos*
- bewusste Grammatikfehler: *Da **werden Sie** geholfen!*
- Fremdwörter: ***Easy shoppen** im Internet.*
- Fachbegriffe: *Grafikdisplay, Standby*
- Umgangssprache/Jugendsprache: *Glaubt, er sei super**cool**. **Isser** aber nicht.*

Mit Werbung kreativ umgehen

1 a) Entscheide dich mit deinem Partner für einen alltäglichen Gegenstand (z. B.: Füller, Zahnbürste, Wecker ...).
b) Verfasst dazu einen Werbetext, der sprachliche Auffälligkeiten enthält.
c) Entwerft auf einem DIN-A4-Blatt für euren Gegenstand eine Werbeanzeige. Ihr könnt dazu auch den Computer einsetzen.
d) Verwendet Bilder, die ihr aus Zeitschriften ausschneidet oder selbst zeichnet.
e) Stellt eure Anzeige der Klasse vor und beurteilt die Ergebnisse.

2 a) Worin besteht der Witz der umgestalteten Werbeanzeigen in der rechten Spalte?
b) Schneidet aus euren gesammelten Anzeigen Abbildungen, Sprüche usw. aus und klebt sie auf einem Din-A4-Blatt zu witzigen Neufassungen zusammen.

3 Stellt eure Ergebnisse der Klasse vor. Ihr könnt sie auch an der Wandtafel präsentieren und eine Prämierung der besten Entwürfe durchführen.

Wie kocht man mit einem Schnellkochtopf?

Bedienungsanleitung

1. Funktionsweise

Garen im Schnellkochtopf ist ein Garen in einem luftdicht abgeschlossenen Gefäß. Der sich beim Erhitzen bildende Wasserdampf kann nicht entweichen und erzeugt einen Überdruck. Es entsteht eine höhere Kochtemperatur als bei Normaldruck.

2. Anleitung

- Speisen einfüllen, evtl. zuerst anbraten
- Wasser einfüllen (1 bis 2 Tassen)
- Gummiring auf richtigen Sitz prüfen!
- Betriebsventil auf Beweglichkeit prüfen!
- Deckel bis zum hörbaren Einrasten schließen
- Bei höchster Einschaltstufe ankochen, bis Markierungsring erscheint, dann zurückschalten
- Garzeiten genau einhalten
- Topf vor dem Öffnen unter fließend kaltes Wasser halten, Ventil öffnen und abdampfen lassen

1 Mit einem Schnellkochtopf sollte jeder von euch umgehen können.
a) Lest die Gebrauchsanleitung oben. Aus welchen Teilen besteht sie?
b) Warum ist es wichtig, über die Funktionsweise eines Schnellkochtopfes Bescheid zu wissen?
c) Welche Vorteile bietet ein Schnellkochtopf im Gegensatz zu einem normalen Topf?

2 a) Welche Funktion hat die Abbildung in diesem Text? Begründet.
b) Erklärt folgende Fachbegriffe mithilfe der Abbildung und dem Text:
Gummiring – Betriebsventil – Überdruck – Markierungsring – Einschaltstufe

3 a) Warum müssen Gummiring und Betriebsventil vor dem Kochen überprüft werden?
b) Welche Gefahren können sich ergeben, wenn man dies nicht macht?
c) Was ist mit dem Begriff „abdampfen“ gemeint? Versucht ihn zu erklären.

4 a) Bringt weitere Anleitungen oder Informationsblätter mit.
b) Bearbeitet sie in Partnerarbeit und beurteilt, ob sie gut oder schwer verständlich sind.
c) Prämiert die am wenigsten gelungene Anleitung mit der „Sauren Zitrone“. Schreibt dem Hersteller und begründet eure Kritik.

INFO

Was sind Gebrauchstexte?
Anleitungen und Informationsblätter werden als Gebrauchstexte bezeichnet. Sie informieren über Herstellung (z. B. Bastelanleitung) oder Gebrauch von Gegenständen oder sie geben dem Leser genaue Informationen zu einem bestimmten Thema. Gebrauchstexte sind gekennzeichnet durch eine sachliche und genaue Sprache. Daher werden häufig Fachbegriffe verwendet. Da sie oft komplizierte Sachverhalte knapp wiedergeben, müssen sie sehr genau gelesen werden.

Was ist ein Lernzirkel?

1 Diese Einheit enthält die ersten Arbeitsblätter zu einem Lernzirkel über das Nibelungenlied. Lest dazu die Info.
Ihr könnt entweder nur die hier vorliegenden Aufgaben oder den ganzen Lernzirkel bearbeiten (Vorlage: Copy 60). Bei diesem Lernzirkel ist es sinnvoll, zuerst die Stationen 1 bis 3 zu bearbeiten und mit Station 1 anzufangen.

INFO

Was ist ein Lernzirkel?
Das Lernen an Stationen ist nichts Neues für dich. Wie beim Stationen- oder Zirkeltraining im Sportunterricht befasst man sich an einzelnen Stationen mit verschiedenen Aufgaben zu einem Thema.
Jede Station enthält ein Arbeitsblatt und manchmal auch zusätzliche Materialien.
Auf einem Laufzettel kann man eintragen, welche Stationen schon bearbeitet worden sind. Du kannst allein oder in Partnerarbeit die Stationen durchlaufen. In welcher Reihenfolge du die Stationen bearbeitest, bleibt meistens dir überlassen.
Die richtige Lösung findest du an der Lösungsstation.

Station 1 — **Vorgeschichte**

Wie Siegfried unverwundbar wird
Siegfried, ein Königssohn aus Xanten am Niederrhein, erlebt in seinen Jugendjahren etliche Abenteuer. Als Lehrling bei einem Schmied stellt er selbst ein großes Schwert her, mit dem er kurz darauf einen fürchterlichen Drachen besiegt. Durch ein Bad im Drachenblut wird er unverwundbar. Nur eine kleine Stelle zwischen seinen Schultern, auf der sich beim Bad ein Lindenblatt befunden hat, bleibt verwundbar.
Bald darauf entdeckt er auf der Burg Isenstein am Nordmeer eine schlafende Frau namens Brunhild. Durch einen Kuss erlöst er die stärkste Frau der Welt von ihrem Fluch.

Station 5

1. Lies den Lexikonausschnitt auf Textkarte 5.
2. Schreibe die Informationen über das Nibelungenlied heraus, die du für wichtig hältst.
3. Verfasse nun selbst in Stichpunkten oder ganzen Sätzen einen Hefteintrag zum Nibelungenlied und schreibe ihn auf.

Station 5 — **Lösungskarte**

Dein Eintrag sollte folgende Punkte enthalten:
- um 1200 im Donaugebiet entstanden
- unbekannter Verfasser
- von Hand geschrieben
- Heldenepos in Strophenform
- Heldensagen aus der Zeit der Völkerwanderung
- teilweise geschichtliche Ereignisse
- Siegfrieds Heirat und Tod
- Kriemhilds Rache und der Untergang der Nibelungen

Station 1 – Vorgeschichte

Wie Siegfried unverwundbar wird

Siegfried, ein Königssohn aus Xanten am Niederrhein (Niederlande), erlebt in seinen Jugendjahren etliche Abenteuer. Als Lehrling bei einem Schmied stellt er selbst ein großes Schwert her, mit dem er kurz darauf einen fürchterlichen Drachen besiegt. Durch ein Bad im Drachenblut wird er unverwundbar. Nur eine kleine Stelle zwischen seinen Schultern, auf der sich beim Bad ein Lindenblatt befunden hat, bleibt verwundbar.

Bald darauf entdeckt er auf der Burg Isenstein am Nordmeer eine schlafende Frau namens Brunhild. Durch einen Kuss erlöst er die stärkste Frau der Welt von ihrem Fluch. Als Dank schenkt sie ihm ein Pferd. Sie verliebt sich und will ihn heiraten, doch Siegfried sucht das Weite.

In Norwegen schlichtet er einen Kampf zwischen den Nibelungenprinzen, die sich um das Erbe streiten. Zum Dank schenken sie ihm ein berühmtes Schwert. Er wird selbst König der Nibelungen, die über einen gewaltigen Nibelungenschatz verfügen. In dieser Zeit kann er auch noch eine Tarnkappe, die ihn unsichtbar machen kann, in seinen Besitz bringen. Hier beginnt nun das eigentliche Nibelungenlied.

1 Um das Nibelungenlied verstehen zu können, muss man die Vorgeschichte kennen. Lies dazu den Text oben.

2 a) Übertrage das Kreuzworträtsel in dein Heft.
b) Schreibe die passenden Begriffe aus dem Text richtig in die Kästchen.
c) Wenn du die unterlegten Buchstaben von oben nach unten liest, erhältst du den eigentümlichen Namen des Schwertes, das Siegfried von den Nibelungen bekommt.

1. Name der Frau, die sich in Siegfried verliebt
2. Ort, an dem Siegfried geboren wurde
3. Pflanzenteil, der bei Siegfried die verwundbare Stelle hinterlässt
4. Handwerk, das Siegfried erlernt
5. Flüssigkeit, die Siegfried unverwundbar macht
6. Damit kann sich Siegfried unsichtbar machen
7. Name des Volkes, das der Geschichte den Namen gibt und das einen großen Schatz besitzt

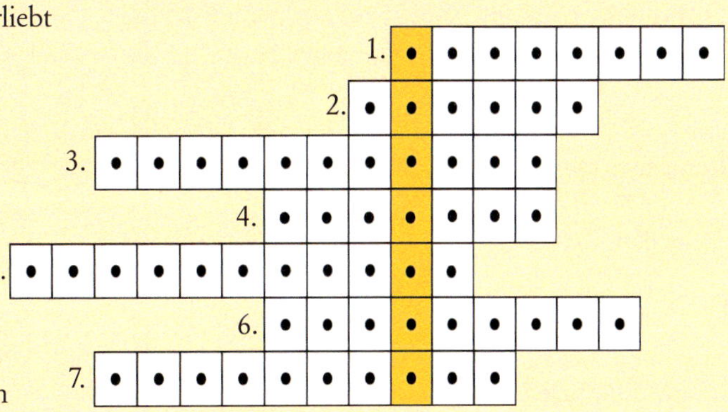

Station 2a – Siegfrieds Heldentaten

Auf einem Schloss in Worms, im Lande der Burgunden am Rhein, lebte die schöne Königstochter Kriemhild. Seit dem Tode ihres Vaters war ihr Bruder Gunther König. Zum großen Hofstaat gehörten ihre Brüder Giselher und Gernot, die Mutter Ute sowie der Ritter Hagen. Auch Siegfried hörte von der schönen Kriemhild, die bis dahin alle Brautwerber verschmäht hatte. So zog er nach Worms und blieb über ein Jahr am Hof, ohne die schöne Prinzessin zu Gesicht zu bekommen. Sie aber beobachtete ihn des Öfteren heimlich vom Fenster aus. Als nun die Sachsen und Dänen den Burgunden den Krieg erklärten, konnte Siegfried durch seine Stärke und Tapferkeit den Kampf für Gunther entscheiden. Als Mutter Ute und Kriemhild auf der prunkvollen Siegesfeier erschienen, waren alle Herren angetan von der Prinzessin. Auch Siegfried war geblendet von ihrer Schönheit. Als Lohn für seine Taten durfte er sie sogar persönlich begrüßen. Da war es um die beiden geschehen. Er wich ihr nicht mehr von der Seite, doch wagte er es nicht, um ihre Hand anzuhalten. Inzwischen schmiedete auch König Gunther Heiratspläne. Ausgerechnet Brunhild, die stärkste Frau der Welt, sollte es sein. Zunächst riet Siegfried dem König ab, doch als Gunther ihm die Hand seiner Schwester versprach, war Siegfried bereit, ihm zu helfen, und so machten sie sich auf zur Burg Isenstein. Brunhild freute sich über die Ankunft Siegfrieds. Doch dieser gab sich als König Gunthers untergebener Ritter aus. Mit List und seiner Tarnkappe konnte Siegfried die starke Brunhild im Kampf gegen den König täuschen. Diese glaubte nun, dass Gunther sie besiegt hätte, und folgte ihm schließlich mürrisch nach Worms, obwohl sie eigentlich lieber Siegfried zum Mann gehabt hätte. Zurück in Worms löste Gunther sein Versprechen ein und man feierte eine prächtige Doppelhochzeit, nachdem Siegfried nochmals heimlich die starke Verlobte des Burgundenkönigs besiegt hatte. Dabei entwendete er übermütig einen Gürtel und einen Ring von Brunhild. Diese schenkte er seiner eigenen Braut und erzählte ihr auch noch, woher er diese Dinge hatte. Siegfried kehrte mit seiner Frau an den elterlichen Hof nach Xanten zurück, wo er selbst König wurde. Seine Frau erhielt den Nibelungenschatz als Hochzeitsgabe. Sie schenkte ihrem Mann bald darauf einen Sohn. So lebten sie viele Jahre glücklich und zufrieden in den Niederlanden. Eigentlich könnte die Geschichte hier ein schönes Ende finden – doch leider kam es ganz anders.

Brunhild kämpft gegen Siegfried

1 An den Stationen 2a und 2b lernst du den ersten Teil des Nibelungenliedes kennen. Lies den Text auf dieser Seite

2 Du hast aus dem Text einiges über Brunhild, Gunther, Hagen, Kriemhild und Siegfried erfahren. Entwirf für jede Person einen Steckbrief. Wenn du möchtest, kannst du die Figuren auch zeichnen.

Steckbrief zu Brunhild:
- stammt von der Burg Isenstein
- ist sehr stark
- will nur einen ebenso starken Mann heiraten
- liebt Siegfried
- heiratet Gunther
- ...

Station 2b – Siegfrieds Tod

Brunhild hatte Siegfried in all den Jahren nicht vergessen können. Auf ihr Drängen hin lud Gunther Siegfried und Kriemhild nach Worms ein. Zur Ehre der beiden wurde ein großes Fest veranstaltet. Während eines Ritterturniers unterhielten sich die Damen darüber, wer von ihnen wohl den ranghöheren und ehrenhafteren Ehemann habe. Brunhild war der festen Überzeugung, dass sie die höher gestellte Dame sei, da ihr Gatte ein König und Siegfried nur dessen einfacher Ritter sei. In ihrer Wut erzählte Kriemhild der Rivalin, dass sie schon zweimal nicht von ihrem Mann Gunther, sondern von Siegfried besiegt worden sei. Sie zeigte ihr zum Beweis den Gürtel und den Ring, die Siegfried dabei entwendete. Brunhild war nun so beleidigt und gekränkt, dass sie als Wiedergutmachung Siegfrieds Tod forderte. Als sich auch noch Hagen diesem Wunsch anschloss, gab Gunther schließlich nach und sie ersannen einen Mordplan. Hagen gelang es auch, Kriemhild das Geheimnis von Siegfrieds verwundbarer Stelle zu entlocken. Während einer großen Jagdveranstaltung lockte Hagen den ahnungslosen Siegfried von der Gesellschaft weg und tötete ihn durch einen Speerstich zwischen die Schultern, dort wo einst das Lindenblatt lag. Kriemhild fand die Leiche ihres Mannes am nächsten Morgen vor ihrer Kammertüre. Sie ahnte, wer hinter diesem Verbrechen steckte. Als Hagen an die im Münster aufgebahrte Leiche trat, begann Siegfrieds Wunde erneut zu bluten und der Verdacht seiner Frau wurde bestätigt. Bei der Beerdigung brach sie schließlich am offenen Sarg zusammen. Kriemhild kehrte nicht nach Xanten zurück, sondern zog in ein Schloss nahe dem Münster, um bei ihrem toten Gatten und bei ihrer Mutter zu sein. Viele Jahre zogen ins Land. Kriemhild weigerte sich, mit ihrem Bruder zu reden, und zog sich ganz zurück. Ihr Bruder bat sie schließlich erfolgreich um Verzeihung und so ließ Kriemhild sich überreden, ihren großen Schatz aus dem Reich der Nibelungen an den Rhein zu holen. Da auch viele Menschen mit dem Schatz zu den Burgunden zogen, nannte man von nun an das Volk am Rhein die Nibelungen. Hagen überzeugte Gunther davon, dass ein solches Vermögen in den Händen dieser Frau eine Gefahr darstelle. So versenkte Hagen den Nibelungenschatz heimlich im Rhein. Kriemhild verließ aus Enttäuschung und Verzweiflung den Hof in Worms.

Hier endet der erste Teil des Nibelungenliedes.

1 Lies den Text.

2 a) Übertrage die Zeichnung rechts auf ein großes, leeres Blatt.
b) Trage die fehlenden Namen der Figuren richtig in die Zeichnung ein.
c) Zeichne Pfeile zwischen den Figuren und gib auf den Pfeilen stichwortartig die Beziehung zwischen den Personen an:

- liebt
- überlistet
- hilft
- beleidigt
- tötet
- heiratet

Station 3 – Kriemhilds Rache

Dreizehn Jahre lang trauerte Kriemhild um Siegfrieds Tod. Da erschien Rüdiger, der Brautwerber von König Etzel aus dem Hunnenland, bei König Gunther. Etzel hatte seine Frau verloren und wollte nun Kriemhild heiraten. Der Burgundenkönig willigte ein, nur Hagen widersprach, da er die Stärke des Hunnenkönigs fürchtete. Kriemhild zögerte, doch als ihr der Brautwerber Etzels Machtmittel vor Augen führte und ihr versprach, jedes Leid zu rächen, das man ihr zufügt, willigte sie ein. Mit ihrem Gefolge zog sie nun von Wormez am Rîn ostwärts, bis sie an den Meun kamen. Von dort führte sie ihr Weg in südöstliche Richtung zur Donau. Sie machte Rast bei ihrem Onkel Pilgrim, dem Bischof von Passouwe, und zog weiter nach Bechlâren zu Rüdigers Familie. Etzels Männer eilten der Reisegesellschaft in freudiger Erwartung entgegen, man traf sich schließlich in Tulne. Gemeinsam ritten sie nun nach Wiene, wo Etzel und Kriemhild ein prächtiges Hochzeitsfest abhielten, bevor das Königspaar mit dem Schiff die Donau hinab nach Etzelnburc reiste. Sieben Jahre gingen ins Land. Da lud Kriemhild ihre Familie zu einem Fest ins Hunnenland. Als diese dort angekommen war, suchte Kriemhild unter Etzels Männern und Verbündeten nach Kämpfern. Sie sollten ihre Blutrache an den Burgunden in die Tat umsetzen. Hagen hatte ihr gegenüber offen zugegeben, dass er Siegfrieds Mörder war. Es folgte ein großes, blutiges Gemetzel zwischen Burgunden und Hunnen und ihren jeweiligen Verbündeten. Die grausame Kriemhild setzte eine Belohnung auf Hagens Kopf aus. Am Ende hatten sich viele tausend Männer gegenseitig erschlagen. Von den Burgunden überlebten nur Gunther und Hagen. Diese ließ Kriemhild gefangen nehmen. Sie forderte ihren Schatz von Hagen zurück. Dieser wollte sein Geheimnis nicht lüften, solange noch ein Burgunde lebte. So ließ Kriemhild ihrem Bruder Gunther den Kopf abschlagen. Hagen war nun der Einzige, der das Versteck des Nibelungenschatzes kannte. Da er sein Geheimnis nicht mit Kriemhild teilen wollte, enthauptete sie ihn schließlich eigenhändig mit Siegfrieds Schwert. Der Waffenmeister Hildebrand rächte diese Tat sogleich und tötete Kriemhild. Zurück blieben alleine der Hunnenkönig Etzel und der Gotenkönig Dietrich von Bern. Der Nibelungenschatz aber wurde bis heute nicht gefunden.

Kriemhild zeigt Hagen den Kopf Gunthers

1 **a)** Dieser Text gibt den Inhalt des zweiten Teils des Nibelungenliedes wieder. Lies den Text.
b) Bearbeite die Aufgaben auf der folgenden Seite.

2 Die Flüsse und Städte, an denen Kriemhild auf ihrem Weg nach Etzelnburc vorbeikam, tragen in dem Text auf Seite 142 noch ihre mittelalterliche Bezeichnung.
Lege in deinem Heft die Tabelle rechts an und schreibe diese Namen auf.

Alte Namen	Heutige Namen
Bechlâren	Pöchlarn
Donau	…
Etzelnburc	heute unbekannt
Meun	…
Rîn	…
Passouwe	…
Tulne	…
Wiene	…
Wormez	…

3 **a)** Übertrage die Zeichnung oben in dein Heft.
b) Beschrifte die eingezeichneten Flüsse und Städte mit ihren heutigen Namen, dein Atlas kann dir dabei helfen.
c) Trage nun die Reiseroute, die so genannte Nibelungenstraße, richtig in die Karte ein.
d) Findest du heraus, welchen Namen das Land, in dem sich Etzelnburc befand, heute trägt?
e) Ergänze in deiner Tabelle die noch fehlenden heutigen Bezeichnungen.

Das Leben im Zeitalter des Barock

1 In dem nebenstehenden Textauszug geht es um das Schicksal des 15-jährigen Jockel Markart, der zur Zeit des Dreißigjährigen Kriegs in Eggenbusch lebt. Der Auszug schildert die Plünderung des Dorfes durch herumziehende Soldaten. Jockels Mutter und die Geschwister versteckten sich in der Werkstatt. Er selbst lag mit seinem Vater auf dem Hausdach.

a) Lest den Textauszug.

b) Beschreibt das Geschehen mit eigenen Worten.

c) Sprecht in der Klasse über eure Eindrücke und Gedanken zu diesem Text.

d) Für viele Menschen gab es in dieser Zeit nur eine einzige Hoffnung. Lest dazu die Textstelle über die Großmutter.

2 **a)** Lest die Info. Schlagt für genauere Informationen in eurem Geschichtsbuch nach.

b) Betrachtet die Abbildung auf Seite 145 und erklärt, was darauf zu sehen ist.

INFO

Barock

Unter Barock versteht man eine Kunstepoche im 17. Jahrhundert. Viele prächtige Schlösser der absoluten Fürsten und viele Kirchen aus dieser Zeit sind heute noch erhalten. Auch die damals gespielte Musik wird heute oft aufgeführt.
Diese Epoche ist aber auch geprägt vom Dreißigjährigen Krieg (1618–1648), der Tod und Verderben bringt. Zudem sterben durch Seuchen sehr viele Menschen.
Diese Erfahrungen wirken sich auf das Denken und Handeln der Menschen aus. Für viele ist der Glaube das Einzige, was ewig besteht.

In 300 Jahren vielleicht (Auszug)

Tilman Röhrig

„Bleib liegen!“, flüsterte der Vater. „Sie kommen. Sie zünden ihre Fackeln an …“ Weiter kam er nicht, denn jetzt sprengten die Pferde die Straße zum Dorfplatz hinauf. Ihre Reiter waren in der Dunkelheit nicht zu erkennen. Es war, als näherten sich nur brennende Fackeln. Der Trupp konnte nicht groß sein, denn die unruhigen Lichtpunkte teilten sich nicht. Gasse für Gasse flackerten die Flammen an jeder Hauswand entlang – wie Hunde spürten sie nach Beute.
Dann sammelten sie sich vor einem Haus. Jetzt waren auch die Umrisse der bewaffneten Gestalten zu erkennen. Drei von ihnen sprangen ab und stürmten hinein. Jockel hörte das Poltern und das Zerschlagen von Holz.
Plötzlich schrie ein Mann, er schrie, bis die Stimme mitten im Schrei abbrach. Übrig blieb ein Gelächter, kehrte aus dem Haus zurück, hallte immer noch, als die Pferde weitertrabten.
„O Gott, es sind Teufel!“, keuchte Christopher Markart. Fest legte er den Arm um seinen Sohn und presste ihn an sich. „Wenn ich nicht mehr bin, Jockel“, flüsterte er, „versprich mir: Töte Mutter und Maria, bevor sie in die Hände dieser Wölfe fallen. Töte auch die Kleinen.“
Jockel schüttelte wild den Kopf. „Niemals, Vater. Ich bring alle in die Wälder. Nein, niemals!“
Der kräftige Mann verschloss mit den harten Fingerkuppen den Mund seines Sohnes. „Sei still! Du bist ein tapferer Junge. Lass nie zu, dass sie leiden müssen.“ Jockel nickte. Seine Augen waren weit aufgerissen.
Wieder schrie es gellend, diesmal aus der benachbarten Gasse.
Eine Frauenstimme! Das laute Grölen der Männer schwoll an, das Schreien wandelte sich zu einem qualvollen Röcheln.
Nur ein Stück näher platzten Tongefäße auf dem Pflaster, Holz zerbrach. Und immer noch das Röcheln der Frau, das langsam in dem grölenden Chor erstarb.

Plünderung eines Dorfes im 30-jährigen Krieg

Jockel weinte. Fest stach er das Messer in eine Grasschindel und umklammerte den Griff. Die Wehrlosigkeit verzweifelte ihn.
„Sei still, Junge! Bitte, sei still! Sie dürfen uns nicht hören“, flehte sein Vater. Die Stimme war dunkel und gehorchte ihm nicht mehr.
Dann näherten sich die Fackeln – Reiter auf hohen Pferden. Jockels Tränen versiegten in der Atemlosigkeit. Da – jetzt hielten sie neben der Mauer an. Für einen Moment schien die Meute uneinig. Rufe. Antworten und Zögern. Entschlossen trieben die ersten wieder ihre Pferde an, dann die anderen – doch ein Soldat blieb bei der Mauer zurück und hielt die Fackel hoch.
Auf einen Zuruf hin setzte das Pferd über den niedrigen Wall.
Dicht pressten Jockel und sein Vater ihre Gesichter in den modrigen Dachschutz. Sie hörten das Schnauben des Gauls. Der Säbel klirrte, als der Soldat abstieg. Mit einem Tritt wurde die Türe aufgestoßen. Der Tisch stürzte um.
Stille.
Jockel zuckte zusammen, als der Eisenkessel in den Hof schepperte.
Stille.
Auf dem Lehmboden waren die Schritte nicht zu hören. Plötzlich: „He, Alte! Raus mit dir!“
Großmutter!, hämmerte es Jockel im Kopf.
Unter Flüchen verließ der Reiter die Hütte. Jockel sah auf. Mit der einen Hand hielt der Söldner die Fackel hoch, die andere hatten den Kittel der alten Frau hinter ihrem Hals gekrallt.
„Wo sind deine Leute?!“, schrie der Kerl und schüttelte die schmächtige Gestalt.
„Vater unser, der du bist im Himmel!“
„He, wo sind sie? Was habt ihr gerade gefressen?“
„Geheiligt werde dein Name!“ Die zittrige Stimme war nicht zu unterbrechen.
„Hör auf!“
„Vergib uns unsere Schuld!“
„Aufhören!“, brüllte der Mann, außer sich.
„Wie wir vergeben unseren Schuldigern.“
Die brennende Fackel schlug auf das Haupt der alten Frau. „Aufhören!“ – Wieder und wieder. Die brennenden Pechfunken flogen umher und flackerten zerstreut im Hof weiter.
Zusammengesunken lag die Großmutter zwischen den kleinen Lichtern.
Schon saß der Soldat wieder im Sattel, ließ das Pferd über die Mauer setzen und folgte seiner Mordbande.
Jockel wollte aufspringen, doch sein Vater presste ihn auf das Dach zurück. „Bleib liegen. Vielleicht kommen sie wieder“, befahl der Weißgerber leise.
„Großmutter“, stammelte Jockel.
„Sie ist tot.“ Der große Mann wischte sich langsam über die Stirn. „Schnell ist es gegangen – Mutter.“

Gedichte des Barock

Tränen des Vaterlandes
Andreas Gryphius (1616–1664)

Wir sind doch nunmehr ganz, ja mehr denn ganz verheeret[1].
Der frechen Völker Schar, die rasende Posaun,
Das vom Blut fette Schwert, die donnernde Kartaun[2]
Hat allen Schweiß und Fleiß und Vorrat aufgezehret.

Die Türme stehn in Glut, die Kirch ist umgekehret,
Das Rathaus liegt im Graus, die Starken sind zerhaun,
Die Jungfern sind geschänd't, und wo wir hin nur schaun,
Ist Feuer, Pest und Tod, der Herz und Geist durchfähret.

Hier durch die Schanz[3] und Stadt rinnt allzeit frisches Blut.
Dreimal sind schon sechs Jahr[4], als unser Ströme Flut
Von Leichen fast verstopft, sich langsam fortgedrungen.

Doch schweig ich noch von dem, was ärger als der Tod,
Was grimmer[5] denn die Pest und Glut und Hungersnot:
Dass auch der Seelenschatz[6] so vielen abgezwungen.

[1] *verwüstet, ausgeplündert*
[2] *Kanone*
[3] *Befestigungsanlagen*
[4] *Ergänze: „vergangen"*
[5] *schlimmer*
[6] *Glaube*

1 a) Lest das Gedicht.
b) Klärt unklare Begriffe.

2 a) Wann hat Andreas Gryphius das Gedicht geschrieben? Im Text findet ihr einen Hinweis.
b) Wie lange sollte der Krieg noch dauern?

3 Andreas Gryphius ist Zeitzeuge der Ereignisse im Dreißigjährigen Krieg.
a) Sucht aus dem Text heraus, was er beobachtet hat.
b) Welche Textstellen bewerten die Ereignisse?
c) Was ist für den Autor das Schlimmste, das in dieser Zeit geschehen ist?

4 a) Lest das Gedicht von Friedrich von Logau.
b) Gebt Zeile für Zeile mit eigenen Worten wieder, was für den Autor Krieg bedeutet.
c) Warum nennt der Autor sein Gedicht „Des Krieges Buchstaben"?

Des Krieges Buchstaben
Friedrich von Logau (1604–1655)

Kummer, der das Mark verzehret,
Raub, der Hab und Gut verheeret,
Jammer, der den Sinn verkehret,
Elend, das den Leib beschweret,
Grausamkeit, die Unrecht fähret,
Sind die Frucht, die Krieg gewähret.

5 Verfasst selbst Buchstaben-Gedichte. Verwendet dazu Begriffe aus dem Gedicht von Friedrich von Logau (z. B. *Kummer, Raub* ...).

KRIEG ERLEBEN
ANGST HABEN
U
B

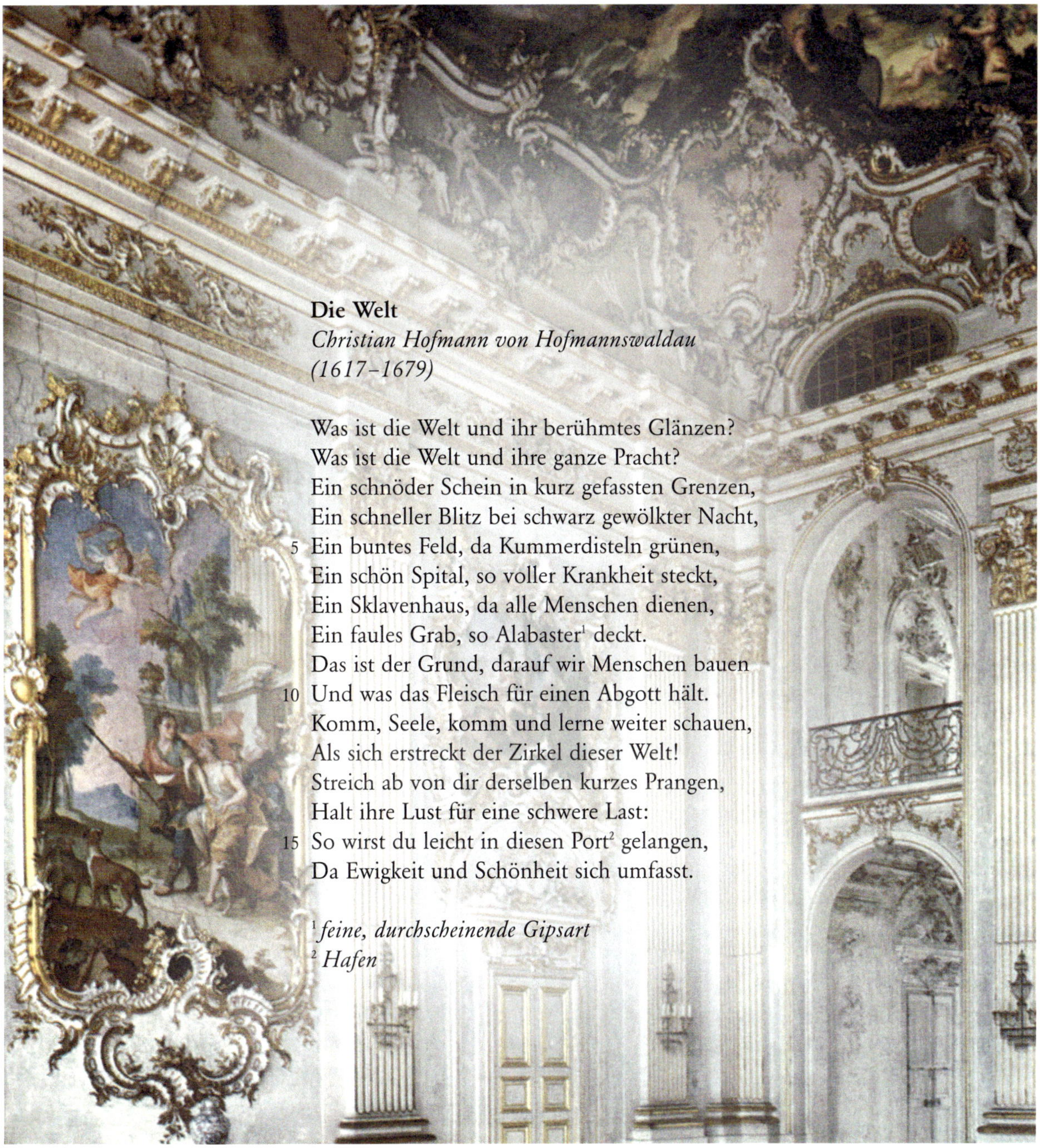

Die Welt

Christian Hofmann von Hofmannswaldau
(1617–1679)

Was ist die Welt und ihr berühmtes Glänzen?
Was ist die Welt und ihre ganze Pracht?
Ein schnöder Schein in kurz gefassten Grenzen,
Ein schneller Blitz bei schwarz gewölkter Nacht,
Ein buntes Feld, da Kummerdisteln grünen,
Ein schön Spital, so voller Krankheit steckt,
Ein Sklavenhaus, da alle Menschen dienen,
Ein faules Grab, so Alabaster[1] deckt.
Das ist der Grund, darauf wir Menschen bauen
Und was das Fleisch für einen Abgott hält.
Komm, Seele, komm und lerne weiter schauen,
Als sich erstreckt der Zirkel dieser Welt!
Streich ab von dir derselben kurzes Prangen,
Halt ihre Lust für eine schwere Last:
So wirst du leicht in diesen Port[2] gelangen,
Da Ewigkeit und Schönheit sich umfasst.

[1] *feine, durchscheinende Gipsart*
[2] *Hafen*

6 Die Zeit des Barock ist auch die Zeit, in der die Fürsten sich durch die Pracht ihrer Schlösser zu überbieten versuchten.
a) Informiert euch, welche Gebäude des Barock sich in eurer Umgebung befinden.
b) Wie stellt ihr euch das Leben „am Hofe“ vor? Lest dazu auch in eurem Geschichtsbuch nach.

7 a) Lest das Gedicht und klärt unbekannte Begriffe.
b) Mit welchen Bildern stellt der Autor den Glanz der damaligen Welt in Frage?
c) Wozu fordert er die Menschen seiner Zeit auf? Lest dazu die Zeilen 11 bis 16 und erklärt, wie ihr diese Zeilen versteht.

Unsere Wortartenpalette

1

Nomen
der Pinsel, die Farbe, das Bild
Test: Nomen haben ein grammatisches Geschlecht, das am Artikel erkennbar ist. Sie können im Singular oder im Plural und in einem der vier Fälle stehen:
Nominativ (wer, was?): *das Bild*
Genitiv (wessen?): *des Bildes*
Dativ (wem?): *dem Bild*
Akkusativ (wen, was?): *das Bild*

2

Adjektive
bunt, blau, schön
Test:
Adjektive können vor Nomen stehen:
Das lustige Bild gefällt mir.
Adjektive können sich auch auf ein Verb beziehen: *Das Bild hängt schief.*
Viele Adjektive lassen sich steigern:
Positiv: *das interessante Bild*
Komparativ: *das interessantere Bild*
Superlativ: *das interessanteste Bild*

3

Artikel
der, die, das, ein, eine …
Test: Der Artikel gibt das grammatische Geschlecht des Nomens an:
feminin: *die Farbe, eine Farbe*
maskulin: *der Maler, ein Maler*
neutrum: *das Bild, ein Bild*

4

Verben
malen, zeichnen, abbilden, sehen
Test: Von Verben kann man verschiedene Zeitformen und Personalformen bilden:
Präsens: *Tina und Kevin malen ein Bild.*
Präteritum: *Tina malte ein Bild.*
Perfekt: *Tina hat ein Bild gemalt.*
Plusquamperfekt: *Tina hatte ein Bild gemalt.*
Futur I: *Tina wird ein Bild malen.*
Futur II: *Tina wird ein Bild gemalt haben.*

5

Pronomen
du, unser, jener, dieser, welcher
Personalpronomen: *ich, du, er, sie, es, wir, ihr, sie …*
Possessivpronomen: *mein, dein, sein, unser, euer, ihr …*
Demonstrativpronomen:
der, die, das; dieser, diese, dieses; derjenige, diejenige, dasjenige;
derselbe, dieselbe, dasselbe; jener, jene, jenes …
Relativpronomen: *der, die, das; welcher, welche, welches …*
Test: Pronomen können ein Nomen begleiten, es ersetzen oder darauf verweisen:
Picasso ist mein Lieblingsmaler.
Er malte viele schöne Bilder.
Das Bild, das dort an der Wand hängt, ist von ihm.

Rest-Farbtopf
In dieses Feld legt ihr alle Wörter, die ihr nicht eindeutig bestimmen könnt.

6
Adverbien
gestern, draußen, manchmal, deshalb
Test: Adverbien beschreiben, wann, wo, wie und warum etwas geschieht. Sie lassen sich im Satz umstellen:
Große Bilder hängen überall im Raum.
Überall hängen große Bilder im Raum.

1 a) Erkundet, welche Farbschälchen angeboten werden.
b) Wo stehen die Wortarten, die veränderbar sind?
c) Welche Wortarten lassen sich nicht verändern?

Die kräftigen Farben des Bildes leuchten.

2 a) Ordnet die Wörter dieses Satzes zu zweit den Wortarten-Farbtöpfen zu. Lest den Tipp.
b) Klärt im Klassengespräch die Wortarten der Wörter, die ihr in den „Rest-Farbtopf“ gelegt habt.

3 Sprecht darüber:
– Welche Wortarten erkennt ihr leicht?
– Bei welchen Wortarten habt ihr Schwierigkeiten, sie zu erkennen?

7
Präpositionen
an, auf, durch, in, wegen
Test: Die Präpositionen bestimmen den Fall des folgenden Nomens:
während des Malens
mit dem Pinsel
zwischen den Bildern
auf die Leinwand
In einigen Präpositionen ist ein Artikel enthalten:
im (= in dem) Museum
zur (= zu der) Ausstellung

TIPP
So findest du die Wortart heraus:
1. Prüfe zuerst: Lässt sich das Wort beugen und damit in der Wortgestalt verändern?
Ist dies der Fall, dann suche bei den veränderbaren Wortarten in den Farbtöpfen **1 bis 5**.
Nicht veränderbare Wortarten findest du in den Farbtöpfen **6 bis 8**.
2. Kläre bei den entsprechenden Farbtöpfen anhand der Wortbeispiele und der Tests, zu welcher Wortart dein Wort gehört.
3. Wörter, die du nicht eindeutig zuordnen kannst, legst du in den Rest-Farbtopf.

8
Konjunktionen
und, oder, aber, sondern, denn, jedoch, dass, weil, bevor, während, ob, wenn, obwohl, indem, als …
Test: Diese Wörter verbinden Wörter und Sätze miteinander.
Der Maler und sein Bild …
Ich warte, bis du mit dem Bild fertig bist.

Wörter nach Wortarten bestimmen

1 a) Malt auf einem DIN-A4-Blatt eine eigene Wortarten-Palette auf. Ihr könnt auch Copy 30 verwenden.
b) Schreibt in die Töpfchen die Namen der Wortarten und gebt ihnen die entsprechende Farbe.
c) Schneidet euch für die Wörter ca. 20 Wortkärtchen (2 x 4 cm) aus.

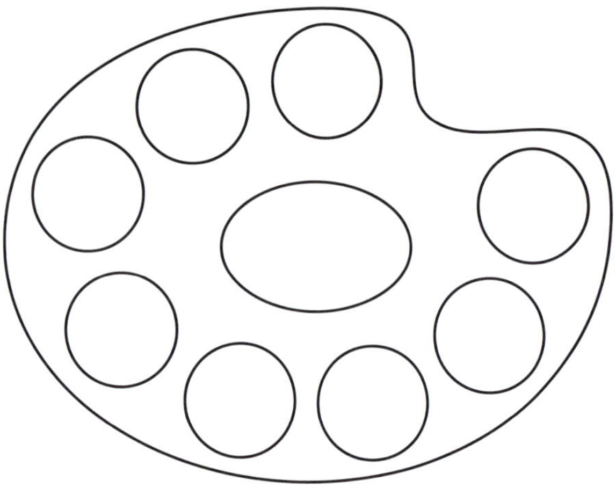

Roy Lichtenstein, M–Maybe, 1965

2 a) Unten findet ihr fünf Sätze. Jeder wählt sich einen Satz aus und schreibt die Wörter einzeln auf Wortkärtchen.
b) Ordnet die Kärtchen den richtigen Farbtöpfen auf eurer Palette zu. Wenn ihr bei einem Wort unsicher seid, legt es in den Rest-Farbtopf.
c) Kontrolliert in Partnerarbeit eure Ergebnisse. Überlegt gemeinsam, zu welchen Wortarten die Wörter aus dem Rest-Farbtopf gehören. Wenn ihr unsicher seid, stellt eure Fragen an die Klasse.

1. Ein Mann tritt seinen neuen Job im Museum an.
2. Am Abend des ersten Arbeitstages sieht ihn der Direktor.
3. „Gefällt Ihnen die Arbeit?“, fragt ihn dieser.
4. Der Angestellte strahlt und erzählt stolz:
5. „Ich habe heute Gemälde von Picasso, Dürer und Rembrandt an Touristen verkauft.“

3 a) Formuliert drei Sätze, die euch zu dem Bild einfallen, und schreibt sie an die Tafel.
b) Jeder wählt sich einen Satz aus und schreibt die Wörter auf einzelne Wortkärtchen. Diese werden in die eigene Palette eingeordnet.
c) Tauscht die Wortkärtchen mit eurem Nachbarn und übt mit seinem Satz.

DER | KÜNSTLER | ZEICHNET. | BERÜHMTE

4 a) Arbeitet zu zweit. Schreibt die Wörter oben auf einzelne Kärtchen.
b) Erweitert den Satz, indem ihr abwechselnd immer ein Wort ergänzt. Ihr dürft aber erst ein Wort anlegen, wenn ihr auch die Wortart bestimmt habt.
c) Prüft, ob sich in eurem Satz die Nomen durch Pronomen ersetzen lassen.

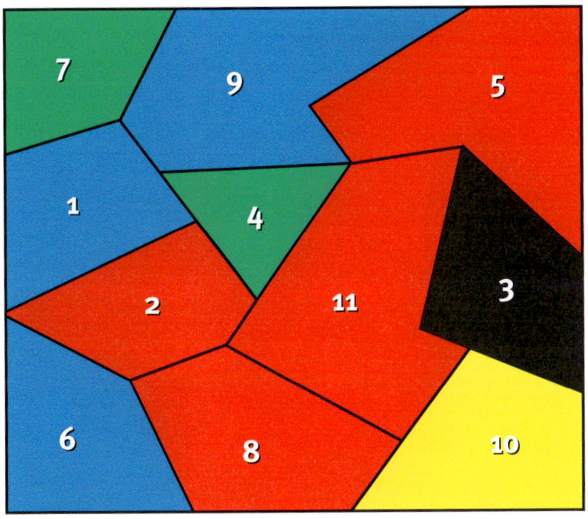

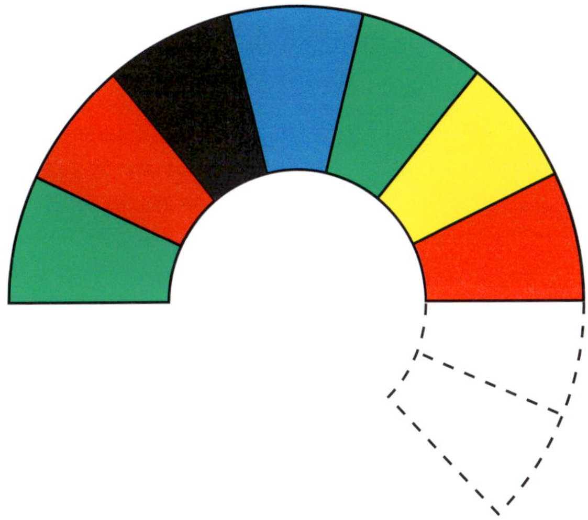

5 a) Welcher Satz versteckt sich in diesem Bild? Die Wörter findet ihr in der Liste unten. Die Farben geben die Wortart an und die Reihenfolge wird durch die Ziffern angezeigt.
b) Entwickelt selbst ein ähnliches Rätsel.

in – leuchtenden – an – Blätter –
im – Bäumen – erstrahlen – Herbst –
den – die – Farben

6 Schreibt den folgenden Satz ab, indem ihr für jedes Wort die Farbe verwendet, die es aufgrund seiner Wortart auf der Palette besitzt.

Ein modernes Kunstwerk wurde gestern von einer Putzfrau in die Mülltonne geworfen, weil sie es für Abfall hielt.

7 a) Schreibt nach den Farbangaben oben einen Satz auf.
b) Vergleicht eure Ergebnisse in Partnerarbeit.

8 Setzt in den Text die fehlenden Wörter ein und bestimmt die Wortart. Schreibt so:
1. neuen = Adjektiv

Anstrengende Arbeit

Der Chef gibt dem (1) Lehrling den Auftrag, auf einer Bundesstraße (2) Mittelstreifen nachzumalen. Der (3) nickt und zieht los.
(4) großer Begeisterung beginnt er (5) Arbeit. Sehr (6) malt er den ersten Streifen. (7) betrachtet er stolz das Ergebnis. Nach einigen Tagen (8) der Chef, dass der Junge (9) Tag mehr Zeit für die Streifen braucht. „Woran liegt es, dass du immer (10) wirst?", fragt der Chef ärgerlich.
„Das kommt daher", antwortet der Lehrling, „(11) ich jeden Tag weiter zum Farbtopf zurücklaufen muss, (12) ich den Pinsel eintauchen will."

neuen – den – Auszubildende – Mit – gewissenhaft – seine – Danach – langsamer – dass – bemerkt – jeden – wenn

Direkte Rede – indirekte Rede

Reporterin: *Herr Pauer, wir freuen uns mit Ihnen, Sie wieder auf festem Boden zu sehen. Wie geht es Ihnen nach dieser Ballonfahrt?*

Herr Pauer: Nun ja, meine Frau und ich sind noch etwas wackelig auf den Beinen. Es geschieht schließlich nicht jeden Tag, dass man eine Ballonfahrt ohne Ballonführer unternimmt.

Reporterin: *Ja, aber wie konnte es dazu kommen?*

Herr Pauer: Ich hatte meiner Frau die Ballonfahrt zum Hochzeitstag geschenkt. Stellen Sie sich vor: Kaum sind wir beide eingestiegen, da hat sich der Ballon schon in die Höhe bewegt. Der Ballonführer kam nicht mehr dazu, noch in den Korb zu springen.

Reporterin: *Unfassbar! Wie haben Sie sich in dem Augenblick gefühlt?*

Herr Pauer: Wir hatten wahnsinnige Angst, denn wir wussten ja nicht, wie wir das Gefährt wieder zum Landen bewegen sollten.

Reporterin: *Und wie haben Sie dies doch geschafft?*

Herr Pauer: Im Korb lag ein Funkgerät, über das wir Kontakt zum Ballonführer aufnahmen. Er fuhr mit seinem Auto hinter uns her und erklärte uns, was wir zu tun hatten.

Reporterin: *Zum Glück hat das ja funktioniert, sodass alles gut gegangen ist!*

Herr Pauer: Ja, aber wir werden in nächster Zeit keine Ballonfahrt mehr unternehmen!

1 Versetzt euch in die Lage der Reporterin einer Zeitung, die dieses Interview geführt hat. Welche Informationen sind für einen Zeitungsartikel wichtig? Unterstreicht dazu auf einer Folie oder in der Copy 32 die Aussagen, die ihr für bedeutsam haltet.

2 Auf der folgenden Seite steht der Zeitungsbericht über die Ballonfahrt.
a) Welche Informationen hat die Reporterin aus dem Interview abgeleitet?
b) Welche Angaben sind neu hinzugekommen?

3 An einer Stelle gibt die Reporterin eine Aussage von Herrn Pauer wortwörtlich wieder. Woran erkennt ihr diese wörtliche (direkte) Rede?

4 a) Es werden auch andere Aussagen aus dem Interview wiedergegeben. Sucht diese heraus. Unterstreicht sie auf einer Folie oder in der Copy 32.
b) Vergleicht diese Sätze mit den Originalaussagen. Welche Unterschiede stellt ihr fest?
c) Man nennt solche Sätze indirekte Rede. Lest dazu die Info.

Ballonfahrt mit Schrecken

PFAFFENHOFEN – (eig. Ber.)
Am letzten Wochenende erlebte ein Ehepaar aus Rohrbach eine Ballonfahrt mit Schrecken. Ohne den Ballonführer schwebte es allein über das Pfaffenhofener Umland. Auf die Frage, wie es hierzu kommen konnte, erklärte der 35-jährige Herr P., dass seine Frau und er gerade in den Ballon gestiegen seien, als sich dieser in die Höhe bewegt habe. Nach Aussagen des Mannes habe der Ballonführer keine Gelegenheit mehr gehabt, noch in den Korb zu springen. Über Funk habe man sich mit dem Ballonführer verständigt, der von seinem Auto aus Anweisungen zur Landung erteilte. Nach 55 Schreckminuten konnte das Gefährt wieder zu Boden gebracht werden. Zuvor war es knapp an der Mainburger Kirchturmspitze vorbeigeflogen. „Meine Frau und ich sind noch etwas wackelig auf den Beinen", erklärte Herr P. nach seiner Landung. Auf Nachfrage deutete das Ehepaar an, es werde so schnell keine Fahrt in einem Heißluftballon mehr unternehmen.

Unsere Reporterin im Gespräch mit Herrn Pauer.

5 *„Die Ballonfahrt habe ich meiner Frau zum Hochzeitstag geschenkt."* (direkte Rede)
Die Ballonfahrt habe er seiner Frau zum Hochzeitstag geschenkt. (indirekte Rede)
a) Überlegt, warum sich die Pronomen bei der indirekten Rede ändern.
b) Zeigt an weiteren Beispielen aus dem Bericht, wie sich in der indirekten Rede die Pronomen ändern.

6 Bringt von zu Hause einen Zeitungsbericht mit.
a) Unterstreicht die Stellen im Text, die direkte Rede wiedergeben.
b) Unterstreicht mit einer anderen Farbe Textstellen, die in indirekter Rede stehen.

INFO

Indikativ – Konjunktiv
Die Verbform, die wir normalerweise verwenden, nennt man **Indikativ (Wirklichkeitsform)**.
Man verwendet diese Verbform, wenn man eine eindeutige Aussage macht, von deren Richtigkeit man überzeugt ist.
Morgen ist Sonntag.
Ich werde eine Ballonfahrt unternehmen.
Man verwendet diese Verbform auch in der **direkten Rede**:
Ich rief: „Ich habe Angst!"
In der **indirekten Rede** verwendet man meistens den **Konjunktiv I (Möglichkeitsform)**.
*Er sagt, morgen **sei** Sonntag.*
In der indirekten Rede wird wiedergegeben, was ein anderer gesagt hat oder gesagt haben soll.
Klaus sagte, dass er morgen mit dem Heißluftballon fahre.
Klaus sagte, er fahre morgen mit dem Heißluftballon.
In der indirekten Rede ändern sich häufig auch die Pronomen *(ich → er, mein → sein)*.
Die indirekte Rede benötigst du bei der Inhaltszusammenfassung (siehe Seite 84 – 89).

Wie bildet man den Konjunktiv I ?

Stell dir vor, Klaus hat erzählt: „Nina hat mich zu einem Ballonflug eingeladen. Sie ist ja so nett.“

Was? Nina lädt dich ein? Ich denke, ihr könnt euch nicht leiden!

Mich doch nicht! Klaus sagte, Nina habe ihn eingeladen. Sie sei ja so nett.

1 a) Lest die Sprechblasen. Wodurch kommt es zu einem Missverständnis?
b) Warum ist es oft wichtig, die indirekte Rede zu verwenden?

2 Vergleicht die gelben Sprechblasen. Welche Veränderungen stellt ihr zwischen der direkten Rede und der indirekten Rede fest ?

3 a) Untersucht, wie sich die Verben von der direkten zur indirekten Rede verändern. Legt dazu die folgende Tabelle an:

direkte Rede	indirekte Rede
hat eingeladen	habe eingeladen
ist	sei
…	…

b) Ergänzt die Tabelle durch weitere Verbformen aus dem Interview (Seite 152) und durch die entsprechenden Verbformen in indirekter Rede aus dem Bericht (Seite 153).
c) Welche Regelmäßigkeiten könnt ihr erkennen?

INFO

Die Bildung des Konjunktivs I
Der Konjunktiv I wird vom Infinitiv (von der Grundform) des Verbs abgeleitet. Am meisten benutzt man den Konjunktiv I in der dritten Person Singular (er/sie/es). Er wird gebildet, indem man vom Infinitiv das *n* wegstreicht:

Infinitiv	***Konjunktiv***
sein	*er/sie/es sei*
haben	*er/sie/es habe*
werden	*er/sie/es werde*
müssen	*er/sie/es müsse*
geben	*er/sie/es gebe*
lachen	*er/sie/es lache*
wissen	*er/sie/es wisse*

Gelegentlich wird der Konjunktiv auch in anderen Personalformen verwendet:

Indikativ	***Konjunktiv***
ich gehe	*ich gehe*
*du geh**st***	*du gehe**st***
er/sie/es geht	*er/sie/es gehe*
*wir geh**en***	*wir geh**en***
ihr geht	*ihr gehet*
*sie geh**en***	*sie gehen*

Im Konjunktiv kann man auch ausdrücken, was schon vergangen ist oder was erst noch sein wird:
Gegenwart:
Der Ballonführer sagt, er fahre.
Vergangenheit:
Der Ballonführer sagte, er sei gefahren.
Zukunft:
Der Ballonführer sagt, er werde fahren.

1. Nina meint in der Pause: „Ich habe einen Ballonflug für zwei Personen gewonnen. Wer will mitkommen?“
2. Timo erklärt, dass er leider keine Zeit habe.
3. Vanessa ruft, dass sie sich eine Fahrt in einem Heißluftballon schon immer gewünscht habe.
4. Daraufhin entgegnet Isabell, dass sie sich das überhaupt nicht vorstellen könne, da sie Höhenangst habe.
5. „Ich bin schon einmal in einem Ballon geflogen“, erklärt Tobias.
6. „Und wie war es?“, will Nina wissen.
7. Tobias erzählt, dass es ihm nicht so gut gefallen habe.
8. „Nachdem der Ballon aufgestiegen war, hat es angefangen zu regnen“, erklärt Tobias.
9. Außerdem habe sich der Ballon wegen der Windstille nicht vom Fleck bewegt.
10. „Ich bin gespannt, was ich erleben werde!“, ruft Tina schließlich.

4 a) Kläre bei jedem Satz, ob er im Indikativ oder im Konjunktiv steht.
b) Verwandle alle direkten Reden in indirekte Reden.
Verwende dabei den Konjunktiv.
Achte auch auf die Pronomen.

5 a) Interviewt euch im Partnergespräch, was ihr von einer Ballonfahrt haltet.
b) Haltet eure Antworten schriftlich fest.
Verwendet dabei die indirekte Rede.

Martin sagt, er fürchte sich vor einer Ballonfahrt, weil er Höhenangst habe und ...

6 Gestaltet aus dem Text oben rechts einen Bericht, in dem ihr vor allem indirekte Rede verwendet.
Lest dazu den Tipp.

7 Sucht aus Zeitschriften Interviews (z. B. mit Musikern, Filmstars, Sportlern) und schreibt dazu einen Bericht.
Verwendet überwiegend indirekte Rede.

100. Fahrgast begrüßt
REGENSBURG – Am vergangenen Samstag wurde in Adlersberg bei Regensburg der Bauer Fritz Hinterhuber als hundertster Fahrgast im Heißluftballon der Firma Schreier begrüßt. Unser Reporter sprach mit Herrn Hinterhuber.
Reporter: „Herzlichen Glückwunsch, Sie sind die hundertste Person, die in diesem Ballon gefahren ist! Wie hat Ihnen die Fahrt gefallen?
Bauer Hinterhuber: „Gar nicht. Wir sind in eine falsche Richtung geflogen.“
Reporter: „Was meinen Sie damit?“
Bauer Hinterhuber: „Ich wollte meinen Hof von oben fotografieren. Das kann ich nur, wenn wir auch darüber hinwegfliegen. Wir aber sind in die entgegengesetzte Richtung gefahren.“
Reporter: „Aber Sie wissen doch, dass der Ballonführer die Fahrtrichtung nicht beeinflussen kann, da diese vom Wind abhängig ist.“
Bauer Hinterhuber: „Das ist mir völlig egal. Meine Familie hat heute früh extra den ganzen Hof geputzt. Was soll ich denen bloß erzählen?“
Reporter: „Das tut uns leid. Vielleicht haben Sie ja beim nächsten Mal mehr Glück.“

TIPP

So verwandelst du direkte Rede in indirekte Rede:
1. Die indirekte Rede kann mit *dass* eingeleitet werden. Sie kann aber auch ohne *dass* stehen:
Peter meinte, dass Fliegen schön sei.
Peter meinte, Fliegen sei schön.
2. Anstelle des Indikativs tritt der Konjunktiv.
3. Achte darauf, dass sich die Pronomen ändern.
4. Fragesätze und Fragewörter werden in der indirekten Rede mit ***ob*** ergänzt:
Isabell fragt: „Ist Fliegen schön?“
*Isabell fragt, **ob** Fliegen schön sei.*

Der Konjunktiv II in der indirekten Rede

1 Im Folgenden hat der Ballonführer die Gespräche oben in indirekter Rede wiedergegeben. Versucht den Lückentext vollständig vorzulesen. Ergänzt dazu die fehlenden Verben im Konjunktiv I.

Als Erstes erzählten mir die Fahrgäste, dass sie ein Handy ☆. Sie fragten dann, ob sie von oben ☆. Dann erklärten sie, dass sie einen Stuhl in den Korb ☆. Sie sagten, dass sie sich mit dem Sitzen ☆. Außerdem wollten sie wissen, ob sie an Bord auch Getränke ☆. Als ich starten wollte, rief eine Frau, dass wir noch ☆, da ihre Verwandten noch Fallschirme ☆. Wenig später schrie ein Pärchen, dass die beiden nicht ohne ihren Hund ☆. Da hatte ich genug. Ich teilte den Fahrgästen mit, dass ich keine Lust mehr ☆ und dass ich jetzt …

2 a) Vermutlich habt ihr festgestellt, dass die von euch eingesetzten Verbformen sich nicht von denen in den Sprechblasen unterscheiden. In solchen Fällen müsst ihr den Konjunktiv II verwenden. Lest dazu die Info.

b) Schreibt den oberen Text vollständig auf. Verwendet dabei den Konjunktiv II.

c) Für welche Formen würdet ihr lieber die Umschreibung mit *würde* einsetzen?

INFO

Der Konjunktiv II

Gelegentlich stimmen die Formen des Indikativs mit denen des Konjunktivs I überein. Dann musst du in der indirekten Rede den Konjunktiv II benutzen. Der Konjunktiv II wird von der Präteritumsform abgeleitet.

Infitnitiv	Präteritum	Konjunktiv II
bekommen	*bekamen*	*bekämen*
haben	*hatten*	*hätten*
werden	*wurden*	*würden*

Manchmal klingt der Konjunktiv II ungewohnt und wirkt altmodisch. Dann gebraucht man besser die Umschreibung mit *würde*.

Direkte Rede:

Sie sagt: „Meine Freunde bekommen Angst."

Indirekte Rede:

Sie sagt, dass ihre Freunde Angst ~~bekommen~~.
Sie sagt, dass ihre Freunde Angst bekämen.
Sie sagt, dass ihre Freunde Angst bekommen würden.

Weißt du noch? Subjekt, Prädikat, Objekt

ACHTUNG!
1. In letzter Zeit verschmutzten unsere Wälder zahlreiche Besucher.
2. Weggeworfene Abfälle entdeckten unsere Mitarbeiter täglich.
3. Häufig jagten die einheimischen Tiere die Kinder.
4. Durch falsche Nahrung töteten manche Waldtiere die Besucher.
5. Weitere Vergehen werden die Forstverwaltungen ab sofort anzeigen.

1 a) Warum sind die Sätze dieses Aufrufs missverständlich?
b) Stellt die Sätze so um, dass sie eindeutig sind, und schreibt sie auf.
c) Trennt in jedem Satz die Satzglieder durch Schrägstriche.
Lest dazu den ersten Abschnitt der Info.
d) Kreist in jedem Satz das Prädikat ein und unterstreicht das Subjekt.
Lest dazu den zweiten Abschnitt der Info.

INFO

Satzglieder
Satzglieder können durch die Umstellprobe ermittelt werden. Wörter, die beim Umstellen des Satzes zusammenbleiben, bilden ein Satzglied.
Der Förster / gibt / uns / einen Tipp.
Einen Tipp / gibt / uns / der Förster.
Uns / gibt / der Förster / einen Tipp.

Die Satzglieder lassen sich erfragen:
Prädikat: Was tut er/sie?
Der Förster ***gibt*** *uns einen Tipp.*
Subjekt: Wer oder was?
Der Förster *bringt den Rehen Futter.*
Genitivobjekt: Wessen?
Die Tiere bedürfen ***unserer Hilfe.***
Dativobjekt: Wem?
Der Förster bringt ***den Rehen*** *Futter.*
Akkusativobjekt: Wen oder was?
Der Förster bringt den Rehen ***Futter.***
Im Aussagesatz steht die Personalform des Prädikats immer an zweiter Satzgliedstelle.

2 a) Schreibt den folgenden Text ab.
Unterstreicht in jedem Satz das Subjekt und kreist das Prädikat ein. Achtung: Manchmal besteht das Prädikat aus zwei Teilen.

Der älteste Baum der Welt soll in Kalifornien stehen.

b) Sucht aus dem Text alle Dativ- und Akkusativobjekte heraus und markiert sie mit unterschiedlichen Farben. Die Info hilft euch dabei.

Bäume und deren Alter
Der älteste Baum der Welt soll in Kalifornien stehen. Unbekannte haben diesem Mammutbaum den Namen „Eternal God" („Ewiger Gott") gegeben. Wissenschaftler schätzen sein Alter auf etwa 12 000 Jahre. In Deutschland kann der älteste Baum im Allgäu besichtigt werden. Man sagt ihm ein Alter von 2 000 Jahren nach. Ebenfalls im Allgäu stehen zwei zusammengehörende Eiben. Sie sind einem gemeinsamen Stamm entwachsen. Diesem Stamm wird sogar ein Alter von 4 000 Jahren nachgesagt. Sein Durchmesser hätte heutzutage etwa 2,70 m betragen.

Bist du auch ein Umweltmuffel?

1. Ich sprühe mir morgens eine Menge Haarspray in die Haare.
2. Pumpsprays verkleben meine Frisur.

3. Ich verwende nur Getränkedosen.
4. Das Öffnen der Dosen jagt jedem Lehrer einen Riesenschrecken ein.

5. Jeden Morgen fährt mich mein Vater zur Schule.
6. Schließlich könnte der fünfminütige Fußweg meiner Gesundheit schaden.

7. Ausgediente Kaugummis klebe ich unter Stühle und Bänke.
8. Ich belaste dadurch nicht die Umwelt.

9. Mülltrennung bedarf großer Sorgfalt.
10. Das nervt mich.

11. Konntest du einer Aussage zustimmen?
12. Dann sollte man dich eines Besseren belehren!

3 a) Was haltet ihr von diesen Meinungen?
b) Sucht aus den oberen Sätzen alle Dativ- und Akkusativobjekte heraus.
Legt eine Tabelle wie unten an.
Ordnet alle Objekte richtig zu.

Dativobjekt (Wem?)	Akkusativobjekt (Wen oder was?)
mir	eine Menge Haarspray

4 a) In den oberen Sätzen sind auch zwei Genitivobjekte versteckt. Sucht sie heraus.
b) Wie häufig gebraucht ihr diese Redewendungen mit Genitivobjekt? Sprecht darüber.

5 a) Schreibe den Text „Blumige Angelegenheiten" ab oder verwende Copy 34.
b) Kreise alle Prädikate ein.
c) Unterstreiche alle Subjekte.
d) Markiere alle Objekte mit unterschiedlichen Farben.

Blumige Angelegenheiten

1. Im Jahre 1984 öffnete das erste Hotel für Zimmerpflanzen zahlreichen Urlaubern seine Pforten.
2. Hier können reiselustige Pflanzenbesitzer ihre Lieblinge abgeben.
3. Denn nicht jeder überlässt seine Blumenpracht gern dem Nachbarn.
4. In Nürnberg hat ein solches Vorgehen einmal einen Streit hervorgerufen.
5. Denn die verantwortungslosen Nachbarn kamen ihrer Pflicht einfach nicht nach.
6. Schließlich schenkten sie alle in Pflege genommenen Blumen ihrem Postboten.
7. Dies haben ihnen die Nachbarsleute nie verziehen.

Adverbialien

Liebste Rose,

was hältst du von einer neuen Verabredung?
Unser letztes Treffen konnte ich nicht einhalten.
Ich möchte dich einladen.
Ich werde auf dich warten. Ich freue mich,

dein Schmetterling Günther

wegen einer Magenverstimmung

morgen

riesig

in ein vegetarisches Restaurant

vor dem Gasthof „Aubergine"

um 13.00 Uhr

1 a) Die Verabredung kann so nicht zustande kommen. Warum nicht?
b) Schreibt den Brief ab und ergänzt ihn durch passende Adverbialien. Ihr könnt die am Rand stehenden Beispiele verwenden. Lest zuvor die Info.
c) Unterstreicht die verschiedenen Adverbialien mit unterschiedlichen Farben.

INFO

Was sind Adverbialien?
Satzglieder, die Angaben über die Zeit, den Ort, die Art und Weise oder den Grund des Geschehens machen, heißen Adverbialien. Man ermittelt sie durch folgende Fragen:
- **Temporaladverbiale:** Wann? Wie lange?
  __Gestern__ lag ich wegen einer Grippe traurig im Bett.
- **Lokaladverbiale:** Wo? Woher? Wohin?
  Gestern lag ich wegen einer Grippe traurig __im Bett__.
- **Modaladverbiale:** Wie? Auf welche Art und Weise?
  Gestern lag ich wegen einer Grippe __traurig__ im Bett.
- **Kausaladverbiale:** Warum? Wieso? Weshalb?
  Gestern lag ich __wegen einer Grippe__ traurig im Bett.

Kartoffeln einmal anders
Am letzten Montag lud der Hobbygärtner Günther die Floristin Rose in ein vegetarisches Lokal ein. Zunächst unterhielten sie sich interessiert über Regenwürmer und Knallerbsensträucher. Doch bald entschwand die gute Laune. Das Essen schmeckte fürchterlich. Sie vermuteten, dass der Koch aus Versehen den Salztopf hatte hineinfallen lassen. Günther hörte vor Wut auf zu essen. Heimlich begann er, Zahnstocher in die Kartoffeln zu stecken. Wenig später kam der Kellner und räumte schnell die Teller ab. Schließlich bestellte sich Rose einen Kaffee. Nach einer Viertelstunde rief ein Mann wütend am Nebentisch: „Herr Ober! Das ist eine Unverschämtheit! In meinen Kartoffeln befinden sich Zahnstocher!"

2 Sucht aus dem oberen Text alle adverbialen Bestimmungen heraus und ordnet sie in eurem Heft in die folgende Tabelle ein:

Temporaladverbiale	Lokaladverbiale
am letzten Montag …	in ein vegetarisches Lokal …

Modaladverbiale	Kausaladverbiale
…	…

Die Stellung der Satzglieder variieren

Hast du das gewusst?

A Ein Affe war in Florida von einem Artisten perfekt zum Taschendiebstahl abgerichtet worden. Das Tier ergaunerte in zwei Jahren umgerechnet 200 000 Euro. Der Schimpanse zeigte auf Festen Kunststücke. Er ließ sich anschließend von Zuschauern auf den Arm nehmen. Das Tier griff dabei unbemerkt in deren Taschen. Der Schimpanse lebt inzwischen in einem Tierheim lebenslänglich hinter Gittern.

B Die ersten gewürzten Eier legten schleswig-holsteinische Hennen. Eine Kräutermischung gab man den Tieren mit ins Futter. Den Geschmack der Eier konnte man dadurch erheblich verbessern. Solche Frühstückseier braucht man aus diesem Grund in Zukunft nicht mehr zu salzen.

C Die derzeit giftigste Qualle lebt vor der australischen Küste. Sie gilt auf der ganzen Welt wegen ihrer auffälligen Färbung zugleich als die schönste Quallenart. Ihr tödliches Gift löst im Körper allerdings eine sofortige Herzlähmung aus. Der Kontakt mit dem Tier kostete vor der australischen Küste in den letzten 100 Jahren über 70 Menschen das Leben.

1 a) Lest die Texte laut vor.
Warum klingen sie so eintönig?
Seht euch dazu jeweils die Satzanfänge an.
b) Untersucht den Aufbau der Sätze genauer.
Mit welchen Satzgliedern beginnen die Sätze der einzelnen Texte jeweils?
c) Verbessert die Texte, indem ihr in einigen Sätzen die Satzglieder umstellt.
Lest dazu den Tipp.

TIPP

Auf den Aufbau der Sätze achten
Ein Text wirkt lebendiger, wenn die Reihenfolge der Satzglieder in den Sätzen abwechselt. Häufig lassen sich Adverbialien gut an den Satzanfang stellen und ermöglichen eine geschickte Verbindung der Sätze.

2 a) Verbessert den folgenden Text, indem ihr in einigen Sätzen die Satzglieder umstellt.
b) Wenn ihr den Text in den Computer eingebt, könnt ihr verschiedene Möglichkeiten ausprobieren.

Begabte Fische
Der erste Forellenzirkus befindet sich in Oberösterreich. Er liegt in der Nähe der deutschen Grenze in idyllischer Lage. Er öffnet zahlreichen Besuchern jährlich seine Pforten. Forellen springen hier durch Reifen. Einige Fische köpfen außerdem einen Ball über die Torlinie oder hechten in einen Bierkrug. Die Forellen vollführen für einen Wurm-Leckerbissen unglaubliche Kunststücke. Sie können sich anschließend in einem Ruhebecken erholen. Viele Zuschauer beobachten Jahr für Jahr interessiert diese begabten Tiere.

Mit Attributen treffend beschreiben

Comicfigur gesucht!
Die Comicfigur hat eine Figur. Mitten im Gesicht sitzt ihr eine Nase. Auf dem Kopf trägt sie eine Bedeckung. Die Figur hat Haare und einen Bart. Bekleidet ist sie immer mit einem Oberteil und einer Hose. An den Füßen trägt sie Schuhe. Oft wird die Comicfigur von einem Freund begleitet. Im Gegensatz zu ihm ist sie durch ihr Handeln bekannt. In Comicbänden und Filmen spielt sie die Rolle. Die Comicfigur ist eine Erfindung.

1 a) Hier wird eine Comicfigur beschrieben. Um welche geht es?
b) Was macht es so schwierig, sie zu erkennen?
c) Schreibt den Text ab und setzt die folgenden Beifügungen sinnvoll in den Text ein.

- zierliche
- knollenförmige
- helmförmige
- dicken
- blonde
- schwarzen
- schlaues und weises
- mit zwei Federn
- roten
- aus Leder
- mit Gürtel
- mit dem Namen Obelix
- des Autors Goscinny
- eines Helden

2 a) Die Beifügungen, die ihr eingesetzt habt, heißen Attribute. Lest in der Info nach, welche Aufgabe sie haben.
b) Unterstreicht in dem von euch aufgeschriebenen Text alle Attribute. Kennzeichnet durch einen Pfeil, auf welches Nomen sie sich jeweils beziehen:
Die Comicfigur hat eine zierliche Figur.

3 Sucht in den folgenden Sätzen alle Attribute heraus. Schreibt sie mit den zugehörigen Nomen auf und unterstreicht das Attribut.

1. Ein Comic ist eine lustige Bildergeschichte.
2. Comics erzählen meistens komische Geschichten oder auch spannende Abenteuer.
3. Comics bestehen aus einer Verbindung von Bild und Text.
4. Die Bilder spielen jedoch meistens eine größere Rolle.
5. Die Figuren der Comicbücher haben typische Eigenschaften.

INFO

Attribute
Beifügungen, die ein Nomen näher bestimmen, heißen Attribute.
Du kannst sie durch die Frage „Was für (ein / eine) …?" ermitteln.
eine lustige Comicfigur –
Was für eine Comicfigur?
eine lustige Comicfigur;
Comics für Erwachsene –
Was für Comics? *Comics für Erwachsene*
Mithilfe von Attributen kannst du treffend beschreiben und genaue Aussagen machen.
Daran musst du denken, wenn du z. B. Eindrücke schilderst (siehe S. 69 – 71).

Vorangestellte und nachgestellte Attribute

Der mutige Bodo

Schon immer war der mutige Bodo der Schrecken der Straße. Gern spielt er ungebetenen Gästen oder auch Bekannten aus seinem Umkreis einen gemeinen Streich. Doch diesmal hat er die angespannten Nerven seiner Nachbarn wirklich überreizt. Mit der riesengroßen Trommel seines Bruders weckt er die Bewohner des Hauses. Der ohrenbetäubende Lärm des Störenfrieds schreckt schließlich auch Hannes auf. Das hat ungeahnte Folgen!

1 a) Auf welche Nomen beziehen sich die unterstrichenen Attribute?
b) Zieht auf einer Folie oder in der Copy 36 einen Pfeil vom Attribut zu dem zugehörigen Nomen.
c) Lest die Info. Bei welchen Attributen handelt es sich um vorangestellte Attribute und bei welchen um nachgestellte Attribute?

2 a) Unterstreicht auf einer Folie oder in der Copy 36 alle Attribute des nebenstehenden Textes.
b) Übertragt die folgende Tabelle in euer Heft und ordnet die unterstrichenen Attribute mit den dazugehörenden Nomen richtig ein.

vorangestelltes Attribut	nachgestelltes Attribut
gleiche Situation	Lesen eines Comics

INFO

Vorangestellte und nachgestellte Attribute
Ein **vorangestelltes Attribut** steht vor dem Bezugsnomen: *der **lustige** Comicfilm.*
Ein **nachgestelltes Attribut** steht nach dem Nomen, auf das es sich bezieht:
*das Geheimnis **um das Schloss**,*
*der Held **der Straße**.*

Ein Wort zu Comics

Immer die gleiche Situation: Wenn uns Eltern beim Lesen eines Comics erwischen, kann es furchtbaren Ärger geben. Obwohl fast alle Schüler unserer Klasse diese beliebten Hefte lesen, lehnen viele Erwachsene die Bücher mit den Sprechblasen und Bildern ab.
Warum eigentlich? Oft wird behauptet, Comics würden die Fantasie der Heranwachsenden lähmen. Außerdem meinen viele, dass durch die einfache Comicsprache die Sprachentwicklung der Jugendlichen gehemmt würde.
Wir Schüler dagegen denken, das ist alles purer Quatsch. Wir haben Spaß an Comics, weil sie leicht zu lesen und witzig sind. Außerdem stellen sie eine Mischung aus Spannung und Unterhaltung dar. Und spannende Comics lesen ist doch immer noch besser als stundenlang vor dem Fernseher im Wohnzimmer zu sitzen, oder?

3 Begründet mithilfe des Tipps, warum die gemarkerten Wörter keine nachgestellten Attribute sind.

TIPP

Aufpassen!
Attribute sind Teile eines Satzgliedes und lassen sich nur mit ihm zusammen umstellen:
*Ich kenne fast alle Schüler **unserer Klasse**.*
*Fast alle Schüler **unserer Klasse** kenne ich.*
Aber:
*Ich kenne fast alle Schüler **in unserer Klasse**.*
***In unserer Klasse** kenne ich fast alle Schüler.*
Hier handelt es sich um ein
➔ Lokaladverbiale (siehe Seite 159).

Attribute bewusst einsetzen

Die Peanuts

Sicherlich kennt ihr die <u>Peanuts</u>. Diese Comicfiguren wurden bis zum Jahr 2000 von dem <u>Autor</u> Charles M. Schulz gezeichnet. Charles M. Schulz stellte die Comicstreifen ohne <u>Hilfe</u> her. Im Mittelpunkt steht der <u>Charlie Brown</u>, der vermutlich Ähnlichkeiten mit dem Autor erkennen lässt. Außerdem gehören noch die <u>Lucy</u> und der <u>Hund Snoopy</u> sowie weitere Figuren zu diesem Comic. Die Peanuts tauchen seit 1969 in Deutschland in <u>Zeitschriften</u>, in <u>Heften</u>, im Kino und seit einiger Zeit auch im Fernsehen auf. Inzwischen haben sie eine <u>Verbreitung</u> gefunden. Leider verstarb jedoch der Autor und Zeichner im Jahre 2000, sodass die <u>Produktion</u> eingestellt werden musste.

1 a) Im Text oben fehlen Attribute. Versucht den Text zu verbessern, indem ihr die unterstrichenen Nomen durch passende Attribute genauer beschreibt. Verwendet mindestens ein nachgestelltes Attribut.
b) Schreibt den überarbeiteten Text auf.
c) Vergleicht die beiden Textversionen. Was habt ihr durch das Einsetzen der Attribute erreicht?

2 Beschreibt eine euch bekannte Comicfigur. Verwendet dabei möglichst viele Attribute.

Die Anfangszeit der Comics

1. Die allererste Comicfigur war ein barfüßiger Junge. Der Junge hatte Riesenohren.
2. Die Figur wurde 1895 von R. F. Outcault für eine New Yorker Tageszeitung erstmals gezeichnet. Die Tageszeitung trug den Namen „Sunday World".
3. Das Markenzeichen der Hauptfigur war ein Nachthemd. Das Nachthemd war knallgelb.
4. 1896 wurde die Serie erstmals in Farbe gedruckt. In der Serie ging es um Yellow Kid.
5. In diesem ersten Comicstreifen fehlten noch die Sprechblasen. Die Sprechblasen sind für einen Comicstreifen typisch.
6. Die Texte standen auf dem Nachthemd. Das Nachthemd gehörte der Hauptfigur.

3 a) Formt den zweiten Satz immer zu einem Attribut des ersten Satzes um.
Die allererste Comicfigur war ein barfüßiger Junge mit Riesenohren.
b) Kennzeichnet alle vorangestellten und alle nachgestellten Attribute mit unterschiedlichen Farben.
c) Vergleicht euren Text mit dem Originaltext. Welcher Text gefällt euch besser? Begründet.

TIPP

Beim Überarbeiten von Texten an Attribute denken
Mit Attributen kann man
1. etwas genauer und anschaulicher darstellen,
2. Sätze zusammenfassen und damit verkürzen.

Prüft daher beim Überarbeiten von Texten, inwieweit die Verwendung von Attributen sinnvoll ist.

Attributsätze

Am liebsten lese ich lustige Comics. Dagegen finde ich Comics, die mit Gewalt überhäuft sind, schrecklich. Besonders gut gefallen mir die Hefte von Asterix und Obelix. Dem superstarken Obelix passieren immer Sachen, die sehr lustig sind. Dem schlauen Asterix gelingt alles. Selbst ausweglose Situationen kann er meistern. Übrigens begeistern mich vor allem Asterixhefte im Dialekt.

1 a) Wodurch unterscheidet sich der erste Satz im Text von dem folgenden Satz?
Am liebsten lese ich Comics, die lustig sind.
Wie wurde der Satz oben verändert?
b) Den unterstrichenen Nebensatz nennt man Attributsatz. Welche Aufgabe hat er?
c) Im Text befindet sich noch ein weiterer Attributsatz. Sucht ihn heraus.

2 a) Im Text oben gibt es noch fünf weitere Attribute.
Wandelt sie in Attributsätze um.
b) Kreist in jedem Satz den Attributsatz ein und zieht einen Pfeil zum zugehörigen Nomen.
Am liebsten lese ich Comics, die lustig sind.

INFO

Attributsatz
Durch einen Attributsatz (Relativsatz) wird ein vorangegangenes Nomen näher beschrieben. Attributsätze beginnen mit einem Relativpronomen (*der, die, das, dem, den, deren, dessen, welcher, welche, welches, ...*) und enden mit der Personalform des Prädikats.
Ein Attributsatz ist dem Hauptsatz nachgestellt (Beispiel A) oder er ist eingeschoben (Beispiel B).
Beispiel A: *Ich verkaufe Comics, **die fast neuwertig sind.***
Beispiel B: *Comics, **die spannend sind,** mag ich besonders.*
Attributsatz und Hauptsatz werden durch Komma voneinander getrennt.

3 a) Im folgenden Text werden viele Attributsätze verwendet. Unterstreicht sie auf einer Folie oder in der Copy 37.
b) Überarbeitet den Text, indem ihr einige Attributsätze zu Attributen verkürzt, und schreibt ihn auf.
c) Vergleicht eure Ergebnisse.
d) Besprecht die Wirkung der gekürzten Texte.

Erwachsene und Comics
Wir alle kennen Comics, die witzig sind. Sie begeistern Kinder und Jugendliche. Doch darf sich auch ein Erwachsener, der sehr beschäftigt ist, mit solchen Heftchen abgeben? Mein Vater z. B., welcher von Beruf Anwalt ist, liest gerne Asterix-Comics. Doch zugegeben hat er seine Leidenschaft, der er nur heimlich nachgeht, noch nie. An unauffälligen Orten, die uns jedoch bekannt sind, bewahrt er die Büchlein, die ja recht dünn sind, auf. In bestimmten Momenten zieht er sich dann zurück und schmökert in den Heftchen, die spannend sind. Peinlich war es für ihn allerdings in der letzten Woche: Während eines Gerichtstermins fiel ihm ein Superman-Heft, das ihm angeblich jemand zugesteckt hatte, plötzlich aus der Tasche. Arme Erwachsene!

Aus Satzgliedern können Nebensätze werden

Wolnzacher Schüler laden ein

Nach langem Einstudieren des Abendprogramms herrscht in der Wolnzacher Realschule Hochstimmung. Am Freitagabend wird in dem alten Schulgebäude ein Sketschabend stattfinden. Seit dem Bestehen der Schauspielgruppe werden von den Schülern Sketsche über ihre Lehrer und den Schulalltag vorbereitet. Bei der gestrigen Durchführung der Generalprobe sollen einige Lehrkräfte allerdings beleidigt gewesen sein. Von den Schülern jedoch wurde heftig applaudiert. Das Publikum darf sich auf einen lustigen Abend freuen.
Aufgrund der plötzlichen Erkrankung zweier Hauptdarsteller müssen am Freitag allerdings zwei Ersatzleute aushelfen. Vermutlich wird aufgrund des ständigen Regens die Vorführung in der Aula der Schule zu sehen sein. Die Schüler hoffen auf großen Andrang!

1 a) Lest den Zeitungsbericht. Welche Sätze klingen eurer Meinung nach „holprig“?
b) Im Text sind einige Adverbialien unterstrichen. Bestimmt sie genauer. Zur Erinnerung: Es gibt temporale, lokale, kausale und modale Adverbialien. Lest dazu auf Seite 159 nach.

INFO

Adverbiale und Adverbialsatz
Wenn du ein Adverbiale in einen Nebensatz umformst, entsteht ein Adverbialsatz.
Haupt- und Adverbialsatz werden durch Komma voneinander getrennt.
Wegen einer Grippe musste ich zu Hause bleiben.
Weil ich eine Grippe hatte, musste ich zu Hause bleiben.
Wenn Adverbialien holprig klingen, sollten sie in Adverbialsätze umformuliert werden.
Manchmal ist es auch sinnvoll, Adverbialsätze zu Adverbialien zu verkürzen.

2 a) Formt die unterstrichenen Adverbialien im Text oben in Nebensätze (Adverbialsätze) um. Verwendet dazu die unten stehenden Konjunktionen.
Nachdem das Abendprogramm lange einstudiert worden ist, ...
b) Achtet beim Aufschreiben der Sätze auf die richtige Kommasetzung.
Lest dazu die Info auf Seite 202.

nachdem
als
wenn
da
seitdem
weil

Sketsche über Lehrer und Schüler

Nach Beendigung eines lange geplanten Sketschabends erhielten die Wolnzacher Schüler großen Beifall. Den am meisten belachten Sketschen lagen die folgenden Witze zugrunde:

Beim Betreten des Schulhofes trifft Marcel auf den Lehrer Hartl. Dieser ruft laut: „Nimm beim Grüßen die Hände aus den Hosentaschen!" Daraufhin schreit Marcel während des Weitergehens: „Ich habe Sie ja gar nicht gegrüßt."

Nach Betrachten des Zeugnisses seines Sohnes sagt der Vater: „Aber Holger, ich habe dir doch bei Erreichen des Klassenziels ein Moped versprochen. Wegen deiner schlechten Noten möchte ich nun wissen, was du in den letzten Monaten gemacht hast!" „Den Führerschein", entgegnet Holger.

3 Schreibt die oberen Texte ab. Formt dabei die unterstrichenen Adverbialien in Adverbialsätze um.

4 a) Schreibt den folgenden Witz ab. Entscheidet selbst, an welchen Stellen es sinnvoll ist, Adverbialien in Adverbialsätze umzuwandeln.
b) Wenn ihr den Text in den Computer eingebt, könnt ihr verschiedene Möglichkeiten ausprobieren.

Wegen eines kaputten Weckers kommt Paul zu spät in die Schule. Beim Eilen über den Flur trifft er den Rektor. Nach Erblicken des Jungen ruft der Rektor laut: „Schon wieder zu spät!" Aufgrund seiner Eile ruft Paul nur kurz zurück: „Macht nichts, ich auch, Herr Bien!"

Pleiten, Pech und Pannen

1. Nachdem die Schülervorführung erfolgreich verlaufen war, sprach niemand mehr über die Pannen des Abends.
2. Während unser Rektor nämlich das Publikum begrüßte, fiel auf einmal das Licht in der Aula aus.
3. Als später der erste Sketsch aufgeführt wurde, verließ plötzlich einer der Hauptdarsteller grundlos die Bühne.
4. Sina war gar nicht erst erschienen, weil sie Liebeskummer hatte.
5. Die beiden Aushilfen wurden zur Lachnummer, nachdem sie die Bühne betreten hatten.
6. Sie konnten ihre Texte nicht, da sie so aufgeregt waren.
7. Schließlich bekam auch noch der Rektor einen Hustenanfall, als er das Publikum verabschieden wollte.

5 a) Wo stehen hier jeweils die Adverbialsätze?
b) Prüft, an welchen Stellen es sinnvoll ist, die Adverbialsätze in Adverbialien umzuwandeln.
Nach dem erfolgreichen Verlauf der Schülervorführung ...

Die Satzreihe

Wie man Energie sparen kann

A Ich dusche lieber.

B Häuser mit dicker Wärmedämmung lohnen sich.

C Regelmäßig abgetaute Gefrierschränke verbrauchen weniger Strom.

D Nicht alle Räume müssen ständig beheizt werden.

E Eine gut isolierte Tür spart Heizkosten.

1. Man hält sich sowieso nicht in allen Räumen ständig auf.
2. Allerdings ist vielen Menschen das ständige Abtauen lästig.
3. Das kostet weniger Energie als ein Vollbad.
4. Man darf natürlich nicht vergessen, sie zu schließen.
5. Im Winter schützen sie vor Kälte und im Sommer vor Hitze.

1 Fügt immer zwei zusammenpassende Sätze zu einer Satzreihe zusammen:
Ich dusche lieber, das kostet weniger Energie als ein Vollbad.

2 a) Verbindet im Text unten zwei Sätze zu einer Satzreihe. Verwendet dazu eine der folgenden Konjunktionen: *und, oder, aber, denn, doch.* Manchmal gibt es mehrere Möglichkeiten.
b) Beachtet die Kommasetzung. Lest dazu die Info.
c) Vergleicht eure Sätze mit den Ausgangssätzen. Welche gefallen euch besser? Begründet.

INFO

Die Satzreihe

1. Wenn man mehrere Hauptsätze in einem Satz aneinanderreiht, so entsteht eine **Satzreihe:**
   Ich dusche lieber, das kostet weniger Energie als ein Vollbad.
   Die Hauptsätze in einer Satzreihe werden durch Komma voneinander getrennt.
2. Häufig werden die Hauptsätze in einer Satzreihe durch Konjunktionen wie *und, oder, aber, denn, doch* miteinander verbunden:
   Ich dusche lieber, denn das kostet weniger Energie als ein Vollbad.
   Nur vor *und* bzw. *oder* kannst du das Komma weglassen:
   Ich dusche oder ich nehme ein Vollbad.

Stromausfall

1. Für uns ist Elektrizität etwas Alltägliches geworden. Das kann sich schnell ändern.
2. Durch eine Sturmkatastrophe könnten ganze Stadtteile vom Stromnetz plötzlich abgeschnitten werden. Ein Blitz könnte Stromleitungen durchtrennen.
3. Eine solche Unwetterkatastrophe trug sich vor Jahren in New York zu. Heute lacht man darüber.
4. Über viele Stunden herrschte völlige Dunkelheit. Die Menschen mussten sich so zurechtfinden.
5. Nach dieser Katastrophe hatten die Entbindungsstationen bald viel zu tun. Genau neun Monate später gab es einen Babyboom.

Das Satzgefüge

Energiesparen heißt Zukunft sichern!

1. Wir können unsere Umwelt schützen, …
2. Auch Energiesparen trägt zum Umweltschutz bei, …
3. Unsere Rohstoffvorräte werden geschont, …
4. Wir müssen mit der Energieverschwendung aufhören, …
5. Es kann keinen Zweifel geben, …
6. Wir können unsere Zukunft sichern, …

1 Ergänzt die Sätze dieses Aufrufs so, dass sich eine sinnvolle Aussage ergibt. Verwendet dabei jeweils eine der folgenden Konjunktionen: *da, weil, indem, als, wie, nachdem, bevor, ehe, solange, sobald, seitdem, bis, wenn, während, obwohl, dass, sodass, damit.* Schreibt die Sätze auf.

> Wir können unsere Umwelt schützen, indem wir unnötigen Müll vermeiden.

2 Die Sätze, die ihr gebildet habt, nennt man Satzgefüge. Lest dazu die Info.

3 Weist nach, dass in euren Sätzen Satzgefüge entstanden sind.

a) Unterstreicht – wie in der Info – in jedem Nebensatz die Konjunktion.

b) Rahmt in jedem eurer Nebensätze das Prädikat farbig ein.

c) Überprüft, ob das Prädikat am Ende des Nebensatzes steht.

d) Zeichnet – wie in der Info abgebildet – das Satzschema ein.

INFO

Das Satzgefüge

Wenn du einen Hauptsatz mit einem Nebensatz verknüpfst, entsteht ein **Satzgefüge.**
Den **Nebensatz** erkennst du an drei Merkmalen:

1. Er beginnt mit einer Konjunktion (z. B. *da, weil, indem, als, nachdem, bevor, sobald, seit, bis, wenn, während, obwohl, dass, sodass, damit*) oder mit einem Relativpronomen.
2. Das Prädikat steht immer am Ende des Nebensatzes.
3. Der Nebensatz ergibt allein keinen Sinn.

(Konj.) (Prädikat)

Wir können unsere Umwelt schützen, *wenn wir Energie sparen*.

Hauptsatz Nebensatz

Warum Energie sparen?

Energiesparen geht jeden an, weil durch den sparsamen Umgang mit Energie die Umwelt entlastet wird. Man kann zur Verringerung der Luftschadstoffe beitragen, wenn man weniger Brennstoffe verbraucht. Jeder Energiesparer sorgt dafür, dass unsere Energievorräte auch für zukünftige Generationen noch ausreichen. Jeder Einzelne sollte alle Möglichkeiten zum Energiesparen nutzen, da die Privathaushalte über die Hälfte der gesamten Endenergie verbrauchen. Alle müssen durch energiebewusstes Verhalten zum Schutz unserer Atmosphäre beitragen, solange es noch nicht zu spät ist.

4 a) Lest den Text einmal laut vor.
b) Woran liegt es, dass er monoton klingt?
c) Untersucht den Aufbau der Sätze.

INFO

Verknüpfungsmöglichkeiten von Hauptsatz und Nebensatz

Es gibt drei Möglichkeiten, Hauptsatz und Nebensatz zu verbinden:

1. Der Nebensatz kann dem Hauptsatz nachgestellt werden:
   Hauptsatz — Nebensatz
   Wir können unsere Umwelt schützen, *wenn wir Energie sparen*.

2. Der Nebensatz kann dem Hauptsatz vorangestellt werden:
   Nebensatz — Hauptsatz
   Wenn wir Energie sparen, *können wir unsere Umwelt schützen*.

3. Der Nebensatz kann in den Hauptsatz eingeschoben werden:
   HS (Anfang) — Nebensatz — HS (Fortsetzung)
   Wir können, *wenn wir Energie sparen*, *unsere Umwelt schützen*.

Ein Hauptsatz und ein Nebensatz werden immer durch ein Komma getrennt.
Achtung: Ein eingeschobener Nebensatz wird zu Beginn und am Ende durch ein Komma vom Hauptsatz getrennt.

5 a) Lest den Text in der Info.
b) Stellt in einigen Sätzen des Textes oben den Nebensatz an den Anfang. Wie muss der Hauptsatz verändert werden?
c) Formuliert einige Sätze so um, dass der Nebensatz eingeschoben ist.
d) Schreibt den Text ab und verändert dort, wo es euch passend erscheint, die Stellung des Nebensatzes. Denkt an die Kommasetzung.

TIPP

So kannst du deine Texte verbessern:
Wenn du einen Text mit vielen Nebensätzen geschrieben hast, dann überprüfe beim Überarbeiten, ob sich der Text durch Umstellen einiger Nebensätze abwechslungsreicher gestalten lässt. Achte auf die Zeichensetzung (siehe S. 201 – 204).

Satzreihen und Satzgefüge im Vergleich

A Am letzten Wochenende gingen meine Eltern und ich ins Wellenbad. Wir hatten zunächst viel Spaß. Ich durfte den Schlüssel für unsere Umkleidekabine umbinden. Ich war darauf sehr stolz. Pünktlich zur vollen Stunde ertönte immer ein Gong, er kündigte die hohen Wellen an. Gegen Mittag griff ich an mein Handgelenk. Es fühlte sich anders an. Ich bekam einen Schreck, denn ich hatte den Schlüssel verloren. Meine Mutter war ganz aufgeregt. Sie schimpfte fürchterlich mit mir. Wir tauchten mehrmals zum Hallengrund. Doch das war vergeblich. Wir konnten nichts finden. Auch mein Vater machte mir nun Vorwürfe. Ich verliere immer alles. Der Bademeister fragte nach dem Grund der Aufregung. Wir erklärten ihm die Angelegenheit. Er zog unseren Schlüssel aus der Tasche, ein kleines Mädchen hatte ihn bei ihm abgegeben. Ich war erleichtert.

B Als meine Eltern und ich am letzten Wochenende ins Wellenbad gingen, hatten wir zunächst viel Spaß. Ich durfte den Schlüssel für unsere Umkleidekabine umbinden, worauf ich sehr stolz war. Pünktlich zur vollen Stunde ertönte immer ein Gong, der die hohen Wellen ankündigte. Gegen Mittag griff ich an mein Handgelenk, weil es sich anders anfühlte. Ich bekam einen Schreck, da ich den Schlüssel verloren hatte. Meine Mutter, die ganz aufgeregt war, schimpfte fürchterlich mit mir. Nachdem wir mehrmals vergeblich zum Hallengrund getaucht waren, gaben wir auf. Auch mein Vater machte mir nun Vorwürfe, dass ich immer alles verlieren würde. Wir erklärten dem Bademeister, der nach dem Grund der Aufregung fragte, die Angelegenheit. Er zog unseren Schlüssel, den ein kleines Mädchen bei ihm abgegeben hatte, aus der Tasche. Ich war erleichtert.

1 Die Texte zeigen deutlich Unterschiede im Satzbau.
a) Beschreibt die Unterschiede.
b) Welcher Text wirkt flüssiger, welcher eher abgehackt?
c) An welchen Stellen im Text A würdet ihr die Satzreihen beibehalten?

2 a) Überarbeitet den rechten Text, indem ihr an geeigneten Stellen einzelne Sätze zu Satzgefügen umformt.
b) Wenn ihr den Text in den Computer eingebt, könnt ihr verschiedene Möglichkeiten ausprobieren.

Ein nasses Vergnügen

Im letzten Jahr verbrachten wir unseren Urlaub an der Ostsee. Gegen Abend gingen wir meistens am Meer spazieren. Einmal begleitete uns auch mein Vater. Eigentlich hielt er sich vom Wasser fern. Er ist wasserscheu. An diesem Tag wurde es plötzlich sehr stürmisch. Auf dem Meer tobten die Wellen. Mein Vater protestierte. Er wollte zurück zur Ferienwohnung fahren. Wir überredeten meinen Vater noch zu einem kurzen Fußmarsch am Strand. Auf halber Strecke kam uns eine Urlauberin entgegen. Sie war gerade an uns vorbeigegangen. Mein Vater sah eine hohe Welle auf sie zukommen. Schnell rief er: „Achtung, meine Dame!“ Doch weiter kam er nicht. Er wurde ebenfalls von einer Welle erfasst. Triefend nass verließ mein Vater den Strand. Von da an stand fest: Im nächsten Urlaub fahren wir in die Berge.

Ein ungewöhnliches Reiseangebot

Unser besonderes Angebot:

Eine Reise ins Elend!

Reiten Sie mit anderen Knechten auf edlen Mähren!
Ein eigener Marschall steht Ihnen zur Verfügung!
Übernachten Sie in einem Gemach mit kostbarem Plunder!
Eine Hochzeit für alle Teilnehmer wird der Höhepunkt dieser Reise sein!
Zum Andenken erhalten Sie wertvolle Gifte!

Haben Sie Interesse?
Schreiben Sie an „MA-Tours“.

1 a) Sprecht darüber, was euch bei dieser Werbeanzeige auffällt.
b) Notiert die Wörter, die euch unpassend erscheinen oder unbekannt sind.
c) Überlegt in Kleingruppen, wie der Text lauten müsste, um keine Missverständnisse zu schaffen. Die Abbildungen helfen euch.
d) Vergleicht eure Lösungen.

2 Überlegt, aus welcher Zeit die „ungewöhnlichen“ Wörter stammen könnten. Der Text gibt euch einen verschlüsselten Hinweis.

Begriff	frühere Bedeutung	heutige Bedeutung
Reise	Aufbruch, Kriegszug	zu einem anderen Ort fahren
Elend	Ausland	☆ ☆ ☆
Knechte	junge Männer	☆ ☆ ☆
Mähre	Stute	☆ ☆ ☆
Marschall	Reitknecht	☆ ☆ ☆
Gemach	Ort, wo man ruht und sich pflegt	prunkvoller Raum in Schlössern
Plunder	Hausrat, Wäsche	☆ ☆ ☆
Hochzeit	hohes kirchliches oder weltliches Fest	☆ ☆ ☆
Gift	Geschenk	☆ ☆ ☆

3 a) Die Bedeutung vieler Wörter hat sich in den letzten tausend Jahren verändert.
b) Lest die frühere Bedeutung der Begriffe in der Tabelle oben.
c) Übertragt die Tabelle in euer Heft und ergänzt die heutige Bedeutung.
d) Vergleicht eure Ergebnisse und sprecht darüber.

4 a) Lest die Info.
b) Untersucht, welche Art von Bedeutungswandel bei den Wörtern in der Tabelle oben stattgefunden hat.

5 Der Bedeutungswandel wird auch an folgendem Begriff deutlich.

gewitter [mhd.] = Witterung, Wetter
Seit dem 16. Jh. = Unwetter mit Blitz und Donner

Welche Art von Bedeutungswandel ist bei diesem Beispiel erkennbar?

INFO

Die Bedeutung von Wörtern kann sich wandeln
Viele deutsche Wörter haben sich im Laufe der Jahrhunderte stark verändert. Man schreibt sie häufig anders als früher und auch die Bedeutung hat sich oft gewandelt. Bei vielen Wörtern kennen wir diesen **Bedeutungswandel** ziemlich genau.
Es gibt verschiedene Formen von Bedeutungswandel:

1. **Bedeutungsänderung:** Die Bedeutung heute hat mit der früheren Bedeutung nur wenig gemeinsam (z. B. *Gift*).
2. **Bedeutungserweiterung:** Das Wort wurde früher nur in einer eingeschränkten Bedeutung verwendet und wird heute allgemeiner gebraucht (z. B. *Reise*).
3. **Bedeutungsverengung:** Das Wort wurde früher in einem weiteren Sinn gebraucht und wird heute in einer engeren Bedeutung verwendet (z. B. *Hochzeit*).
4. **Bedeutungsverbesserung:** Gegenüber früher bezeichnet das Wort etwas Angenehmeres oder Wertvolleres (z. B. *Marschall*).
5. **Bedeutungsverschlechterung:** Gegenüber früher bezeichnet das Wort etwas Unangenehmeres oder weniger Wertvolles (Gift).

Ein Wort kann aber auch fast oder ganz aus dem Wortschatz verschwinden (z. B. *Gemach*).

Die Geschichte des Wortes „Elend"

Es war am 22. Oktober 1368. Die Augsburger Weber hatten sich bewaffnet, alle Tore geschlossen und die wichtigsten Punkte der Stadt besetzt. Dann läuteten sie Sturm und zwangen die Patrizier, zu einer gemeinsamen Sitzung ins Rathaus zu kommen. Sie verlangten von den überrumpelten Ratsherren die Teilnahme am Stadtregiment. „Augsburg ist eine wohlhabende Stadt. Das verdankt sie auch uns, den angesehenen und erfolgreichen Handwerkern. Wir wollen aber nicht nur mitarbeiten, sondern auch mitregieren!", forderte für die Aufständischen der Webermeister Hans Weiß.

Das Weber-Haus in Augsburg

Heftig wiesen die Ratsherren diese Forderung zurück. „Schon immer war es die Sache der Patrizier, die Stadt zu verwalten. Ihr werdet daran nichts ändern. Legt die Waffen nieder, denn Verschwörung wird nach altem Recht mit Verbannung bestraft. Wollt ihr wirklich ins Elend gejagt werden?"

1 a) Lest den Text oben.
b) Wie würdet ihr den letzten Satz verstehen, wenn ihr die heutige Bedeutung des Wortes *Elend* zugrunde legt? Gebt dazu den letzten Satz mit eigenen Worten wieder, ohne das Wort *Elend* zu verwenden.
c) Lest die Info und gebt dann den Satz in eigenen Worten wieder, wobei ihr die frühere Bedeutung des Wortes verwendet.

INFO

Die Geschichte des Wortes Elend
Im Althochdeutschen (ca. 750 – 1100 n. Chr.) hieß das Wort *elilenti*.
Daraus wurde im Mittelhochdeutschen (ca. 1100 – 1500 n. Chr.) *ellende*.
Das Wort *Elend* hatte damals mehrere Bedeutungen: *anderes Land, Ausland; Verbannung; Not, Trübsal.*

2 a) Überlegt, was für Hans Weiß und seine Familie eine Verbannung bedeutet hätte.
b) Versucht zu erklären, warum man früher das gleiche Wort für *Ausland* sowie für *Not, Trübsal* verwendete.

3 Was bedeutet für euch heute eine Reise ins Ausland? Was bedeutete für die Menschen früher eine Auslandsreise?
a) Sammelt in Kleingruppen Gesichtspunkte und stellt sie stichwortartig gegenüber.

Ausland früher	Ausland heute
Verbannung	☆ ☆ ☆
Gefahr	☆ ☆ ☆

b) Überlegt, für welche Menschen auch heute noch im Ausland zu leben Elend bedeutet.

Schroff oder ultrakrass?

1 a) Worüber unterhalten sich die beiden? Gebt den Inhalt mit eigenen Worten wieder.
b) Welche der markierten Formulierungen gehören auch zu eurem Sprachgebrauch?
c) Aus welcher Sprache stammen diese Wörter häufig?
d) Was bedeuten diese Wörter? Schlagt im Wörterbuch oder im Fremdwörterbuch nach.
e) Ersetzt – soweit wie möglich – die markierten Wörter durch Begriffe aus der Standardsprache. Wie wirkt der Text jetzt auf euch?

INFO

Was sind Modewörter?
Unter Modewörter versteht man Fremdwörter oder auch deutsche Begriffe, die häufig nur in einer ganz bestimmten Zeit und oft nur von bestimmten Sprachteilnehmern (z. B. Jugendlichen) verwendet werden.

2 a) Ihr habt am Wochenende etwas Tolles erlebt (z. B. Party, Fußball usw.). Wie erzählt ihr einer Freundin oder einem Freund am Montag in der Schule davon? Notiert euch Stichpunkte.
b) Spielt die Situationen in der Klasse vor. Die Zuschauer der Spielszenen schreiben die verwendeten Modewörter mit.
c) Nennt Gründe, warum die von euch verwendeten Modewörter von älteren Personen wahrscheinlich nicht verstanden werden?

Cool – oder?

INFO

Was bedeutet *cool* im Amerikanischen?

cool [ku:l] I. adj. 1. kühl, frisch;
2. kühl, gelassen, kalt(blütig); keep ~! reg dich nicht auf!;
3. kühl, gleichgültig, lau;
4. kühl, kalt, abweisend: a ~ reception ein kühler Empfang;
5. unverfroren, frech: ~ cheek Frechheit; a ~ customer ein „gerissener" Kunde
6. fig. glatt, rund: a ~ thousand pounds glatte tausend Pfund;
7. Am. slang „Klasse", „toll": a ~ actor ein klasse Schauspieler

1 a) Was meint das Mädchen mit *cool?*
b) Aus welcher Sprache kommt der Begriff?

2 Wann verwendet ihr den Begriff *cool*?
a) Nennt Beispiele.
b) Legt an der Tafel folgende Tabelle an und tragt eure Beispiele ein.

Beispiele für cool	Bedeutung
Die Jacke ist cool.	☆ ☆ ☆
Sie reagierte ganz cool.	☆ ☆ ☆

3 Der Begriff hat auch im Amerikanischen sehr unterschiedliche Bedeutungen.
a) Wie lässt sich *cool* in der Abbildung oben am besten übersetzen? Lest dazu die Info.
b) Welche Bedeutungen hat das Wort *cool* in den von euch gesammelten Beispielen?

4 Lest den Text auf der nächsten Seite.
a) Welche Bedeutung hat das Wort *cool* für LL Cool J im Alter von sieben Jahren?
b) Wie sah er *Coolsein* mit 14?
c) Was war mit 25 Jahren für ihn *cool*?
d) Zu welcher Erkenntnis gelangt er am Schluss des Textes?

5 a) Welche anderen Begriffe für *cool* kennt ihr?
b) Handelt es sich dabei um Fremdwörter oder um deutsche Modewörter?

6 a) Welche Begriffe verwendet ihr, wenn
... ihr Ärger habt?
... ihr euch körperlich nicht gut fühlt?
... ihr über Geld redet?
... ihr ein Mädchen / einen Jungen toll findet?
b) Sammelt die Begriffe an der Tafel.
c) Untersucht, ob sich unter den Begriffen Fremdwörter befinden.

7 Ihr habt eine Reihe von Wörtern gesammelt, die ihr häufig benützt.
a) Befragt eure Eltern oder Großeltern: Welche Wörter haben sie anstelle eurer Modewörter verwendet? Waren es auch Fremdwörter?
b) Berichtet in der Klasse über das Ergebnis der Befragung.

8 Warum bevorzugen gerade Jugendliche Modewörter?
Nennt mögliche Gründe und sprecht darüber.

Cool, ey!

Protokollauszug von Arezu Weitholz im Gespräch mit LL Cool J

Cool ist das Wort. Es sagt alles. Und nichts. Zu meiner Zeit, also vor fast zwanzig Jahren, meinte man mit cool etwas unfassbar Großes und Wichtiges, vielleicht das Allerwichtigste überhaupt. Etwas, das über den Dingen steht, vielmehr schwebt. Und es war auch mir klar: Man sprach nicht darüber. Das wäre uncool gewesen. Als ich es zum ersten Mal hörte, nahm ich an, cool habe etwas mit Kälte zu tun. Mit Eskimos. Oder wenigstens mit Kühlschränken.

Einmal besuchte ich mit meiner Mutter ein Jazzkonzert in Queens. Ich war erst sieben und sehr aufgeregt. „Coole Band", hatten meine Freunde aus der Nachbarschaft gesagt, aber als ich die Gruppe dann auf der Bühne schwitzen und dampfen sah, hatte ich Lektion eins begriffen: Coolsein hat nichts mit Kühlschränken zu tun.

Was ich noch nicht wusste, dass das Coolste am Wort cool war, dass es so wundervoll unpräzise war. Für jeden konnte alles irgendwie cool sein. Man konnte einer Begeisterung Luft verschaffen, ohne sie auch nur mit einem Wort erklären zu müssen. Da wäre der Spaß nämlich schon wieder vorbei. Also nur „cool" – und alles war gesagt.

Mit 14 wusste ich, was Coolsein bedeutete. Vielmehr gab ich vor, es zu wissen: Es hatte etwas mit den richtigen Turnschuhen zu tun. Coolness war etwas zum Anziehen. Ich trug also meine Mütze überall, auf den Konzerten, zu Hause, in der Kirche, bei der Verleihung der Grammy Awards, später sogar bei meiner Hochzeit. Niemand durfte mich ohne sehen. Mir musste nur jemand im Spaß die Mütze vom Kopf ziehen, sofort wurde ich furchtbar wütend. Ich verlor die Beherrschung und – alle Coolness. Lektion Nummer zwei: Eine coole Kappe kann man verlieren, Coolness nie.

Eine ganze Weile war ich auch der Meinung, coole Jungs dürften nicht viel oder nur sehr wenig reden. Und wenn, dann so nuschelig wie möglich. Das hatte zwei Vorteile: Es hörte sich wahnsinnig gut an. Und: Man konnte uns nicht verstehen. Bis auf das „Knowhattamean" nach jedem Satz. Sollte bloß keiner denken, wir wollten nicht verstanden werden. Dieser „flow" ist wunderbar, damit kann man prima Rapmusik machen, Millionär werden und zwei Grammys gewinnen. Aber irgendwann lernte ich Lektion drei: Ich saß mit 15 anderen Leuten in einem Klassenzimmer in Hempstead, New York, und denen waren „flow", Dollars und Grammys mehr als egal. Ich war 25 Jahre alt und drückte dort die Schulbank, um meinen Highschool-Abschluss nachzumachen. Was übrigens eine der coolsten Entscheidungen war, die ich jemals getroffen habe. Je mehr Bücher ich las, desto alberner kam mir mein alter Lebensstil vor: Kaviar, Kokain, sogar die Kappen. Das hatte nie etwas mit Coolness zu tun gehabt. Verantwortung war cool. Lesen war cool. Und Lernen war noch viel cooler. Ich hatte bis zu diesem Zeitpunkt meine Frau Simone und unsere drei Kinder einfach ignoriert. Dafür gibt es keine Entschuldigung, höchstens eine Erklärung: Wer immerzu nur daran denkt, so cool wie möglich zu erscheinen, führt sich meistens auf wie der größte Idiot auf diesem Planeten. Zu heiraten, Kinder zu haben und dafür zu sorgen, dass die Familie versorgt und glücklich ist – das ist eine einmalige Chance und gleichzeitig die größte Verantwortung, die ein Mann in seinem Leben auf sich nehmen kann.

Wahre Coolness lebt davon, dass man sich zurücknimmt, und das ganz selbstverständlich. Wer wirklich cool ist, muss es niemandem mehr beweisen. Er strahlt es aus. Ich habe dafür ein paar Lektionen benötigt, und zusammenfassend kann ich heute sagen: Die richtigen Turnschuhe machen aus einem Charakterschwein noch lange keine coole Sau.

LL Cool J (Ladies Love Cool James), 30 Jahre alt, heißt eigentlich James Todd Smith und ist der erfolgreichste Hip-Hop-Musiker. Er lebt in New York und Los Angeles.

Wo liegt **mein** Fehlerschwerpunkt?

1 Ein Fehleranalysebogen hilft euch, eure Fehler einzuordnen. Ihr könnt damit eure Fehlerschwerpunkte erkennen.

a) Schaut euch die Spalten mit den Fehlerarten an.

b) Nennt zu jeder Fehlerart ein Beispiel.

2 Seht euch den Text unten an. Versucht, die angestrichenen Fehler in den Fehleranalysebogen einzuordnen. Am besten geht dies mit einer Kopie (Vorlage: Copy 42).

Fehleranalysebogen

Fehlerarten	1	2	3	4	5	6	7
	Groß- und Kleinschreibung	Wörter mit kurz gesprochenen Vokalen	Wörter mit lang gesprochenen Vokalen	Wörter mit s-Lauten	Sonstige Fehler (u.a. *b/d/g* im Auslaut)	Fremdwörter und Fachbegriffe	Getrennt- und Zusammenschreibung
viele			|				
gepackt		|					
dass				|			
nicht					|		
Weltumseglung	|						

1) Wort mit lang gesprochenem Vokal

2) Wort mit kurz gesprochenem Vokal

3) Wort mit s-Laut

4) Sonstige Fehler

5) Groß- und Kleinschreibung

e 1)
Vile wollen Tattoos!

Unsere Jugendlichen sind vom
c 2) s 3) t 4)
Tätowierungsfieber gepakt. Das sie nich die
ersten sind, wissen alle. Schon als Kapitän
W 5)
Cook von seiner weltumseglung einen am
ganzen Körper tätowierten Prinzen aus
Tahiti mitbrachte, kam eine Tattoowelle ins
R
rollen. Oft wahr diese Art von Hautschmuck
t
jahrelang todgesagt, jetzt sind Tattoos
d
absolut im Trent. Vorsicht! Viele bereuen
diese mit Schmerz errungenen Bilder auf
dem Körper heftig und gäben alles darum,
sie wieder loszuwerden.

Fremdwörter und Fachbegriffe üben

In dieser Einheit findet ihr Aufgaben in Form von Stationen vor. Diese Stationen und die dazugehörigen Lösungskarten gibt es als Kopiervorlagen im Lehrer- und Materialband (Copy 65). Ihr könnt sie an verschiedenen Stellen in der Klasse auslegen und danach in beliebiger Reihenfolge allein oder zu zweit bearbeiten. Das Wortmaterial für die Stationen liefert euch der folgende Text.

ACHTUNG TEENAGER!

Viele Jugendliche interessieren sich kaum für die Tageszeitung, die ihre Eltern abonniert haben. Vielleicht ändert sich das in nächster Zeit, denn manche Verlage geben wöchentlich Magazine heraus, in denen sich Redakteure speziell mit Themen befassen, die für Teenager aktuell sind und sie faszinieren. Damit will man die junge Generation motivieren, sich neben dem täglichen Konsum von Fernsehfilmen auch einmal mit Presseerzeugnissen auseinanderzusetzen.

Leider hat ja die Leselust durch das vielfältige Medienangebot erheblich gelitten. Viele Pädagogen sehen darin eine Ursache für die mangelnde Konzentration und die orthographischen Unsicherheiten bei vielen Schülerinnen und Schülern.

Dass die neuen Jugendzeitschriften der Tageszeitungen kostenlos sind, ist ein bestechendes Argument dafür, dieses innovative Verlagsangebot zu nutzen.

Station 1 — Wörter in Alltagstexten auffinden

Schreibe alle Fremdwörter und Fachbegriffe, die Nomen sind, aus dem Text heraus.
Verwende keinen Begriff doppelt.

Station 2 — Wörter in verschiedenen Formen aufschreiben

Verwende folgende Fremdwörter und Fachbegriffe in sinnvollen Sätzen. Schlage gegebenenfalls die Bedeutung im Wörterbuch nach.

Argument – Konzentration – interessieren – Themen – motivieren – Redakteur

Station 3 — Mit Wörtern spielen

Welche Fremdwörter und Fachbegriffe aus dem Text kannst du mit folgenden Silben bilden? Schreibe sie auf.

ak – da – dak – ell – ell – ger – gen – go – gra – na – men – or – Pä – phisch – Re – spe – Tee – teur – The – tho – tu – zi

Station 4 — Wörter selbstständig nachschlagen

Schlage im Wörterbuch nach und ergänze:

Nomen	Verb	Adjektiv
Argument	☆	☆
☆	interessieren	☆
☆	☆	thematisch
Konzentration	☆	☆
☆	aktualisieren	☆
Spezialität	☆	☆

Station 5

Wortfamilien zusammenstellen

Bilde jeweils eine Wortfamilie mit mindestens fünf Beispielen zu den folgenden Wörtern. Das Wörterbuch hilft dir!

Medien Konzentration Konsum

Station 6

Wörter und Wortbausteine zusammensetzen

Bei Fremdwörtern findest du häufig folgende Wortbausteine:
Kon-/kon-, Inter-/inter-, Re-/re-;
-ieren, -eur, -ell, -ion, -ment
Trage die Wörter aus dem Text in die richtige Spalte ein und markiere den Wortbaustein.

Großschreibung	Kleinschreibung
☆ ☆ ☆	☆ ☆ ☆

Station 7

Wörter und Texte diktieren

Verschiebe die Lücken so, dass aus der Buchstabenfolge sinnvolle Fremdwörter und Fachbegriffe entstehen. Schreibe sie auf.

Tee nagerin nova tivspe ziellmo tivier
enabon nierenorth ogra phisch

Station 8

Selbst Übungen für die Klasse entwickeln

Bearbeitet diese Station zu zweit.

1. Denkt euch eine Aufgabe für die Station 9 aus.
2. Schreibt die Aufgabe auf einen Zettel.
3. Legt das Blatt zur Station 9.
4. Die Lösung schreibt ihr auf eine Karte und legt sie zur Kontrollstation.

Station 9

Selbst erdachte Aufgaben lösen

Löse eine der Aufgaben, die sich deine Mitschülerinnen oder Mitschüler ausgedacht haben.

Station 10

Wörter und Texte diktieren

Bearbeitet diese Station in Partnerarbeit.

Wähle drei Sätze des Textes aus, die du deinem Partner oder deiner Partnerin diktierst. Kontrolliere anschließend die aufgeschriebenen Sätze. Lass dir nun drei Sätze diktieren.

Station 11

Wörter gliedern/ sprechen/hören

Schlage folgende Fremdwörter und Fachbegriffe im Wörterbuch nach. Schreibe sie auf ein Blatt und übertrage die Trennungsstriche und die Zeichen für richtige Betonung. Lies anschließend die Wörter deiner Nachbarin/ deinem Nachbarn in richtiger Aussprache vor.

Konzentration Generation faszinieren
innovativ aktuell Magazin

Station 12

Rätsel entschlüsseln und Reime finden

Welche Fremdwörter gehören in die Kästchen?

1. Beweisgrund
2. Zeitschriften
3. Erzieher
4. Aufmerksamkeit
5. Jugendlicher
6. Verbrauch

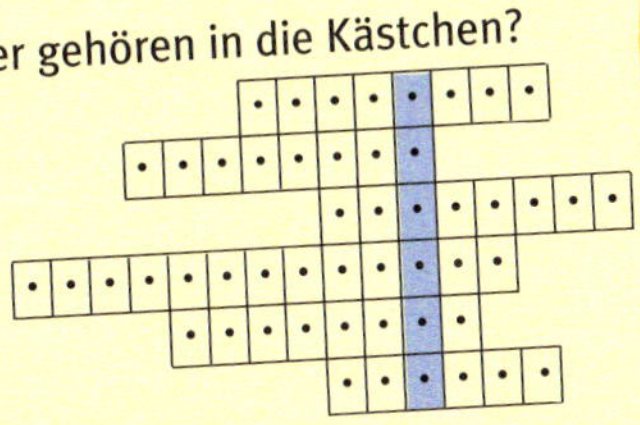

Lösungswort: zusammenfassende Bezeichnung für Film, Funk, Fernsehen, Presse

Einen Übungzirkel selbst entwickeln

Rettet die Saurier

Bei einer Saurierausstellung „Dinosaurier live“ verlangten in Amerika einige Besucher ihr Geld zurück. Sie waren empört, weil dort keine lebenden Dinos, sondern nur Modelle zu besichtigen waren. Bei einer anderen Ausstellung wurden die Veranstalter ernsthaft gefragt, ob die Saurier nicht eine Erfindung der Spielwarenindustrie seien. Den Vogel aber schoss der Bürgermeister eines kleinen französischen Ortes ab, als er verkündete, dass in seiner Region die Jagd auf Dinosaurier verboten sei. Hintergrund dieser seltsamen Anordnung: Der Bürgermeister befürchtete, dass nach dem Film „Jurassic Park“ vielleicht der Schutz der Urzeittiere verlangt würde – wie damals, als man nach dem Film „Der Bär“ den Schutz der Bären in den Pyrenäen gefordert hatte. Der Bürgermeister stellte sich deshalb im Fall von „Jurassic Park“ gleich vorsorglich an die Spitze einer Bewegung zum Schutz der Dinosaurier, falls diese noch existieren sollten.

1 Zu dem Text „Rettet die Saurier“ könnt ihr leicht selbst einen Übungszirkel entwickeln, der euch hilft, den Text als Diktat fehlerfrei zu schreiben. Lest den Tipp und geht entsprechend vor.

2 Die Lösungskarte kann man auf die Rückseite der Aufgabenkarte kleben oder in ein Kästchen an der Lösungsstation legen. Welches Vorgehen bevorzugt ihr?

Arbeitsauftrag — **Station 1**

Lasst die fünf längsten Wörter heraussuchen. Eure Mitschüler und Mitschülerinnen sollen diese Wörter finden und sie nach dem Alphabet geordnet aufschreiben.

Station 1

Suche im Text die fünf längsten Wörter. Schreibe sie in alphabetischer Reihenfolge auf.

Station 1 — **Lösungskarte**

Bürgermeister
französischen
Saurierausstellung
Spielwarenindustrie
Veranstalter

TIPP

Einen Übungszirkel selbst entwickeln

1. Teilt euch in Gruppen ein und wählt ein oder zwei Stationen zur Erarbeitung aus.
2. Auf den gelben Karten auf dieser und auf der folgenden Seite findet ihr zu jeder Station einen Arbeitsauftrag.
3. Lest den Arbeitsauftrag zu eurer Station genau durch.
4. Fertigt nun für eure Station eine Karte mit leicht verständlicher Aufgabenstellung sowie eine Lösungskarte an.
5. Anschließend werden die Stationen im Klassenzimmer verteilt. Die Diktatstation sollte zum Schluss bearbeitet werden.

Arbeitsauftrag **Station 2**

Wählt sechs schwierige Wörter aus dem Text aus. Schreibt daraus einen Wörterwurm: SAURIERAUSSTELLUNGEMPÖRTMODELLE ...
Eure Mitschülerinnen und Mitschüler sollen diese Wörter in richtiger Groß- und Kleinschreibung aufschreiben.

Arbeitsauftrag **Station 3**

Schreibt aus dem Text drei Sätze heraus und vertauscht dabei mehrere Wörter.
Eure Mitschülerinnen und Mitschüler sollen die Sätze in der richtigen Wortreihenfolge aufschreiben.

Arbeitsauftrag **Station 4**

Stellt fünf Fragen zum Text. Beispiel: Wie hieß die Ausstellung, auf der die Besucher ihr Geld zurückverlangten?
Eure Mitschülerinnen und Mitschüler sollen die Fragen beantworten.

Arbeitsauftrag **Station 5**

Lasst aus dem Text alle Wörter herausschreiben, an deren nachgestellten Bausteinen die Groß- oder Kleinschreibung zu erkennen ist.
Großschreibung: heit, keit, nis, ion, tion, ung, schaft, tum
Kleinschreibung: ig, lich, isch, sam, bar, haft, ieren

Arbeitsauftrag **Station 6**

Wählt aus dem Text fünf Wörter aus und fertigt daraus ein Silbenrätsel. Zerlegt sie in Silben und schreibt diese in alphabetischer Reihenfolge auf.
Eure Mitschülerinnen und Mitschüler sollen die Wörter aus den Silben wieder zusammensetzen.

Arbeitsauftrag **Station 7**

Wählt sieben schwierige Wörter aus dem Text aus. Schreibt die Wörter so auf, dass durch das Weglassen einiger Buchstaben Lückenwörter entstehen.
Diese werden von den Mitschülerinnen und Mitschülern wieder vervollständigt.

Arbeitsauftrag **Station 8**

Schreibt aus dem Text 20 Verbformen heraus.
Eure Mitschülerinnen und Mitschüler sollen diese gebeugten Verben in den Infinitiv (in die Grundform) setzen.

Arbeitsauftrag **Station 9**

Schreibt aus dem Text alle Nomen im Plural heraus.
Die Mitschülerinnen und Mitschüler sollen die Nomen mit dem Artikel im Singular aufschreiben.

Arbeitsauftrag **Station 10**

Dies ist die Diktatstation. Wählt 10 schwierige Wörter aus und schreibt sie auf.
Je zwei Mitschüler diktieren sich gegenseitig diese Wörter.

Wörter mit Doppelkonsonanten

Den Rissen und den Mauerdellen
rückt man zu Leib mit vollen Kellen
und presst den Putz prall in die Rillen,
rüttelt, tappt und hofft im Stillen,
dass nichts mehr falle von der Rolle
und alles künftig haften solle.
A. Holzmann

1 In diesem Gedicht findet ihr viele Wörter mit Konsonantenverdoppelung. Lest euch das Gedicht gegenseitig vor. Wie werden die Vokale vor den Doppelkonsonanten gesprochen?

2 **a)** Übertrage die Tabelle in dein Heft.
b) Schreibe die Wörter mit Doppelkonsonanten nach Wortarten getrennt auf. Ergänze bei den Verben auch den Infinitiv.
c) Kennzeichne den kurz gesprochenen Vokal mit einem Punkt.

Nomen	Verb	Adjektiv
der Riss	presst – pressen	voll

TIPP

Deutlich sprechen und genau hinhören
Nach kurz gesprochenem Vokal folgen oft zwei Konsonanten (*haften*) oder ein Doppelkonsonant (*die Rille, hoffen*). Durch deutliches Sprechen kannst du erkennen, ob der Vokal kurz gesprochen wird: *die Wahl, der Wall.*

3 Arbeitet in Gruppen. Welche Gruppe schreibt zu den Doppelkonsonanten in fünf Minuten die meisten Wörter auf?
ll: bellen, der Keller ...
ff: der Affe, der Pfeffer ...

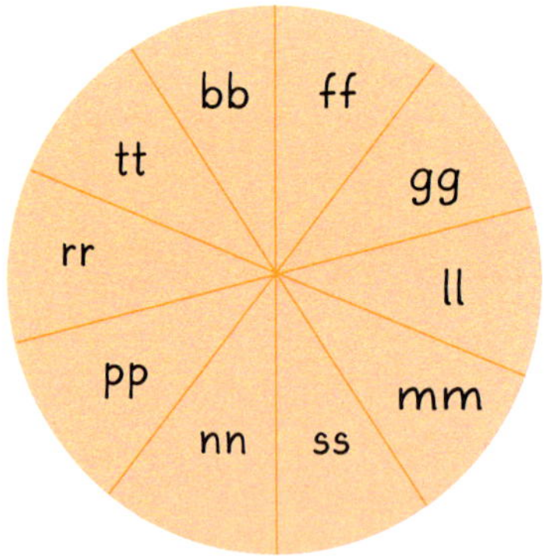

4 Versuche ein Abc zu schreiben, in das du von A bis Z Wörter mit einem Doppelkonsonanten einträgst.

A ffe
B esserwisser
C ello
D ...

5 Bilde Sätze, die möglichst viele Wörter mit Doppelkonsonanten enthalten, und schreibe sie auf. Es können auch lustige Sätze sein:
Der Affe schüttet schnell Pfeffer in die Tasse.

6 a) Lege dir eine Tabelle an und ordne die Wörter aus der Wörterliste ein.
b) Ergänze die Tabelle mit eigenen Wörtern.

ff	Pfiff
ll	wollen
tt	...
rr	...
ss	...
nn	...
mm	...

7 Mit den Wörtern der Tabelle kannst du auch mit einem Partner oder einer Partnerin Wörter versenken spielen (Anleitung: Seite 209).

8 Führt in der Klasse ein Wortlistendiktat durch (Anleitung: Seite 210).

9 Spielt in der Gruppe Bingo (Anleitung: Seite 208) und verwendet dazu die folgenden Wörter.

lassen	kaputt	Wetter	~~Zettel~~
~~Unfall~~	nimmt	allein	satt
Pfeffer	müssen	nett	Kette

10 a) Schreibt die folgenden Sätze als Partnerdiktat (Anleitung: Seite 210).

1. Wollen wir zusammen ins Schwimmbad gehen?
2. Dieses herrliche Wetter sollte man ausnutzen.
3. Vergiss deine Taucherbrille und die Schwimmflossen bitte nicht.
4. Wir sollten rennen, sonst schaffen wir die U-Bahn nicht mehr.
5. Warum kommen hier eigentlich weder Busse noch Bahnen vorbei?
6. Leider haben wir übersehen, dass seit Sonntag die Haltestelle geschlossen und die Gleise gesperrt sind.

b) Bildet mithilfe der Wörter in eurer Tabelle selbst Sätze, die ihr euch gegenseitig diktiert.

11 So geht das Wortkammspiel:
Schreibe ein Wort mit einem Doppelkonsonanten auf ein Karopapier. Suche nun Wörter aus, die mit einem Buchstaben des Ausgangswortes beginnen und ebenfalls einen Doppelkonsonanten haben. Schreibe sie senkrecht darunter. Anschließend ziehst du eine Linie um deine Wörter: Fertig ist dein Wortkamm!

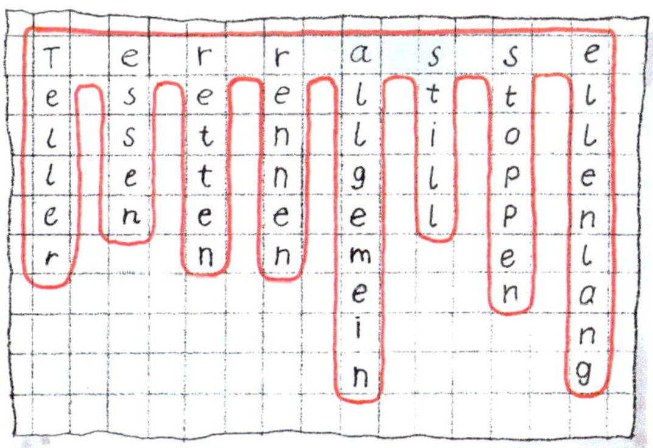

12 **Achtung:** Bei Nomen mit dem nachgestellten Baustein *nis* oder *in* müsst ihr aufpassen, wenn ihr den Plural bildet:
Zeugnis – Zeugnisse,
Lehrerin – Lehrerinnen.
Schreibe zu folgenden Wörtern den Singular und den Plural auf:
Erkenntnis, Verhältnis, Hindernis, Geheimnis, Verzeichnis, Ergebnis; Schülerin, Helferin, Sängerin, Läuferin, Sportlerin, Ärztin.

Wörter mit ck und Wörter mit tz

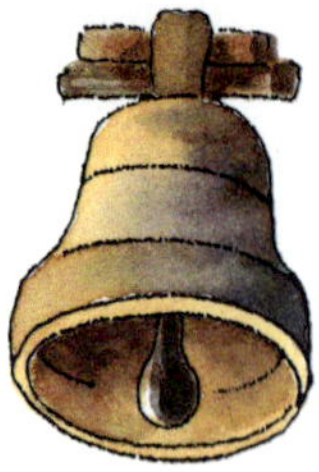

der Hocker
die Glucke
pflücken
zucken

der Witz
sitzen
der Spatz
spitz

1 a) Welche Wörter verstecken sich hinter den Bildern?
b) Sprecht die Wörter deutlich aus und achtet auf den Vokal vor *ck* oder *tz*.
c) Lest die Info unten rechts.

Hecke	pflücken	schicken
schmücken	Trick	Sack
Schreck	Strick	Wecker
dreckig	Mücke	packen
Ecke	Jacke	Decke
Fackel	schmecken	stricken
Glück	Zucker	Brücke
Druck	Block	gucken
Blick	Stock	stecken
schlucken	lecker	dick
ersticken	backen	trocken
spucken	Glocke	schick
Fleck	Rücken	wackeln

2 Lege dir folgende Tabelle an und schreibe die Wörter aus der Liste nach Wortarten getrennt auf.

Nomen	Verben	Adjektive
Hecke	schmücken	dreckig

3 Wähle aus der Liste drei Wörter aus. Welche weiteren Wörter aus der gleichen Wortfamilie findest du zu jedem der drei Wörter? Schreibe sie auf.

4 Führt ein Wortlistendiktat durch (Anleitung: Seite 210).

5 a) In dem Wörtersuchspiel kannst du zwölf Wörter mit *ck* finden. Schreibe sie auf.

e	v	T	d	r	e	c	k	i	g	U	l	j	d	i	c	k	G
G	e	r	s	c	h	r	e	c	k	e	n	X	S	p	e	c	k
A	l	G	e	s	c	h	m	a	c	k	ä	Z	u	c	k	e	r
w	a	c	k	e	l	n	u	z	l	a	c	k	i	e	r	e	n
V	t	D	e	c	k	e	d	s	t	r	e	c	k	e	n	k	l
w	e	c	k	e	n	F	s	p	u	c	k	e	n	H	ü	x	t

b) Entwickle selbst ein Wörtersuchspiel mit *ck*-Wörtern. Gib es deiner Nachbarin oder deinem Nachbarn. Findet sie/er alle versteckten Wörter?

6 So werden Wörter mit *ck* getrennt: *die Glo-cke, schmü-cken.* Wähle zehn Wörter aus der Liste und schreibe sie mit Trennungsstrich auf. Bei einsilbigen Wörtern bilde eine gebeugte Form: *vor Schre-cken, die Stö-cke.*

7 Nimm dir einen Zeitungsartikel und markiere alle Wörter mit *ck*.

INFO

ck* und *tz
Nach kurzem Vokal werden auch die Konsonanten *k* und *z* verdoppelt. Statt *kk* schreibt man jedoch *ck*: *zucken, ducken.* Statt *zz* schreibt man *tz*: *Schatz, Katze.* Trenne so: *zu–cken, Kat–ze.*

8 Ordne die Wörter jeder Spalte nach dem Alphabet und schreibe sie auf.
benutzen, besitzen, Hitze ...

9 Wähle dir zehn Wörter aus der Liste aus. Suche dazu passende Reimwörter.
Mütze – Pfütze,
besitzen – schwitzen ...

10 Zu welchen Wörtern kannst du Adjektive bilden?
kitzeln – kitzelig,
das Gesetz – gesetzlich ...

11 **a)** Bilde drei Sätze, in denen du möglichst viele Wörter der Liste verwendest, z. B.:
Plötzlich schwitzte der Metzger auf seiner Glatze.
b) Verwendet diese Sätze in einem Partnerdiktat (Anleitung: Seite 210).

12 Zu welchen Wörtern in der Liste findet ihr noch ein weiteres Beispiel aus der gleichen Wortfamilie? Schreibt (zu zweit oder in der Gruppe) die Wörter aus der Liste und die verwandten Wörter auf getrennte Kärtchen. Ihr habt dann Spielkarten für das Memory (Anleitung: Seite 207).

Gespensterauto
In München sprang um Mitternacht plötzlich ein verschlossener Sportwagen an. Er setzte sich in Bewegung, verkratzte mehrere Autos und krachte zuletzt mit einem dumpfen Knall an eine Hauswand. Die herbeigerufene Polizei musste den Wagen aufbrechen, um den Motor abzustellen. Erst jetzt konnte man feststellen, dass ein Marder mit seinen spitzen Zähnen einen Kurzschluss erzeugt hatte. Da der erste Gang eingelegt war, löste dies die ungewollte Spritztour aus. Ob sich der Marder verletzte, ist unbekannt. Die Polizei schätzt den Schaden auf 15 000 Euro.

13 Diktiert euch den Text als Partnerdiktat (Anleitung: Seite 210).

14 Habt ihr Lust auf Bingo? Einigt euch auf 16 Wörter mit *tz* (oder mit *ck*) und legt euch jeder eine Bingo-Karte an. Die genaue Spielanleitung könnt ihr auf Seite 208 nachlesen.

Wörter mit ie

1 Übertrage die Tabelle in dein Heft.
Ordne die Wörter mit *ie* aus der Liste richtig ein.

siegen	notieren	gierig	Liege	Zier	Ziel
liegen kriegen	?	?	?	?	?

2 Ergänze deine Liste durch weitere Reimwörter oder durch Wörter aus der Rechtschreibkartei.

3 Suche zu fünf Wörtern verwandte Wörter mit *ie* und schreibe sie auf.

4 Welche Wörter mit *ie* sind in der Wörterschlange versteckt? Achte beim Abschreiben auf die Groß- und Kleinschreibung.

5 Mit den Wörtern der Liste könnt ihr Wörter versenken spielen (Anleitung: Seite 192).

6 Führe mit deinem Partner oder deiner Partnerin ein Wortlistendiktat durch (Anleitung: Seite 210).

7 **a)** Schreibt die folgenden Sätze als Partnerdiktat (Anleitung: Seite 210).
b) Denkt euch weitere Reime aus, in denen Wörter mit *ie* vorkommen.

1. Wenn Fußballspieler schielen,
   dann können sie schlecht zielen.
2. So manche Mannschaft ist zufrieden,
   spielt sie nur unentschieden.
3. Wenn Ziegel von den Dächern fliegen,
   dann bleiben unten Scherben liegen.
4. Wenn Zwiebeln Fieber kriegen,
   dann riechen das die Fliegen.
5. Gehst du im Park spazieren,
   fürchte dich nicht vor wilden Tieren.

TIPP

Genau hinhören
Wenn du einen langen i-Laut hörst, dann schreibst du meistens *ie*: *fliegen, Wiese, gierig.*

Wörter mit h

fröhlich	verstehen	Bahnhof	Sahne	wohnen
gehen	befehlen	fehlen	ihm, ihn, ihr	wahrscheinlich
fahren	Zahl	sehen	stehlen	Stuhl
Weihnachten	mehr	Vieh	empfehlen	jährlich
ziehen	geschehen	Wahl	Zähne	fahren
Lehrerin	leihen	Gefühl	Fehler	nehmen
wahr	Ohr	nehmen	sehr	zehn
gefährlich	Fahne	Zahnweh	Verkehr	Lohn

1 **a)** Lege in deinem Heft die folgende Tabelle an.

Nomen	Verben	andere Wörter
Bahnhof	verstehen	ihm

b) Trage die Wörter aus der Fahne oben ein.
c) Unterstreiche den lang gesprochenen Vokal und das nachfolgende *h*.

2 Kennst du weitere Wörter, die du in deine Tabelle eintragen kannst?

3 Wie viele dieser Wörter kannst du in einem einzigen sinnvollen Satz unterbringen? Der Klassensieger darf seinen Satz der Klasse diktieren.

4 Bilde zu den folgenden Wörtern Wortfamilien: *fahren, wahr, fröhlich, wohnen.* Benütze dabei auch dein Wörterbuch.

TIPP
An die Wortfamilie denken
Wenn du unsicher bist, ob du ein Wort mit *h* schreiben musst, denke nach, ob du ein anderes Wort aus der gleichen Wortfamilie kennst.

5 Wähle fünf Verben der Wörterliste aus, die sich mit folgenden Wortbausteinen zusammensetzen lassen, und schreibe sie auf: *abfahren, befahren ...*

ab	an	ver	fort	
be	auf	vor	unter	+ Verb
über	aus	durch	um	

6 **a)** Übertrage das Stufenrätsel in dein Heft und fülle es mit Wörtern aus der Liste aus.
b) Erstelle selbst ein Stufenrätsel.

·	h	·							
·	·	h	·						
·	·	h	·	·					
·	i	e	h	·	·				
·	·	h	·	·	·	h			
·	·	·	h	·	·	·	·		
·	·	·	·	e	·	·	·	·	
·	·	·	ä	h	·	·	·	·	·

7 Bei manchen Verben musst du aufpassen: *sehen: du siehst, sie sieht.* Schreibe in dein Heft die 3. Person Singular Präsens der folgenden Verben: *befehlen, stehlen, empfehlen, geschehen.*

8 Bilde Sätze, in denen du die folgenden Wörter im Präteritum (1. Vergangenheit) oder im Perfekt (2. Vergangenheit) verwendest.

leihen | gedeihen | verzeihen

Wörter ohne Dehnungskennzeichen

Bus- und Taxiunternehmen werden tierfreundlicher
Nun kann jedes Tier (ob Biber, Tiger oder Krokodil) transportiert werden. Alles nur eine Sache der Routine!

Widerspruch zwecklos!
In Zukunft soll auf den Verzehr von Margarine oder Pralinen eine Fettsteuer erhoben werden. Wer allerdings nachweislich viel Vitamine durch Mandarinen, Apfelsinen, Zitronen oder Rosinen aufnimmt, erhält einen Steuernachlass.

Beduine entdeckte in Wüste Goldmine
Durch seinen Reichtum kann er seine Schafe und Ziegen nun maschinell melken. Zudem hat der Millionär inzwischen in der Sahara eine Kantine eröffnet.

Kein guter Stil!
Ab Juli steigen die Preise an den Tankstellen erneut. Statt Benzin tanken Bürger deshalb Terpentin oder Olivenöl.

1 **a)** Sucht aus den Texten alle Wörter heraus, bei denen das lang gesprochene *i* nur „i" geschrieben wird.
b) Legt in eurem Heft die folgende Tabelle an und ordnet die „i-Wörter" richtig ein.

Wörter auf -in / -ine	andere i-Wörter
Margarine	Widerspruch

c) Ergänzt die Tabelle durch weitere Beispiele. Schlagt im Wörterbuch nach, wenn ihr unsicher seid.

2 In dem folgenden Gitter sind zehn Wörter mit lang gesprochenem *i* versteckt. Schreibt die Wörter auf.

K	U	S	K	M	O	F	S	M	M	A	R	I	N	E
V	V	L	O	K	O	M	O	T	I	V	E	G	O	K
B	I	B	E	L	F	L	I	I	M	Z	W	K	J	Z
H	O	B	S	M	A	S	C	H	I	N	E	K	U	O
N	L	L	K	J	B	W	G	M	K	I	N	O	N	M
R	I	L	U	J	R	Z	M	E	E	G	W	W	I	K
K	N	R	N	Z	I	R	U	I	N	E	O	G	E	W
E	E	K	O	Z	K	O	K	M	J	G	S	M	J	O
A	Z	C	B	L	W	I	D	A	C	F	B	X	Q	E

3 Der Wortbaustein *wider* bedeutet immer „gegen" oder „entgegen".
Suche in deinem Wörterbuch zehn Wörter mit *Wider-*/*wider-* heraus, die du oft falsch schreibst. Schreibe sie auf.

4 Manchmal kommt es auf die Bedeutung an, wie ein Wort geschrieben wird. Schreibe zu jedem Wort einen kleinen Satz, aus dem die Bedeutung deutlich wird.

Stil | Lid | Mine

TIPP

Aufpassen beim lang gesprochenen *i*
Einige Wörter wurden aus anderen Sprachen übernommen und werden daher anders geschrieben, als sie gesprochen werden: *Fabrik, Maschine.*
Manchmal entscheidet die Bedeutung darüber, wie ein Wort geschrieben wird: *widersprechen* (gegen etwas sprechen), *wiederholen* (etwas erneut machen).

Wörter mit SS / Wörter mit ß

bisschen
vergaß
fließen
grüßen
passen
passiert
fressen
Floß
Hass

reißen
Fluss
Nuss
äußerlich
Presse
hässlich
vergesslich
Maß
Riss

außen
hassen
musste
bissig
gefressen
gesessen
Biss
gießt
aß

rußig
frisst
verlassen
wässrig
stoßen
bloß
Pass
saß
Ruß

interessant
Russland
gießen
größer
flüssig
groß
Fuß
Spaß
Kuss

1 Prüft im Kettengespräch die Aussprache der Vokale in den Wörtern der Liste und begründet damit die Schreibweise:
„Bei *bisschen* wird das *i* kurz gesprochen, deshalb wird *ss* geschrieben."
„Bei *vergaß* ...

2 a) Wähle aus der Liste zehn Wörter mit *ss* und zehn Wörter mit *ß*. Schreibe sie in dein Heft.
b) Kennzeichne die lang gesprochenen Vokale mit einem Strich und die kurz gesprochenen Vokale mit einem Punkt: *groß – bisschen.*
c) Versuche anschließend, zu jedem Wort ein Reimwort zu finden. Kennzeichne auch hier den kurz gesprochenen Vokal mit einem Punkt und den lang gesprochenen Vokal mit einem Strich.

3 Zu folgenden Nomen findest du in der Wörterliste ein Adjektiv aus der gleichen Wortfamilie.
a) Schreibe Nomen und Adjektive auf.
b) Vergleiche die Schreibweise und begründe sie.

Interesse — Größe — Wasser
Ruß — Biss — Fluss

4 Diktiert euch im Partnerdiktat (Anleitung: Seite 210) abwechselnd fünf Wörter aus der Wörterliste. Wer diktiert, achtet auf die richtige Aussprache. Wer schreibt, hört gut zu.

5 Benütze Wörter mit *ss* oder *ß* für ein Scrabble-Spiel. Schreibe ein möglichst langes Wort in die Mitte der Seite. Schreibe in Großbuchstaben; *ß* bleibt *ß*. Wer bringt die meisten Wörter unter?

		☆	☆	☆	☆	☆	☆	☆	P	☆	☆			
	☆	W	A	S	S	E	R	F	A	S	S	☆		
	☆	Ä	☆	☆	☆	☆	☆	☆	S	☆	☆			
	☆	S	☆	☆	☆	☆	☆	W	S	☆				
	☆	S	C	H	U	S	S	☆	☆					
	☆	R	U	ß	☆	☆	☆							
	☆	I	☆	☆										
	☆	G	☆											

6 Bilde mit den Wörtern aus der Liste „verrückte" Sätze: *Auf dem Floß in dem Fluss aß ich eine Nuss.* Diktiert euch die Sätze gegenseitig.

TIPP

Sprech- und Hörprobe
Sprich das Wort und höre genau hin:
- Hörst du vor dem s-Laut einen kurz gesprochenen Vokal (*a, e, i, o, u*) oder einen kurz gesprochenen Umlaut (*ä, ö, ü*), dann wird das Wort häufig mit ss geschrieben: *Hass, bisschen.*
- Hörst du vor dem s-Laut einen lang gesprochenen Vokal oder Doppellaut (*au, äu, ei, eu, ie*), dann wird das Wort häufig mit *ß* geschrieben: *Fuß, reißen.*

Grundform	essen	…	…	…	…
Präsens (3. Pers./Sing.)	er isst	…	sie gießt	…	…
Präteritum (3. Pers./Sing.)	sie aß	er schloss	…	…	es fraß
Perfekt	wir haben gegessen	…	…	…	…
Nomen	das Essen	…	…	der Riss	…

7 **a)** Erklärt die unterschiedliche Schreibweise des s-Lautes bei *essen*.
b) Übertragt die Tabelle in euer Heft und vervollständigt sie.

reißen
schließen
vergrößern
fließen
genießen
beißen

8 Suche zu jedem Verb oben ein verwandtes Nomen und ein verwandtes Adjektiv. Schreibe die Wörter auf: *fließen – der Fluss – fließend.* Achte darauf, dass sich bei einigen Wörtern der s-Laut verändert.

9 Bilde aus den Wörtern der Aufgaben 7 und 8 lustige Sätze: *Ich saß am Fluss und aß ein Eis.*

Liebe Jana,

gestern habe ich etwas Unfa☆bares erlebt. Am Vormittag mu☆te ich noch einmal in den Supermarkt gehen, da ich zuvor verge☆en hatte, fürs Mittage☆en Mehl für Klö☆e zu besorgen. Das Einkaufen machte keinen Spa☆, denn es war dort viel los.
Endlich kam ich an die Ka☆e. Hinter mir stand eine ältere Frau, die nur ein Paket So☆enpulver kaufen wollte. Als sie mich fragte, ob ich sie vorla☆en würde, tat ich das bereitwillig. Doch das war ein gro☆er Fehler. Plötzlich wurde die Frau als millionste Kundin seit Bestehen des Supermarktes begrü☆t. Sie erhielt von der Geschäftsleitung einen Blumenstrau☆ und darf nun ein Jahr lang dort gratis einkaufen. Ich dagegen habe so gestaunt, dass ich fast verga☆, meinen Mund wieder zu schlie☆en. Ich hatte eine Riesenchance verpa☆t. Schade!

Viele Grü☆e, deine Tina

10 **a)** Schreibe aus dem Brief die unvollständigen Wörter in der richtigen Schreibweise auf.
b) Du kannst den Brief auch in den Computer eingeben und anschließend mit dem Rechtschreibprogramm überprüfen.

Wann schreibt man das?

Das Schulfest, das letzte Woche stattgefunden hat, war ein voller Erfolg. Das Beste war der Auftritt unseres Klassenlehrers. Das Publikum, das aus dem Staunen nicht mehr herauskam, war von seinen Elvis-Parodien begeistert. Das kommt nicht alle Tage vor.

1 Am häufigsten tritt das Wörtchen *das* als Artikel vor Nomen auf: *das Tier, das Auto* ...
Schreibt den Text in euer Heft und unterstreicht die drei Beispiele für *das* als Artikel.

2 *Das* schreibt man auch, wenn es sich um ein Relativpronomen handelt. Als Relativpronomen bezieht sich *das* immer auf ein vorhergehendes Nomen. In diesem Fall lässt sich *das* durch *welches* ersetzen.

a) Nennt die beiden Beispiele im Text oben.
b) Auf welches Nomen bezieht sich das Relativpronomen jeweils?
c) Zeichnet in eurem aufgeschriebenen Text einen Pfeil vom Relativpronomen zum Nomen.
d) Führt in beiden Fällen die Ersatzprobe durch.

3 **a)** Ergänze die folgenden Sätze mithilfe der Angaben unten und schreibe sie auf.
b) Zeichne einen Pfeil vom Relativpronomen auf das Nomen, auf das es sich bezieht.

1. Unser Schulfest, (?), wurde ein voller Erfolg.
2. Am besten gefiel allen das Elvislied, (?).
3. Das Kostüm, (?), hatte er sich selbst angefertigt.
4. Nur das Haar unseres Lehrers, (?), ließ keine Ähnlichkeit mit Elvis erkennen.
5. Denn das Haarwuchsmittel, (?), hatte leider nichts genützt.

das er schwarz gefärbt hatte

das wir lange geplant hatten

das er trug

das unser Lehrer Herr Hasenfratz vortrug

das Herr Hasenfratz in den letzten Wochen verwendet hatte

4 **a)** In den folgenden Sätzen ist *das* ein Demonstrativpronomen. Du kannst es durch *dies* ersetzen. Probiere es einmal aus.

1. Das darf doch nicht wahr sein!
2. Morgen ist auch noch ein Tag, das ist jedenfalls meine Meinung.
3. Mir kommt das alles sehr komisch vor.

b) Auch im Ausgangstext kannst du das Wörtchen *das* durch *dies* ersetzen. An welcher Stelle?
c) Bilde selbst einfache Sätze, in denen das Wörtchen *das* durch *dies* ersetzt werden kann.

TIPP

Ersatzprobe
Wenn du unsicher bist, ob du *das* oder *dass* schreiben musst, führe die Ersatzprobe durch:
Wenn du das Wörtchen durch dies, dieses oder welches ersetzen kannst, dann schreibst du das.

Wann schreibt man dass?

Ich hoffe, dass wir nächstes Jahr wieder ein Schulfest haben. Dann kann unser Lehrer zeigen, dass er auch andere Stars imitieren kann.

1 Führt für das Wörtchen *dass* in den Satzbeispielen oben die Ersatzprobe mit *dies, dieses* oder *welches* durch. Was stellt ihr fest?

2 Das Wörtchen *dass* leitet einen Nebensatz ein, der meistens einen Gedanken fortsetzt. Vervollständige die folgenden Sätze durch Nebensätze mit *dass* und schreibe sie auf. Denke an das Komma vor dem *dass*.

1. Der Lehrer glaubt,	**was?**
2. Eigentlich wundere ich mich,	**worüber?**
3. Ich freue mich,	**worauf?**
4. Meine Eltern hoffen,	**worauf?**
5. Ich habe ganz vergessen,	**was?**

3 Wie musst du in den folgenden Sätzen schreiben?

Wahr oder falsch?

1. Ist ☆ wahr, ☆ Elvis Presley auch heute noch als „König des Rock'n' Roll" bezeichnet wird?
2. Stimmt es, ☆ nach nahezu jedem Auftritt Fans auf die Bühne stürmten und ☆ sie sich die Kleider vom Leib rissen, weil Elvis auf die Wäsche ein Autogramm schreiben sollte?
3. Kannst du dir vorstellen, ☆ sich Elvis plötzlich mit einigen Freunden und 2 000 Teddybären freiwillig von der Öffentlichkeit zurückgezogen hat?
4. Ist davon auszugehen, ☆ sein ausschweifender Lebenswandel Elvis schließlich ruinierte?
5. Hältst du es für möglich, ☆ Elvis schließlich 150 kg wog?
6. Ist es richtig, ☆ Elvis 1977 auf der Bühne zusammenbrach und sein Leben, ☆ einst so erfolgreich verlaufen war, vier Monate später mit einem Schlaganfall beendet wurde?

(Falsch: Elvis wog schließlich 130 kg)

4 Stellt selbst ca. 20 Sätze mit *das* und mit *dass* zusammen. Schreibt jeden Satz auf die Vorderseite eines DIN-A7-Kärtchens. Auf die Rückseite schreibt ihr die Lösung. Jetzt habt ihr Aufgabenkarten für das Spiel des Wissens (Anleitung: Seite 209).

das oder dass?
Ich glaube, ☆ Elvis auch in fünfzig Jahren noch bekannt ist.

Ich glaube, dass Elvis auch in fünfzig Jahren noch bekannt ist.

INFO

Wann steht *dass*?
Das Wörtchen *dass* ist eine Konjunktion, die einen Nebensatz einleitet:
Ich hoffe, dass du morgen kommst.

Die Konjunktion *dass* kann **nicht** durch *welches, dies* oder *dieses* ersetzt werden.

Häufig steht *dass* nach folgenden Verben:

sagen	hören
behaupten	sehen
mitteilen	merken
wissen	fühlen
schreiben	hoffen
finden	wünschen
sich freuen	glauben
sich wundern	befürchten

Nomen schreibt man groß

WENN DU NICHT MEHR ZUR SCHULE GEHST,
WENN DU FEST IM LEBEN STEHST,
WENN DICH HAUSAUFGABEN NICHT MEHR PLAGEN,
WENN DU MUSST ANWEISUNGEN VOM CHEF ERTRAGEN,
WENN DU BEIM SPORT NICHT MEHR SO TOLLE LEISTUNGEN BRINGST,
WENN DU NUR NOCH ÜBER DEN SPORTPLATZ HINKST,
WENN FREUNDE NICHT MEHR WILD DURCHEINANDERPLAPPERN,
WENN SCHLIEßLICH DEINE ZÄHNE KLAPPERN,
DANN MACH DIR NICHTS WEITER DRAUS,
DENN SO SIEHT VIELLEICHT DEINE ZUKUNFT AUS.

1 In diesem Text verstecken sich Nomen. Woran könnt ihr sie erkennen? Lest dazu den Tipp.

2 **a)** Schreibe den folgenden Text in richtiger Groß- und Kleinschreibung auf.
b) Zeichne einen Pfeil vom Signalwort zum Nomen und/oder unterstreiche typische Nomenendungen.

Die nächsten Jahre werden einige Neuerungen mit sich bringen.

Wie ich mir die Zukunft vorstelle

DIE NÄCHSTEN JAHRE WERDEN EINIGE NEUERUNGEN MIT SICH BRINGEN. UNSERE SCHULEN GIBT ES BALD BESTIMMT NICHT MEHR. DIE SCHÜLERSCHAFT LERNT ZU HAUSE AM COMPUTER MIT HILFE DER NEUESTEN LERNPROGRAMME. NATÜRLICH KÖNNEN WIR DANN AUCH AUF UNSERE SCHULBÜCHER VERZICHTEN, DENN ALLE TEXTE SIND AUF DEM BILDSCHIRM ABRUFBAR. DEN GANZEN TAG WERDE ICH VORM COMPUTER VERBRINGEN. DURCH NEUE KOMMUNIKATIONSENTWICKLUNGEN WERDE ICH INTERESSANTE FREUNDSCHAFTEN SCHLIEßEN. OB LEHRER DANN ARBEITSLOS WERDEN?

TIPP

1. Auf Signalwörter für Großschreibung achten
Nomen werden großgeschrieben. An vorausgehenden Signalwörtern kannst du sie erkennen:
1. *der, die, das, ein, eine* (Artikel): *der Baum, eine Katze, das Auto;*
2. *am (= an dem), beim, im, vom, zum, ins, zur* (Präposition mit verstecktem Artikel): *am Abend;*
3. *mein, dein, sein, unser, euer, ihr, jeder, dieser* (Pronomen): *meine Freundin, eure Klasse, diese CD.*

Achtung: Zwischen dem vorangestellten Signalwort und dem Nomen kann ein Adjektiv stehen: *der kahle Baum, am gestrigen Abend.*

2. Die Wortendung prüfen
Viele Nomen enden auf *heit, keit, ung, nis, schaft, tum: Gesundheit, Verachtung.*

3. Artikelprobe durchführen
Nomen können auch ohne Signalwörter stehen. Überprüfe daher im Zweifelsfall, ob das Wort mit dem Artikel stehen kann.

Wenn Verben als Nomen gebraucht werden

In 50 Jahren ist das Fliegen zum Mond keine Seltenheit mehr. Bei uns könnt ihr für 100 Euro schon jetzt buchen. (Aber vergesst das Überweisen nicht!)

Gerätst du auch bei dem Gedanken, später auf einer einsamen Insel zu leben, ins Träumen? Dann melde dich unter YXZ 6382.

Willst du auch in Zukunft auf Falten und Runzeln verzichten und durch ein Lächeln deine Umgebung verzaubern? Dann melde dich. Wir stoppen dein Altern.
Institut „Forever young"

1 **a)** Ihr wisst, dass Verben kleingeschrieben werden. In den Anzeigen oben werden jedoch einige Verben als Nomen gebraucht und müssen deshalb großgeschrieben werden.
Sucht sie heraus.
b) Welche Signalwörter für Großschreibung stehen vor diesen Verben?

2 **a)** Schreibe die folgenden Anzeigen in richtiger Groß- und Kleinschreibung in dein Heft.
b) Unterstreiche alle Verben, die als Nomen gebraucht werden.

TRÄUMEN SIE SCHON LANGE VOM REISEN IN EINE ANDERE ZEIT? SIND SIE AUCH DER MEINUNG, DASS DAS WARTEN NUN EIN ENDE HABEN SOLL? DANN BUCHEN SIE BEREITS HEUTE FÜR MORGEN. DAS NACHFRAGEN KOSTET (FAST) NICHTS! TEL.: 065/63903

DAS SUCHEN UND VERSCHWENDEN VON ZEIT IST NICHTS FÜR MICH! DARUM FRAGE ICH (MÄNNLICH, 14 JAHRE) SCHON JETZT: WER KENNT MEINE ZUKÜNFTIGE FRAU?
KARSTEN AUS VATERSTETTEN

WELCHE ZUKUNFTSTRÄUME VERSETZEN DICH INS SCHWÄRMEN? WIR SORGEN DAFÜR, DASS DEINE TRÄUME WAHR WERDEN.
GLÜCKSSPIELE WUCHER IN NÜRNBERG

3 Bilde Sätze, in denen du Verben als Nomen gebrauchst. Du kannst dazu aus der Tabelle unten die Signalwörter mit den Verben kombinieren:

Hoffentlich habe ich auch in Zukunft noch Zeit zum Träumen.

Artikel	Artikel mit Präposition	Pronomen	Verben
	beim	mein	lachen
	am	dein	lernen
das	zum	sein	träumen
ein	im	ihr	schlafen
	ins	unser	schwärmen
	vom	euer	fliegen

TIPP

Signalwörter für Großschreibung
Auch Verben können als Nomen gebraucht werden. Man nennt solche Verben **nominalisierte Verben** (zu Nomen gewordene Verben).
Du erkennst nominalisierte Verben an folgenden Signalwörtern:
- *das, ein,*
- *am, beim, im, vom, zum, ins*
- *mein, dein, sein, ihre, unser, euer.*

Wie ich mir meine Zukunft vorstelle:

Artikel/ Präposition mit Artikel	Adjektive	Verben	Satzbausteine
das	entspannt	faulenzen	werde ich meine Freude haben
	gemeinsam	lernen	wird mir nicht gefallen
beim	lange	einkaufen	werde ich lustig finden
am	früh	arbeiten	wird mir auf die Nerven gehen
zum	stundenlang	träumen	wird meine Lieblingsbeschäftigung sein
vom	angenehm	bummeln	werde ich mich richtig erholen
aus	zukünftig	aufstehen	wird mir am Wochenende besonders wichtig sein
aufs	ständig	diskutieren	werde ich verzichten
	häufig	ausschlafen	wird mir besonders gefallen

4 Auch vor Verben, die als Nomen gebraucht werden, können Adjektive stehen. Du musst also aufpassen, dass du das Signalwort nicht übersiehst.
Bilde mit dem Wortmaterial aus der Tabelle Sätze und schreibe sie auf.

Aufs frühe Aufstehen werde ich verzichten.

5 **a)** Gib den nebenstehenden Brief in richtiger Groß- und Kleinschreibung in den Computer ein.
b) Unterstreiche alle nominalisierten Verben.
c) Überprüfe den Text mit dem Rechtschreibprogramm. Lies dazu den Tipp auf Seite 45.

Liebe Frau Schulze,

nach langem ÜBERLEGEN möchte ich Ihnen mitteilen, dass ich keinen Aufsatz über meine Zukunft SCHREIBEN werde. Warum soll ich lange darüber ins GRÜBELN geraten, was in einigen Jahren sein wird, wenn ich noch nicht einmal weiß, wie ich den heutigen Tag ÜBERSTEHEN soll. Zum TREFFEN mit meinen Freunden habe ich überhaupt keine Lust. Uli gerät bei Monas Anblick wieder ins SCHWÄRMEN, Monas ewiges JAMMERN wegen Matthias nervt mich und Susi hat nicht einmal ein LÄCHELN für mich übrig. Sie SEHEN also, dass ich genügend mit der Gegenwart zu tun habe. Warum soll ich mich deshalb mit meinem zukünftigen LEBEN beschäftigen?

Ihr Lukas Bauer

PS: Sollten Sie mir nach dem LESEN meines Aufsatzes eine Sechs GEBEN wollen, so BEDENKEN Sie bitte, dass ich in 20 Jahren Ihr Vorgesetzter sein könnte!

Wenn Adjektive als Nomen gebraucht werden

Die Außerirdischen kommen!

Das ist das Letzte: Gestern Nacht wurde in Nürnberg ein Ufo gesichtet. So etwas Unglaubliches wurde bisher noch nicht beobachtet. Zunächst war am Himmel nur ein heller Punkt zu sehen. Im Allgemeinen handelt es sich bei solchen Beobachtungen um kleine Himmelskörper, doch dieses Mal war es etwas Besonderes.

Gegen 24.00 Uhr wurde am Burggraben eine fliegende Untertasse gesichtet. Angeblich sollen grüne Wesen ausgestiegen sein. Die Kleinen sollen im Dunkeln die Burg besichtigt haben. Nach einer Stunde entflogen sie wieder ins Unbekannte. Alles Nähere erfahren Sie morgen in einer Sonderausgabe.

1 **a)** Lest den Text oben.
Was haltet ihr von dieser Meldung?
b) In dem Text befinden sich Adjektive, die als Nomen gebraucht werden und deshalb großgeschrieben werden. Sucht sie heraus.
c) Schreibt alle nominalisierten Adjektive mit ihren Signalwörtern heraus: *die Außerirdischen*. Die Info hilft euch dabei.

2 Schreibe die folgenden Sätze in richtiger Groß- und Kleinschreibung in dein Heft.
Achtung: In fünf Fällen wird das Adjektiv kleingeschrieben.

1. In Sciencefiction-Filmen geht es meistens um das GLEICHE.
2. Es wird von der Zukunft erzählt, in der sich etwas SONDERBARES abspielt.
3. Natürlich kommen auch FREMDE Wesen darin vor.
4. Meistens haben sie AUSSERGEWÖHNLICHE Eigenschaften.
5. So wird vielleicht von einem FREMDEN erzählt, der eine SAGENHAFTE Intelligenz besitzt.
6. Oder es geht um eine Gestalt, die am LIEBSTEN wieder nach Hause möchte.
7. Oft mischt sich auch ein AUSSERIRDISCHER unter die Gesellschaft und verbreitet viel BÖSES.
8. Ob es wohl auf anderen Planeten wirklich UNBEKANNTES Leben gibt?

3 Bilde mit den folgenden Adjektiven Sätze, in denen die Adjektive einmal klein- und einmal großgeschrieben werden müssen.
Das schöne Erlebnis ging viel zu schnell zu Ende.
Das Schöne daran ist, dass ich es nie vergessen werde.

schön – spannend – beeindruckend – traurig – alt – fremd – neu – blond

INFO

Adjektive können als Nomen gebraucht werden
Adjektive, die als Nomen gebraucht werden, nennt man **nominalisierte Adjektive** (zu Nomen gewordene Adjektive):
das Beste, im Allgemeinen, wenig Gutes.
Du erkennst nominalisierte Adjektive oft an folgenden Signalwörtern:
- *der, die, das, ein, eine,*
- *beim, im, vom, zum, ins,*
- *etwas, viel, manches, wenig, nichts, alles.*

Achtung: Die Höchststufe des Adjektivs wird immer kleingeschrieben:
am besten, am schönsten, am schnellsten.

im Allgemeinen Folgendes zum Besten geben
auf dem Laufenden bleiben des Weiteren alles Übrige
das Beste im Voraus im Großen und Ganzen
in Bezug auf im Klaren sein im Folgenden

4 Im Kasten findet ihr Formulierungen mit Adjektiven und anderen Wörtern, die immer großgeschrieben werden.
Wählt fünf Formulierungen aus.
Bildet dazu passende Sätze und schreibt sie auf.

5 Schreibe den folgenden Brief in richtiger Groß- und Kleinschreibung auf.
Berücksichtige, dass die Anredewörter *Sie, Ihr, Ihnen* immer großgeschrieben werden.

LIEBE NACHBARN,

FOLGENDES MÖCHTE ICH IHNEN GERN MITTEILEN: AM KOMMENDEN SAMSTAG FEIERE ICH MEINEN VIERZEHNTEN GEBURTSTAG. DA DIES ETWAS BESONDERES IST, HABE ICH VIELE FREUNDE EINGELADEN. ICH BIN MIR DARÜBER IM KLAREN, DASS EINE SOLCHE FEIER IM ALLGEMEINEN MIT LÄRM VERBUNDEN IST. DAMIT SIE NICHT ERSCHRECKEN, MÖCHTE ICH SIE DES WEITEREN DARAUF HINWEISEN, DASS ALLE MEINE FREUNDE VERKLEIDET ERSCHEINEN. FÜR IHR VERSTÄNDNIS MÖCHTE ICH MICH BEREITS IM VORAUS BEDANKEN.

MIT FREUNDLICHEN GRÜßEN
MARCEL SIMMEL

Geheimnisvolle Zeichen

Schon vor einigen Wochen hatte Bauer Bax auf seinen Feldern etwas Eigenartiges entdeckt: Bestimmte Kornflächen lagen flach und ergaben bei genauem Hinsehen runenhafte Zeichen. Obwohl Bauer Bax im Großen und Ganzen ein aufgeklärter Mann war, rief er nach kurzem Überlegen die Polizei an, denn er vermutete etwas Unfassbares: Die Zeichen könnten von Außerirdischen stammen, die auf diese Weise etwas Wichtiges mitteilen wollten. In Rundfunk und Fernsehen wurden die Menschen in den folgenden Wochen über dieses Geschehen auf dem Laufenden gehalten. Experten wurden befragt, aber sie konnten sich das Auftreten dieser Markierungen nicht erklären. Auf des Rätsels Lösung kam Bauer Bax jedoch selbst, als er eines Morgens früher zum Pflügen aufs Feld fuhr. Dort nämlich waren Jugendliche noch mit dem Niederwalzen weiterer Kornflächen beschäftigt. Sie hatten sich nur einen Spaß erlaubt.

6 **a)** Schreibt den Text als Partnerdiktat (Anleitung: S. 210).
b) Unterstreicht die nominalisierten Verben und Adjektive und die dazugehörenden Signalwörter.
c) Gebt die unterstrichenen Ausdrücke in den Computer ein und prüft mit dem Rechtschreibprogramm. Lest dazu den Tipp auf Seite 45.

Zeitangaben

Das Wochenende eines Erwachsenen

Samstag:
- um 6.00 Uhr am Morgen aufstehen
- frühmorgens aufräumen
- vormittags Hilde (meiner Ehefrau) Frühstück ans Bett bringen
- für das Essen am Mittag einkaufen
- mittags kochen
- nachmittags Kuchen backen
- am späten Nachmittag abwaschen
- am Abend aufwischen
- samstagabends mich für Hilde hübsch machen
- am späten Abend Hilde ausführen
- kurz vor Mitternacht schlafen gehen

Sonntag:
- morgens ausschlafen (bis 8.00 Uhr)
- gegen Mittag Hilde wecken
- am Sonntagmittag essen gehen (ich bezahle von meinem Ersparten)
- nachmittags Ruderfahrt mit Hilde (ich rudere, da sie das nicht mag)
- zum Abend Freizeit (ich lese in meinem Zimmer und bereite Hildes Essen für morgen Mittag vor)
- spätabends einschlafen (nicht schnarchen)
- in der Nacht von meiner Arbeitsstelle (ohne Hilde) träumen

1 a) Wie wirst du wohl in zehn Jahren dein Wochenende verbringen? Was gefällt dir am oberen Beispiel? Was stellst du dir anders vor?
b) Lege dir folgende Tabelle an und ordne alle Zeitangaben ein.

großgeschriebene Zeitangaben	kleingeschriebene Zeitangaben
am Morgen	frühmorgens

c) Unterstreiche bei den großgeschriebenen Zeitangaben die Signalwörter. Lies dazu die Info. Achtung: Drei Zeitangaben haben keine Signalwörter.

2 Wie sieht dein Wochenende zurzeit aus? Schreibe die Sätze in dein Heft und ergänze die fehlenden Zeitangaben.
1. Ich bin ☆ immer sehr wortkarg.
2. Meistens treffe ich mich ☆ mit Freunden.
3. Zum Training gehe ich immer ☆.
4. Meine Hausaufgaben erledige ich meistens ☆.
5. In der Regel sehe ich ☆ fern.
6. ☆ ist es für mich am langweiligsten.
7. Am schönsten ist es für mich ☆, weil …

3 Beschreibe in einigen Sätzen, wie in der Zukunft dein Wochenende aussehen könnte. Verwende dabei möglichst viele Zeitangaben.

INFO

Die Schreibung von Zeitangaben
Zeitangaben werden großgeschrieben, wenn es sich dabei um Nomen handelt. Ihnen gehen oft folgende Signalwörter voraus:

1. **der, die, das, ein, eine:**
   der Abend, eines Morgens, der Montagmorgen
2. **am, vom, zum:**
   am Abend, zum Morgen, am Dienstagabend, vom Sonntagmittag
3. **vorgestern, gestern, heute, morgen, übermorgen:**
   heute Morgen, gestern Abend, morgen Mittag

Achtung beim Skifahren

Der Chiemgau – eine Region zum Erholen
Der Chiemgau ist ein idealer Ferienstandort: Hier können Sie im Sommer Rad fahren, Drachen fliegen und Kajak fahren. Im Winter erwartet Sie ein Schneeparadies, in dem Sie nach Herzenslust Ski laufen und Snowboard fahren können. Auf den präparierten Eisflächen können Sie Eisstock schießen oder Eishockey spielen.

1 a) Lest euch den Werbetext durch.
b) In dem Text befinden sich getrennt geschriebene Ausdrücke, die aus Nomen und Verb bestehen. Sucht sie heraus.
c) Übertragt die folgende Tabelle in euer Heft. Tragt die gefundenen Ausdrücke aus Nomen und Verben ein.

Nomen	Verb
Rad	☆

d) Welche weiteren Ausdrücke aus Nomen und Verb fallen euch zu *fahren* und *spielen* ein? Schreibt sie in eure Tabelle.

2 a) Welche Ausdrücke könnt ihr aus den folgenden beiden Wörterlisten bilden? Tragt auch sie in eure Sammlung ein.
b) Wendet diese Ausdrücke in Sätzen an.

Schuld	Angst		essen	machen
Eis	Maschine	+	leiden	geben
Gewinn	Hilfe		schreiben	suchen
Laub	Not		tragen	bringen

3 Vergleicht den folgenden Text mit dem Werbetext:

Viele Gäste kommen zum Radfahren, zum Drachenfliegen, zum Kajakfahren oder zum Bergsteigen. Wem das Skifahren oder das Eislaufen mehr liegt, findet im Winter bei uns ideale Bedingungen.

a) Versucht, eine Regel zu formulieren, wann Ausdrücke aus Nomen und Verb zusammengeschrieben werden.
b) Bildet Sätze, in denen die in eurer Tabelle gesammelten Ausdrücke zusammengeschrieben werden müssen.

INFO

Ausdrücke aus Nomen und Verb
Die meisten Ausdrücke, die aus einem Nomen und einem Verb bestehen, werden getrennt geschrieben: *Rad fahren, Maschine schreiben, Angst haben.*
Heute werde ich Rad fahren.
Werden diese Ausdrücke aber als Nomen gebraucht, schreibt man sie zusammen.
Das Radfahren macht mir Spaß.
Heute komme ich nicht mehr zum Radfahren.

Achte auf die Signalwörter:
1. *der, die, das, ein, eine;*
2. *am, beim, im, vom, zum.*

Bayern lieben lernen

Sie sollten Bayern lieben lernen!
Sie wollen spazieren gehen?
Sie wollen sich verwöhnen lassen?
Sie möchten in klaren Bergseen schwimmen gehen?
Dann sollen Sie nicht länger warten müssen!
Bei zünftigen Brotzeiten werden Sie kräftig essen können.
Hier können Sie abends zufrieden schlafen gehen!

1 **a)** Lest euch die oberen Sätze durch.
b) In den Sätzen befinden sich getrennt geschriebene Ausdrücke, die aus zwei Verben bestehen. Sucht sie heraus.
c) Übertragt die folgende Tabelle in euer Heft. Tragt die gefundenen Ausdrücke ein.

1. Verb	2. Verb
lieben	☆

2 Welche anderen Ausdrücke, die aus zwei Verben bestehen, kennt ihr? Schreibt sie in eure Tabelle.

3 Welche Ausdrücke lassen sich aus folgenden Verben bilden? Schreibt sie in eure Tabelle.

essen	baden	+	können
laufen	wandern		üben
lesen	schlafen		gehen
schreiben	schwimmen		lernen
	sitzen		

4 **a)** In den folgenden Sätzen werden Ausdrücke aus zwei Verben zusammen- und großgeschrieben. Versucht eine Regel zu formulieren.
Das Spazierengehen wird Ihnen in Bayern gefallen. Zum Kennenlernen der Umgebung sollten Sie sich viel Zeit nehmen.
b) Schreibt einige Sätze mit Ausdrücken aus zwei Verben auf, die groß- und zusammengeschrieben werden.

5 In den folgenden Sätzen musst du immer ein Verb ergänzen. Achte beim Aufschreiben darauf, dass du an einer Stelle den Ausdruck aus Verb und Verb groß- und zusammenschreiben musst.

Vergesslicher Einbrecher gefasst
In dem bayerischen Ferienort Bernried konnte die Polizei kurz nach einem Einbruch den Einbrecher schon gefangen ☆. Der junge Mann hatte nämlich am Tatort seine Jacke mit der Brieftasche hängen ☆. Er war so dreist – oder so dumm, die Jacke als vermisst zu melden. Er hatte zu Protokoll gegeben, dass er die Jacke beim ☆ gehen auf einer Parkbank liegen ☆ habe. Kurze Zeit später wurde der Mann festgenommen.

INFO

Ausdrücke aus zwei Verben
Folgen zwei Verben aufeinander, so schreibst du sie meistens getrennt:
spazieren gehen, lesen lernen, (auf dem Stuhl) sitzen bleiben.
Dies ist auch dann der Fall, wenn es sich bei einem der Verben um ein Partizip handelt:
spazieren gegangen, lesen gelernt, (auf dem Stuhl) sitzen geblieben.
Werden die Ausdrücke als Nomen gebraucht, schreibt man sie zusammen und groß:
beim Spazierengehen, das Lesenlernen, das Sitzenbleiben.

Auf dem Stuhl **sitzen bleiben**
Aber: in der Schule **sitzenbleiben**

Endlich Urlaub!

Vor unserem hübschen Haus werden sie lange vor Begeisterung **stehen bleiben**. Gönnen Sie sich eine Auszeit. Vergessen Sie den Stress und die Zeit wird **stehenbleiben**.

Wir garantieren für Ihre Sicherheit. Da können Sie den Autoschlüssel ruhig einmal im Schloss **stecken lassen**. Auch Ihr Geld können Sie **steckenlassen**, denn Sie können überall bargeldlos bezahlen.

Natürlich können Sie nasse Wäsche auf der Leine im Hof **hängen lassen**. Für Regenzeiten steht Ihnen ein Trockner zur Verfügung, denn wir wollen Sie nicht **hängenlassen**.

Achten Sie bitte auf Sauberkeit. Vermeiden Sie bitte, dass Kaugummis oder anderer Dreck an den Wänden unserer Ferienwohnungen **haften bleiben**. Sonst wird Ihnen ein Gespräch mit unserem Hausmeister noch lange im Gedächtnis **haftenblei-ben**.

1a) Untersucht in den Sätzen oben die fett gedruckten Ausdrücke. Erklärt ihre unterschiedlichen Bedeutungen.
b) Versucht, eine Regel zu formulieren, wann man zwei Verben zusammenschreiben muss. Vergleicht eure Regel mit der Info.

2a) Lies den Brief rechts. Überlege, ob die Verbindungen aus zwei Verben getrennt oder zusammengeschrieben werden müssen.
b) Schreibe die Sätze ins Heft.
c) Vergleicht eure Lösungen in Partnerarbeit.

INFO

Auf die Bedeutung kommt es an!
Zwei Verben werden nur dann zusammengeschrieben, wenn sie eine neue Bedeutung ergeben:
Du kannst die Jacke im Schrank hängen lassen.
Du solltest mich jetzt nicht hängenlassen (im Stich lassen).

Hallo Natalie,

viele Grüße aus Italien sendet Dir Dein Luka. Weißt Du eigentlich, dass ich sitzen(1)geblieben bin? Wir werden daher im nächsten Schuljahr endlich in einer Klasse sein. Übrigens war am letzten Schultag noch ganz schön was los. Unsere Rektorin hat die Schulparty platzen(2)lassen, weil plötzlich aus allen Nachbarorten Jugendliche in der Schule auftauchten ... Unserer Fahrt in die Ferien begann ziemlich aufregend: Am Brenner sind wir auf der Autobahn liegen(3)geblieben! Jetzt aber werde ich mich hier erst einmal erholen. Während meine Eltern meine beiden kleinen Brüder jeden Tag im Sand spielen(4)lassen, betätige ich mich sportlich: Ich werde meine Muskeln im Fitness-Studio spielen(5)lassen. So, jetzt muss ich mich aber um meine Brüder kümmern, die im Treppenhaus Luftballons platzen(6)lassen. Ich denke, dieser Urlaub wird mir noch lange im Gedächtnis haften(7)bleiben!

Ciao! Dein Luka

Kommasetzung in Satzreihen

Alles über Elefanten

1. Ein Elefant kann vier Meter groß werden. Sein Gewicht beträgt dann bis zu 4 000 kg.
2. Den Rüssel benützt der Elefant nicht nur zum Riechen. Er gebraucht ihn auch zum Trinken.
3. Mit dem Rüssel kann der Elefant kleinste Strohhälmchen auflesen. Er vermag damit auch große Baumstämme zu tragen.
4. Elefanten sind ständig auf der Wanderschaft. Sie schlafen nur vier Stunden am Tag.
5. Eine Elefantenherde ist eine große Familie. Alle Tiere sind miteinander verwandt.
6. Den Elefantenbabys geht es besonders gut. Sie werden von den Elefantenmüttern liebevoll umsorgt.

und deshalb **daher** sondern aber **trotzdem** denn **dennoch**

1 a) Verbindet die Sätze zu Satzreihen und schreibt sie auf. Überlegt, ob ihr die Sätze ohne oder mit einem der oben aufgeführten Wörter aneinanderreiht. Lest in der Info nach, wann ihr ein Komma setzen müsst.
b) Vergleicht eure Lösungen.
c) Tauscht eure Hefte aus und überprüft, ob die Kommas richtig gesetzt wurden.

2 a) Schreibe die folgenden Sätze ab.
b) Unterstreiche den ersten Hauptsatz rot und den zweiten Hauptsatz blau. Setze an der richtigen Stelle das Komma, sofern es notwendig ist.
c) Verfahre in gleicher Weise mit den anderen Sätzen.

1. Die meisten Tiere suchen ständig Nahrung denn nur so können sie überleben.
2. Nur wenige jagen einzeln sie müssen dann ihre Beute auch nicht teilen.
3. Andere Tiere haben allein keine Chance daher jagen sie gemeinsam.
4. Bei den südafrikanischen Erdmännchen sucht ein Teil der Gruppe nach Nahrung und die anderen Artgenossen passen als Wächter auf.
5. Viele Tiere beanspruchen ein bestimmtes Gebiet für sich daher kennzeichnen sie diese Region durch Laute oder Duftmarken.
6. Auch Hunde orientieren sich an Duftmarken deshalb schnüffeln sie an fast jedem Baum.

INFO

Die Kommasetzung in Satzreihen

Hauptsätze können zu einer Satzreihe verbunden werden. Zwischen zwei Hauptsätzen steht ein Komma: *Heute bleibe ich zu Hause, ich bin krank.* Dies gilt auch, wenn die Hauptsätze durch „kleine Wörter" wie *aber, daher, denn, dennoch, deshalb, sondern, trotzdem* verbunden werden: *Heute bleibe ich zu Hause, denn ich bin krank.*
Vor *und/oder* muss kein Komma stehen: *Ich bin krank und ich bleibe heute zu Hause.*

Kommasetzung in Satzgefügen

Hast du das gewusst?

1. Schiffe können im warmen Wasser schneller fahren als im kalten weil im warmen Wasser die Reibung geringer ist.
2. Wenn die chinesischen Kaiser badeten benutzten sie Riesenmuscheln.
3. Obwohl der Brontosaurus schwerer als acht Elefanten war hatte er nur ein Gehirn von der Größe eines Apfels.
4. Die Cheopspyramide ist so groß dass sie die Kathedralen von Florenz, London, Mailand und Rom in sich aufnehmen könnte.
5. Da die Zahl 10 000 in China die Zahl des Himmelsherrn ist hat der Kaiserpalast in Peking nur 9 999 Zimmer.
6. Die Bulgarier schütteln den Kopf wenn sie „Ja" meinen.

1 **a)** In welchen Satzgefügen ist der Nebensatz vorangestellt? Nennt die beiden Prädikate, zwischen denen das Komma stehen muss.
b) In welchen Satzgefügen ist der Nebensatz nachgestellt?
c) Schreibe die Sätze ab und setze die fehlenden Kommas ein.

2 Schreibe die folgenden Sätze ab. Unterstreiche in jedem Nebensatz die Konjunktion und rahme das Prädikat ein. Setze die Kommas.

Unfassbar!

1. Als ich gestern die Zeitung aufschlug las ich etwas Unglaubliches.
2. Ein russischer Zirkuselefant soll so intelligent sein dass er sogar sprechen kann.
3. Vermutlich ist das Tier so sprachbegabt weil es seit frühester Jugend bei Menschen lebte.
4. Sicherlich wäre seine Entwicklung anders verlaufen wenn er sich ausschließlich unter Tieren aufgehalten hätte.
5. Als das Tier wieder einmal aufgetreten war soll es plötzlich angefangen haben russisch zu sprechen.
6. Obwohl der begabte Dickhäuter zwanzig Sätze murmeln kann versteht ihn doch nur der Dompteur.

INFO

Die Kommasetzung im Satzgefüge

Satzgefüge bestehen aus einem Hauptsatz und einem Nebensatz (siehe Seite 168). Hauptsatz und Nebensatz werden durch Komma getrennt.
Ich glaube nicht, dass ein Elefant sprechen kann.

So erkennst du einen Nebensatz:

1. Ein Nebensatz beginnt meistens mit einer Konjunktion *(als, da, dass, obwohl, weil, nachdem, ...).*
2. Im Nebensatz steht das Prädikat immer am Ende.
3. Der Nebensatz ergibt allein keinen Sinn.

So erkennst du die Kommastelle:

1. Beim vorangestellten Nebensatz steht das Komma zwischen dem Prädikat des Nebensatzes und dem Prädikat des Hauptsatzes:
Dass ein Elefant sprechen kann, glaube ich nicht.
2. Beim nachgestellten Nebensatz steht das Komma vor der Konjunktion, die den Nebensatz einleitet:
Ich glaube nicht, dass ein Elefant sprechen kann.

Petra wartet

1. Ich muss mich mit den Hausaufgaben beeilen. *weil*
   Ich will heute mit Petra noch ins Freizeitheim gehen.
2. Gestern hat mich Petra angerufen.
   Wir hatten uns eigentlich etwas gezankt. *obwohl*
3. Sie hat mich informiert.
   Heute findet im Freizeitheim eine Disko statt. *dass*
4. Ich knoble an einer Rechenaufgabe.
   Meine Gedanken sind ganz woanders. *während*
5. Ich will den Bus um 17.15 Uhr erreichen. *wenn*
   Dann muss ich jetzt Schluss machen.
6. Ich bin noch nicht ganz fertig.
   Ich muss den Rest der Hausaufgaben heute Abend machen. *da*

3 **a)** Formuliert aus je zwei Sätzen ein Satzgefüge. Verwendet die angegebenen Konjunktionen. Schreibt die Satzgefüge in euer Heft.
b) Vergleicht eure Sätze. Wo steht das Komma, wenn der Nebensatz vorangestellt wird? Wo steht das Komma, wenn der Nebensatz nachgestellt wird?
c) Formuliert ein Satzgefüge so um, dass der Nebensatz in den Hauptsatz eingeschoben ist. Beim dritten Satz ist das nicht möglich.

INFO

Kommasetzung bei Relativsätzen
Nebensätze können auch durch Relativpronomen *(der, die, das, welcher, welche, welches)* eingeleitet werden. Man nennt diese Nebensätze **Relativsätze** oder **Attributsätze** (siehe Seite 164). Hauptsatz und Relativsatz werden durch Komma abgetrennt.
Relativsätze/Attributsätze erkennen
Prüfe, ob sich *der, die, das* auf ein vorausgehendes Nomen bezieht.

Polizei verhaftet Känguru
HAMBURG Die Polizei musste zu einem besonderen Einsatz ausrücken nachdem von einem Autofahrer ein Känguru auf der Straße gesehen worden war. Die Polizeibeamten des Einsatzwagens fanden bald das Tier das sich hinter einer Hecke versteckt hatte. Die Beamten die noch Verstärkung angefordert hatten konnten das Känguru wieder einfangen. Der Polizeisprecher betonte dass das Tier keinen Widerstand geleistet habe. Das Känguru dessen Halter zunächst nicht zu ermitteln war wurde in den Zoo gebracht. Am nächsten Morgen konnte der Besitzer der inzwischen eine Vermisstenanzeige aufgegeben hatte das Känguru wieder in sein Freigehege zurückbringen. Der Ausbrecher soll sofort wieder zu der Stelle des Zauns gesprungen sein an der ihm am Tag zuvor die Flucht geglückt war.

4 **a)** Schreibe den Text ab.
b) Bei fünf Sätzen handelt es sich um Satzgefüge mit einem Relativsatz (Attributsatz). Lies hierzu die Info.
c) Unterstreiche das Relativpronomen und umrahme das Prädikat.
d) Setze die Kommas.

5 Entwickelt selbst Satzgefüge. Schreibt in Gruppen die Sätze ohne Komma auf die Vorderseite von DIN-A7-Kärtchen. Auf die Rückseite schreibt ihr den Satz mit richtiger Kommasetzung. Spielt dann das Spiel des Wissens (Anleitung: Seite 209).

Zeichensetzung bei der wörtlichen Rede

Die Schnecke und der Schnellzug

Eine Schnecke, die an einem Bahndamm wohnte, ärgerte sich alle Tage über einen Schnellzug, der vorbeisauste und sie durch sein lautes Benehmen in ihrem behaglichen Geschäft störte.

Das will ich ihm austreiben!, sagte die Schnecke zu sich selbst. Sie stellte sich zwischen den Gleisen auf und streckte drohend ihre Fühler aus, als sie den Zug in der Ferne auftauchen sah.

Zu allem entschlossen sagte sie Niederstoßen werd ich ihn!

Der Zug kam heran und brauste über die Feindin hinweg. Die Schnecke drehte sich um und sah dem Davoneilenden nach. Er hält nicht stand, sagte sie verächtlich, er reißt aus, er ist ein Feigling.

Nach Paul Keller

INFO

Zeichensetzung bei der wörtlichen Rede

1. Vorangestellter Begleitsatz

Die Schnecke tobte: „Mir reicht es!“

__________: „- - - - - - - - - - -!“

Begleitsatz wörtliche Rede

Beachte den Doppelpunkt.

2. Nachgestellter Begleitsatz

„Ich will mich nicht ärgern“, sagte sie.

„Soll ich mich ärgern?“, fragte sie sich.

„- - - - - - - - - - - - - - -?“, __________.

wörtliche Rede Begleitsatz

Vor dem Begleitsatz steht immer ein Komma. Die wörtliche Rede endet mit einem Fragezeichen oder einem Ausrufezeichen, nicht aber mit einem Punkt.

3. Eingeschobener Begleitsatz

„Ich werde“, keuchte die Schnecke,

„- - - - - - -“, ________________,

wörtl. Rede Begleitsatz

„ihn schon noch erwischen.“

„- - - - - - - - - - - - - - - - - - - -.“

wörtliche Rede

Vor und nach dem Begleitsatz steht ein Komma. Das Satzschlusszeichen steht immer **vor** den letzten Anführungsstrichen.

1 In dieser Fabel wurden die Satzzeichen der wörtlichen Rede nicht berücksichtigt.

a) An welchen Stellen im Text tritt wörtliche Rede auf?

b) Schreibt die drei wörtlichen Reden mit ihren Begleitsätzen in euer Heft. Unterstreicht den Begleitsatz und unterstrichelt die wörtliche Rede.

c) Untersucht, ob der Begleitsatz der wörtlichen Rede vorausgeht, ob er ihr nachfolgt oder in sie eingeschoben ist.

d) Lest die Info. Welche Satzzeichen fehlen? Seht euch dazu die Beispiele genau an.

e) Setzt die fehlenden Satzzeichen ein.

2 a) Schreibt die nebenstehenden Witze in euer Heft. Ergänzt die fehlenden Satzzeichen.

b) Sucht selbst Witze und diktiert sie euren Nachbarn, ohne die Satzzeichen anzugeben.

1. Ist es wirklich wahr, dass sich der Wal von Sardinen ernährt fragt Fritz den Lehrer. Natürlich, mein Junge antwortet der. Da meint Fritz lachend Und wie kriegt er die Büchsen auf

2. Was haben Sie da unter meinen Aufsatz geschrieben fragt Anton den Lehrer. Deutlicher schreiben gibt dieser zur Antwort.

Schriftlich zitieren

Der Autor des Textes verwendet eine leicht verständliche Sprache. Besonders auffallend sind die vielen kurzen Hauptsätze, aus denen fast der gesamte Text besteht: „Ihr war kalt. Sie ärgerte sich. Doch sie blieb ganz ruhig."(Z. 5). Nur an wenigen Stellen wurden längere Sätze gewählt, z. B. „Obwohl sie ... stur."(Z. 24-26). Der Fragesatz am Schluss der Geschichte („Doch was konnte sie jetzt noch dagegen tun?", Z. 54) soll den Leser zum Nachdenken anregen.
Was die Wortwahl betrifft, so fällt auf, dass in dem Text viele Adjektive vorkommen, z. B. „beliebt" (Z. 11), „waghalsig" (Z. 13), verträumt" (Z. 40), „hübsch" (Z. 44) und „ängstlich" (Z. 52).

1 **a)** Im Schülertext oben wird an fünf Stellen etwas aus einem Originaltext wortwörtlich wiedergegeben. Sucht diese Stellen heraus.
b) Woran kann man diese wortwörtlich wiedergegebenen Aussagen (Zitate) im Text erkennen?

2 **a)** Untersucht im Text oben, wie die Zitate in die Sätze eingefügt sind.
b) Vergleicht eure Ergebnisse mit den Angaben in der zweiten Spalte der Info.

INFO

Zitieren

Wenn wir etwas wortwörtlich wiedergeben, was eine andere Person gesagt oder geschrieben hat, dann ist dies ein **Zitat**.
Zitate können aus einzelnen Wörtern sowie auch aus einem oder mehreren Sätzen bestehen.
Für das schriftliche Zitieren gelten folgende Regeln:

1. Zitate werden in Anführungszeichen gesetzt.
2. Das Zitat darf nicht vom Ausgangstext abweichen.
3. Auslassungen werden in einem Zitat durch ... gekennzeichnet.
4. Am Schluss eines Zitates wird der Fundort (z. B. die entsprechende Textzeile) genannt.

Es gibt verschiedene Möglichkeiten, ein Zitat in einen Text einzufügen, z. B.:

1. Das Zitat folgt nach einem Doppelpunkt, der Fundort wird in Klammern angegeben: *In diesem Text gibt es mehrere Fachbegriffe: „Spalte" (Z. 15), „Slogan"(Z. 24) und „Lead" (Z. 38).*
2. Das Zitat wird durch ein *z. B.* eingeleitet, der Fundort folgt in Klammern: *In diesem Text gibt es mehrere Fachbegriffe, z. B. „Spalte" (Z. 15), „Slogan" (Z. 24) und „Lead" (Z. 38).*
3. Das Zitat steht in Klammern, die Angabe des Fundortes folgt nach einem Komma: *In diesem Text gibt es drei Fachbegriffe („Spalte", Z. 15, „Slogan", Z. 24 und „Lead", Z. 38).*

Was die Sprache des Textes betrifft, so fällt auf, dass der Autor viele kompliziert aufgebaute Satzgefüge verwendet, z. B. Der Täter wusste, obwohl er ... gedacht hatte. (Z. 9).
Nur in den Zeilen 15 bis 17 folgen einige kurze Fragesätze: Konnte das sein? Ob er gegangen war? Würde er wiederkommen? Diese Fragen richten sich an den Leser und sollen ihn zum Nachdenken anregen.
Bei der Wortwahl fallen vor allem die zahlreichen Ausdrücke aus der Jugendsprache auf (cool, Z. 9, ultrakrass, Z. 17, hipp, Z. 21). Darüber hinaus werden zwei medizinische Fachbegriffe (Hämatom, Z. 16, Inkubation, Z. 18) verwendet, welche die Verständlichkeit des Textes erschweren.

3 a) Im Text oben befinden sich mehrere Zitate. Nennt diese Stellen.
b) Schreibt den Text ab und kennzeichnet die Zitate durch Anführungszeichen.

4 Im nebenstehenden Schülertext zu dem Zeitungsbericht unten fehlen die Zitate. Schreibt den Text ab und ergänzt für jeden Stern ein passendes Zitat aus dem Bericht. Überlegt, wie ihr die Zitate in den Text einfügt. Lest dazu die Info auf Seite 206.

In dem Bericht werden überwiegend Hauptsätze verwendet. Lediglich ein Satzgefüge kommt vor ☆. Weiterhin sind in einem Satz Aufzählungen zu finden ☆. Der Schlusssatz endet mit einem Ausrufezeichen ☆.Hier sollen die Leser zur Vorsicht aufgefordert und gewarnt werden. In dem Bericht kommen viele Zahlenangaben vor, z.B. ☆ und ☆, ☆ und ☆. Darüber hinaus wird ein Fremdwort benützt ☆.

Radarkontrollen in der Innenstadt

Am letzten Wochenende wurden in der Münchener Innenstadt verstärkt Radarkontrollen durchgeführt. Laut Aussage des Polizeisprechers wurden innerhalb von zwei Stunden über siebzig Verkehrssünder registriert. Die Fahrer hatten die Wahl: Entweder sie entschieden sich für eine sofortige Bußgeldstrafe oder sie erklärten sich bereit, an einer ausführlichen Fragebogenaktion teilzunehmen. Nach großem Entsetzen, langem Diskutieren, erstaunten Blicken und auch nach wütendem Geschrei waren damit über 60 % der Verkehrsrowdys schließlich einverstanden. Hierbei stellte sich heraus, dass über die Hälfte der Fahrer die zu hohe Geschwindigkeit nicht einmal bemerkt hatte. Nach diesem Ergebnis ist auch am kommenden Wochenende mit zahlreichen Verkehrskontrollen zu rechnen!

Memory

Anzahl der Spielerinnen / Spieler:
2–4

Material:
10–20 selbst gemachte Spielkarten

Herstellung:
Als Spielkarten werden kleine Karteikarten oder Zettel (ca. 4,5 cm mal 5,5 cm; Vorlage: Copy 71) verwendet. Es müssen immer Spielkartenpaare angelegt werden.

Spielanleitung:
Die Spielkarten werden gemischt und mit der Schrift nach unten auf den Tisch gelegt.
Der erste Spieler deckt zwei Karten für alle sichtbar auf. Wenn er ein Paar gefunden hat, darf er die Karten behalten und noch einmal sein Glück probieren.
Wenn er unterschiedliche Karten aufgedeckt hat, werden die Karten wieder mit der Schrift nach unten zurückgelegt.
Gewonnen hat, wer am Ende die meisten Kartenpaare besitzt.

Domino

Anzahl der Spielerinnen / Spieler:
2–4

Material:
ca. 30 selbst gemachte Karten

Herstellung:
Als Legekarten werden kleine Karteikarten oder Zettel (ca. 8 cm mal 4 cm; Vorlage: Copy 72) verwendet.
Die Karten werden durch einen Strich unterteilt. Auf die erste Karte schreibt ihr links „Start“ und auf die letzte Karte rechts „Ziel“. Legt die Karten aneinander und beschriftet sie dann.

Spielanleitung:
Die Karten werden gemischt und jeder Spieler erhält sechs Dominokarten.
Die restlichen Karten liegen verdeckt auf einem Stapel.
Eine Karte wird vom Stapel genommen und aufgedeckt.
Der erste Spieler versucht, seine Karten so anzulegen, dass ein sinnvolles Wort entsteht.
Er darf so lange fortfahren, bis er nicht mehr anlegen kann.
Dann kommt der nächste Spieler dran.
Wer nicht bedienen kann, darf eine Karte vom Stapel ziehen. Das Spiel ist zu Ende, wenn alle Karten angelegt sind.

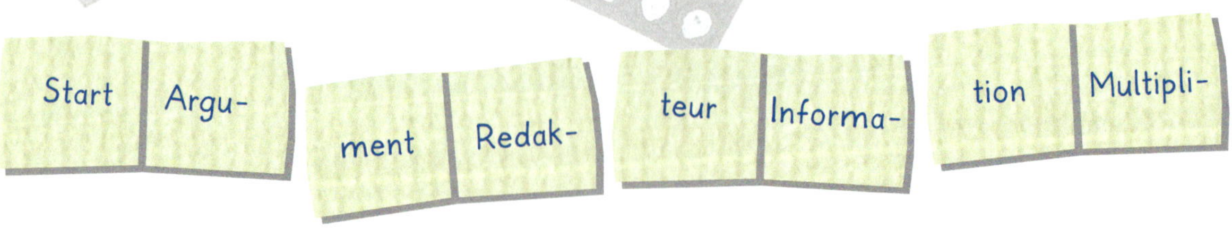

Bingo

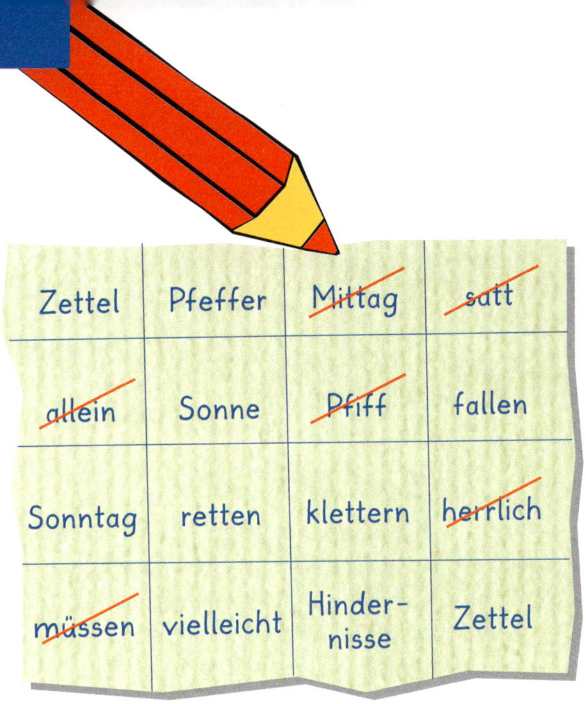

Anzahl der Spielerinnen / Spieler:
3 – 4
(kann auch mit der ganzen Klasse gespielt werden)

Material:
1 Spielplan pro Mitspieler / Mitspielerin

Herstellung:
Jeder von euch stellt einen Spielplan mit 4 mal 4 Feldern her (oder Vorlage Copy 73). Legt gemeinsam 16 Übungswörter fest. Diese Wörter werden nun auf jeden Plan in beliebiger Reihenfolge übertragen.

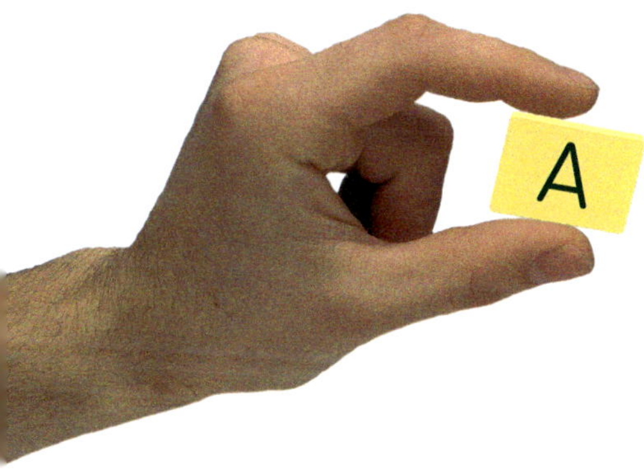

Spielanleitung:
Ein Spieler übernimmt die Spielleitung und liest die Wörter aus seinem beschrifteten Spielplan vor. Die anderen streichen diese Wörter auf ihren Plänen durch. Gewonnen hat, wer zuerst eine Reihe von oben nach unten oder von links nach rechts oder schräg über den Spielplan ausgestrichen hat.

Scrabble

Anzahl der Spielerinnen / Spieler:
2

Material:
2 selbst gemachte Spielvorlagen

Herstellung:
Jeder Spieler zeichnet auf Karopapier ein Feld von 10 mal 10 Feldern und trägt waagerecht und senkrecht 10 – 15 rechtschreibschwierige Wörter ein. Die Lücken werden dann mit beliebigen Buchstaben ausgefüllt.

Spielanleitung:
Die ausgefüllten Spielvorlagen werden ausgetauscht. Jeder sucht die versteckten Wörter und streicht sie an.

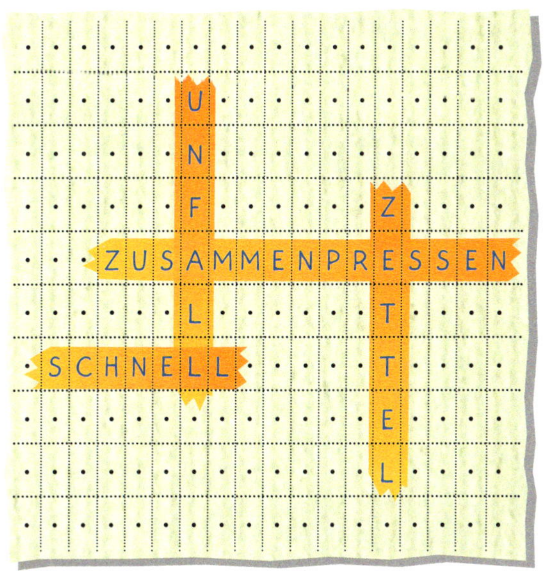

Wörter versenken

Anzahl der Spielerinnen / Spieler:
2

Material:
2 Spielpläne (Vorlage: Copy 74)

Herstellung:
Die Spielpläne A und B werden auf kariertem Papier wie im Beispiel angelegt. Anschließend werden in den Plan A acht Wörter eingetragen. Hinweis: Man kann auch die kopierte Vorlage in eine Klarsichthülle stecken und dann mit einem wasserlöslichen Stift beschriften. So lässt sich die Vorlage mehrfach nutzen.

Spielanleitung:
Wie beim Spiel „Schiffe versenken" fragt ihr abwechselnd die Felder ab. Ihr notiert euch im Plan B, welchen Buchstaben ihr getroffen habt. So entstehen bei dir und deinem Partner die gesuchten Wörter. Gewonnen hat, wer zuerst alle Wörter aufgespürt hat.

A

B

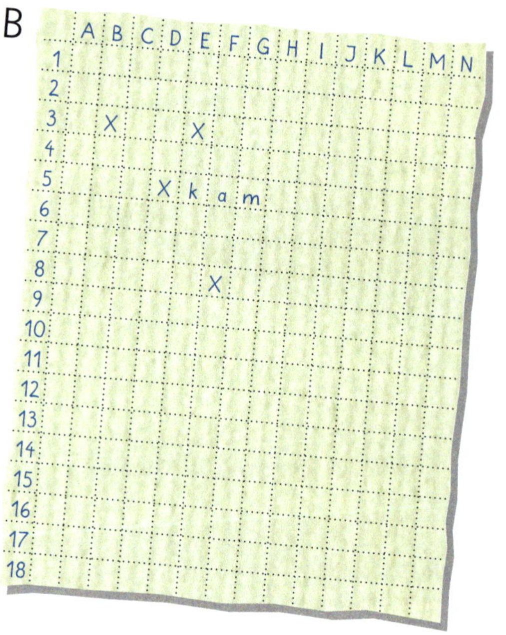

Spiel des Wissens

Anzahl der Spielerinnen / Spieler:
2–4

Material:
Aufgabenkarten
(selbstgemacht oder Vorlage Copy 75)

Herstellung:
Schreibt auf die Vorderseite der Karten die Aufgabe und auf die Rückseite die Lösung.

Spielanleitung:
Legt den Kartenstoß mit den Fragen nach oben auf den Tisch und entscheidet, wer beginnen darf. Wird die Frage vom Spieler richtig beantwortet, darf er die Karte behalten, sonst kommt sie wieder unter den Stoß. Gewonnen hat, wer am Schluss die meisten Karten besitzt.
Ihr könnt dieses Spiel auch als Setzspiel durchführen. Dazu gibt es die Spielvorlage *Skaterspiel* (Copy 76).

Für alle folgenden Vorschläge gilt:
- Mit diesen Diktaten übt ihr richtig zu schreiben. Sie werden daher auch nicht benotet.
- Die Diktate sollen kurz sein (höchstens 80 Wörter). Beispiele für kurze Diktattexte zum Üben findet ihr auch auf Seite 212.
- Führt die Diktate im Rahmen von Übungsphasen (oder Freiarbeit) durch.

Dosendiktat

In einer Dose befinden sich verschiedene Streifen. Auf jedem Streifen steht ein Satz.
- Hole alle Streifen aus der Dose.
- Nimm einen Streifen.
- Lies ihn genau durch.
- Drehe ihn um und schreibe den Satz auswendig in dein Heft.
- Vergleiche deinen geschriebenen Satz mit dem Satzstreifen.
- Verbessere falsch geschriebene Wörter.
- Lege den Satzstreifen in die Dose zurück.
- Übe auf diese Weise mit mehreren Satzstreifen.

Partnerdiktat

- Je zwei arbeiten zusammen.
- Beide lesen den Text gründlich durch.
- Einigt euch, wer den ersten Satz diktiert.
- Diktiert werden zusammengehörende Wortgruppen von 3 – 4 Wörtern.
- Wer schreibt, spricht diese Wörter leise nach.
- Jetzt wird die Wortgruppe aufgeschrieben.
- Jeder niedergeschriebene Satz wird sofort kontrolliert.
- Anschließend tauscht ihr die Rollen: Wer geschrieben hat, diktiert dem anderen den zweiten Satz.

Diktierkreisel

Auf dem Tageslichtprojektor liegt eine Folie mit einer Wörterliste.
- Ihr arbeitet zu dritt. Zwei sitzen mit dem Rücken zur Projektionswand. Der oder die Dritte schaut zu den Wörtern und diktiert.
- Wer diktiert, achtet darauf, dass nicht falsch geschrieben wird.
- Nach fünf Wörtern wird gewechselt.

Wörterlistendiktat

- An verschiedenen Stellen im Buch findet ihr Wörterlisten (z. B. Seite 183, 184, 185, 187).
- Einer von euch diktiert Wörter aus einer Liste entweder der ganzen Klasse oder einer Gruppe oder seinem Partner.
- Wer diktiert, spricht langsam und deutlich.
- Nach dem Diktat vergleicht ihr die geschriebenen Wörter mit den Wörtern in der Liste.

Laufdiktat

An unterschiedlichen Stellen im Klassenzimmer liegt der gleiche kurze Diktattext aus.
- Du gehst zu dem Text, merkst dir einen Satz (oder auch nur einen Teil davon), kehrst zurück und schreibst ihn auf.
- Schreibe im Sitzen.
- Papier und Stift bleiben an deinem Platz.
- Du kannst so oft zwischen Textvorlage und Schreibplatz hin- und herlaufen wie nötig.
- Vergleiche am Schluss deinen aufgeschriebenen Text mit dem Diktattext.

Achtung: Nicht rennen, denn es kommt nicht auf die Zeit an!

Verwendet diese Sätze für Partnerdiktate. Nach fünf Sätzen wird gewechselt.

1. Monika ist erkältet, deshalb ist ihre Stimme rau und sie muss sich häufig schnäuzen.
2. Wie viele Stunden bist du Sonntag Rad gefahren?
3. Durch deinen Tipp bin ich dahintergekommen, wie ich die Aufgabe lösen kann.
4. Am Samstagabend beschloss ich, mit meiner Freundin spazieren zu gehen.
5. Überschwängliche Freude herrschte nach dem dreimaligen Sieg der Klasse beim Fußballturnier.

6. Was du heute kannst besorgen, das verschiebe nicht auf morgen.
7. Gut Ding will Weile haben.
8. Man soll den Morgen nicht vor dem Abend loben.
9. Kommt Zeit, kommt Rat.
10. Viele Köche verderben den Brei.

11. Gestern Abend haben meine Eltern mal wieder ihr Theaterabonnement genützt.
12. Klar, dass unsere Reaktion positiv ausfiel.
13. Jetzt musste nur noch ein tolles Programm im Fernseher gefunden werden.
14. Schnell organisierte ich uns noch eine Pizza, da wir allmählich großen Appetit bekamen.
15. Doch dann stellten wir ziemlich bald fest, dass unser alter Fernsehapparat defekt war.

16. Den Kommentar in der letzten Schülerzeitung fand ich faszinierend.
17. Das Ergebnis des Spiels zwischen uns und der Parallelklasse war akzeptabel.
18. Wir waren nämlich sehr motiviert, unser Punktedefizit auszugleichen.
19. Die Diskussionsbeiträge waren meiner Meinung nach nicht immer realistisch.
20. Viele von euch haben die Chance, ein gutes Abschlussexamen zu machen.

21. Die Physikprobe zum Thema Widerstand fiel gut aus.
22. Das Kurzreferat über das Wetter war sehr interessant.
23. Die industrielle Revolution begann mit der Erfindung vielfältiger Maschinen.
24. Beim freien Schreiben kann man seine Spontanität, Kreativität und Fantasie entfalten.
25. Motiviert interviewt eine Schülergruppe ältere Passanten in der Fußgängerzone.

26. „Ist es wahr, dass wir morgen später Schule haben?“
27. Meistens war ich am Morgen die Letzte und hetzte beinah atemlos ins Klassenzimmer.
28. Endlich habe ich wieder einmal etwas Gutes geleistet.
29. Bei der gestrigen Debatte hätte ich gerne widersprochen.
30. Am Abend erzähle ich meiner kleinen Schwester oft eine fantastische Geschichte.

31. Auf einmal kommen mir abends die besten Ideen.
32. Am besten finde ich in der Schule Mathematik und Physik/Chemie/Biologie.
33. Das Beste sind die vielen physikalischen und chemischen Versuche.
34. Die Lehrerin erklärt uns die Multiplikation von Brüchen viele Male.
35. Der Schüler fiel vom Reck und verletzte sich ziemlich schwer.

Von der Arbeiterklamotte zum Modehit

Seit über 20 Jahren ist die Jeans das meistgekaufte Kleidungsstück der Welt. Dabei wurden die baumwollenen Beinkleider um 1850 für die kalifornischen Goldgräber entwickelt, die strapazierfähige Hosen benötigten. Inzwischen hat sich die Jeans von der Arbeiterkluft zum Modehit gewandelt.
So machte in London eine sündhaft teure Fetzenjacke Furore, die zerschlitzt und ausgefranst einiges an nackter Haut zeigte. Diese Modetorheit unterschied sich in fast nichts von dem, was die Punks anhaben, nur dass die für ihre abgetragenen, zerrissenen und mit Stofffetzen geflickten Hosen bestimmt keine müde Mark über den Durchschnittspreis opfern würden. Doch wer jetzt meint, er könne genauso gut selbst zur Schere greifen, der beweist lediglich, dass er zu der bedauernswerten Sorte Mensch gehört, die von erlesener Mode leider gar keine Ahnung hat.
(129 Wörter)

Ist Lernen ein notwendiges Übel?

Wenn man ehrlich ist, muss man diese Frage wohl bejahen. Aber Lernen eröffnet auch die Chance, sich das Leben und die Arbeit angenehmer zu gestalten. Doch das Problem der Lernunlust bleibt. Jeder kennt es aus der Schule. Da gibt es Fächer, die machen Spaß, und solche, die einem absolut nicht liegen. Wer sich beim Lernen nur auf das konzentriert, was ihm leichtfällt, macht es sich zu leicht. Er wird nämlich nie richtig lernen, sich mit einem Problem auseinanderzusetzen und es selbstständig zu lösen.
Was kann man tun, um sich in eine gute Lernstimmung zu bringen? Zunächst muss man sich ohne Wenn und Aber für das Lernen entscheiden. Erst wenn man eine Aufgabe akzeptiert, statt sich dagegen zu wehren, ist die Bereitschaft für das Lernen vorhanden.
(133 Wörter)

Träume sind wichtig!

Der Fantasie freien Lauf zu lassen, einen Tagtraum zu träumen, ist das wirklich wichtig? Ja, denn das kann eine geistige Vorplanung zur Erfüllung eines Wunsches oder zur Bewältigung eines Problems sein. Solche Visionen zeigen uns oftmals Wege, die zu einer Verwirklichung dieser Träume führen können. Dafür ist es aber erforderlich, mit seinen Tagträumen im Bereich des Möglichen zu bleiben. Denn der unrealistische „Griff nach den Sternen“ erzeugt meist nur Enttäuschung und Entmutigung. Aber der feste Glaube an einen machbaren Traum lässt ihn zur Wirklichkeit werden, wenn der Weg dorthin gehbar ist und nachhaltig verfolgt wird. Wie heißt es doch oft angesichts großer Werke oder Taten? Am Anfang war bloß ein Traum!
(114 Wörter)

Ein Pfeil (→) vor einem Wort verweist auf ein weiteres Stichwort.

Ballade: In der Ballade mischen sich die drei Formen der Dichtung: Der Form nach ist die Ballade ein Gedicht mit Reimen und Strophen und ist daher der → *Lyrik* zuzuordnen; wie in der → *Epik* (erzählende Dichtung) wird eine Handlung dargestellt; an die Dramatik erinnern die häufig verwendeten Dialoge, wie man sie in szenischen Texten findet.

Barock: Unter Barock versteht man eine Kunstepoche im 17. Jahrhundert. Viele prächtige Schlösser der absoluten Fürsten und viele Kirchen aus dieser Zeit sind heute noch erhalten. Auch die damals gespielte Musik wird heute oft aufgeführt. Diese Epoche ist aber auch geprägt vom Dreißigjährigen Krieg (1618–1648), der Tod und Verderben bringt. Zudem sterben durch Seuchen sehr viele Menschen. Diese Erfahrungen wirken sich auf das Denken und Handeln der Menschen aus.
Für viele ist der Glaube das Einzige, was ewig besteht.

Bericht (Aufsatz): In einem Bericht wird über ein Ereignis informiert. In sachlicher Sprache werden die W-Fragen beantwortet: Was geschah? Wann? Wo? Wie? Warum? Wer war beteiligt? Ein Bericht sollte übersichtlich und klar gegliedert sein. Er steht im Präteritum.

Bericht: → *Journalistische Textsorten.*

Beschreibung: In einer Beschreibung werden die wichtigsten Merkmale eines Gegenstandes, eines Vorgangs, eines Weges, einer Landschaft oder auch eines Textes dargestellt. In der Regel erfolgt die Beschreibung im Präsens. Sie muss sachlich genau und folgerichtig informieren.

Epik: Unter diesem Begriff fasst man alle Arten der erzählenden Dichtung zusammen. Es gibt viele epische Kleinformen (→ *Erzählung,* → *Fabel,* → *Kurzgeschichte,* → *Märchen,* → *Sage,* → *Schwank*). Zu den umfangreichen epischen Texten gehört der Roman.

Epoche: Von Epoche spricht man im Bereich der Dichtung (= literarische Epoche), Musik, Malerei, Bildhauerei und Architektur. Man versteht darunter einen bestimmten Zeitabschnitt, in dem viele Werke deutlich erkennbare Gemeinsamkeiten aufweisen. Literarische Werke einer Epoche ähneln sich im Inhalt (Barock: Auseinandersetzung mit dem Dreißigjährigen Krieg), in der Sprache und in der äußeren Form (Barock: Gedichtform des Sonetts). Die Zuordung eines Werkes ist nicht immer ganz einfach, da die Übergänge zwischen den einzelnen Epochen fließend sind.

Erzählung: In einer Erzählung wird ein Erlebnis oder eine ausgedachte Handlung wiedergegeben. Die erzählte Handlung führt über mehrere Schritte zum Höhepunkt und zur überraschenden Wende (→ *Pointe*). In der Literatur versteht man unter Erzählung alle kurzen erzählenden Texte, die nicht eindeutig einer anderen Kurzform (→ *Fabel,* → *Märchen,* → *Sage,* → *Schwank*) zugeordnet werden können.

Fabel: Mit Fabel bezeichnet man eine zumeist kurze Erzählung, in der Tiere oder Pflanzen wie Menschen denken, fühlen, reden und handeln. Häufig stehen sich zwei Tiere mit gegensätzlichen Eigenschaften gegenüber. Meistens wird nach einer kurzen Einführung die Handlung durch die Rede und Gegenrede fortgeführt und endet mit einem überraschenden Schluss (→ *Pointe).* Am Beispiel der erzählten Geschichte wird eine Lehre gezogen oder Kritik an bestimmten Verhaltensweisen geäußert. Häufig steht die Lehre (die Moral) am Schluss, manchmal auch am Anfang der Fabel.

Gebrauchstexte: Tagtäglich werden Texte verfasst, um etwas zu regeln, mitzuteilen oder darzustellen. Solche Texte können Anleitungen, Informationstexte, Gesetze, Zeitungsnachrichten (→ *Journalistische Textsorten*), Anzeigen oder Schulbücher sein. Beispiele: S. 137

Gedicht: → *Lyrik.*

Journalistische Textsorten:
Jeder Meldung und jedem Bericht liegt eine **Nachricht** zugrunde. Man versteht darunter eine Information, die für den Leser neu, wichtig und interessant ist. Jede Nachricht sollte Antworten auf die wichtigsten W-Fragen (Wer? Was? Wann? Wo? Wie? Warum?) geben und den Sachverhalt allgemein verständlich darstellen. Wie eine Nachricht in einer Zeitung zum Abdruck kommt, kann sehr unterschiedlich sein:
In der **Meldung** (Kurzform der Nachricht) werden nur die wichtigsten Informationen zusammengefasst.
Der **Bericht** (Langform der Nachricht) enthält eine ausführliche Darstellung der Nachricht. Über die reine Information zu einem Ereignis hinaus werden in einem Bericht mögliche Zusammenhänge und Hintergründe aufgezeigt. Dazu werden von Reportern Recherchen (Nachforschungen, Befragungen von Verantwortlichen, Zeugen usw.) durchgeführt.
In Berichten werden die Antworten der Befragten wörtlich zitiert,
- wenn die Aussage als sehr bedeutsam und wichtig eingeschätzt wird,
- um eine Information glaubhaft zu machen,
- um den Bericht lebendiger zu gestalten.

Beispiel für Meldung: S. 115
Beispiel für Bericht: S. 116

Jugendliteratur: Unter Jugendliteratur versteht man Texte, die für Kinder und Jugendliche zur Information, zur Unterhaltung, aber auch in erzieherischer Absicht geschrieben werden (Märchen, Sagen, Erzählungen, Romane, Sachbücher, Gedichtsammlungen).
In Jugendbüchern für Dreizehn- bis Sechszehnjährige überwiegen Themen, die sich mit Problemen von Jugendlichen beschäftigen.

Kreuzreim: → *Lyrik.*

Kurzgeschichte: Mit diesem Begriff werden Erzählungen mit folgenden Merkmalen bezeichnet:
1. Die Handlung setzt unvermittelt ein und endet offen.
2. Im Vordergrund steht eine alltägliche Begebenheit.
3. Kernstück einer Kurzgeschichte ist die unerwartete Wendung, die für das weitere Leben der Hauptperson(en) oft entscheidend ist.
4. Gegenstände und Orte können eine symbolische Bedeutung (Sinnbilder) annehmen.
5. Häufig findet man in Kurzgeschichten kurze, aneinandergereihte Hauptsätze (auch unvollständige Sätze) und Alltagssprache.
6. In der Regel umfassen Kurzgeschichten nicht mehr als ein bis zwei Seiten.

Nicht immer treten in einer Kurzgeschichte alle genannten Merkmale auf.
Beispiel: S. 112

Lyrik: Lyrik bezeichnet Dichtung in Versform (Gedichte). Früher wurden die Verse zur Lyra, einem alten Saiteninstrument, gesungen. Deshalb sagt man auch heute noch einfach: Lyrik ist liedartige Dichtung. Viele Gedichte sind vertont worden. Im Gedicht drückt der Dichter seine Gefühle, seine Stimmungen, aber auch seine Erlebnisse und Gedanken aus.
Durch **Reime** erhalten Gedichte eine bestimmte Klangwirkung. Durch den Gleichklang der Reimwörter (z. B. *kaum – Baum; Himmelsseide — Getreide*) werden oft zwei oder mehr Verszeilen miteinander verbunden. Drei Reimformen werden oft verwendet:

Paarreim
a Sonne
a Wonne
b Eis
b heiß

Kreuzreim
a Sonne
b Eis
a Wonne
b heiß

umschließender Reim
a Sonne
b Eis
b heiß
a Wonne

Daneben gibt es noch weitere Reimformen.
Es gibt auch Gedichte ohne Reime.
Viele Gedichte sind in **Strophen** gegliedert. Mindestens zwei Verszeilen werden in einer Strophe zusammengefasst. Oft beginnt mit einer neuen Strophe ein neuer Gedanke.
Beispiele: S. 106–111

Märchen: Märchen erzählen Geschichten, die es in Wirklichkeit nicht gibt. Oft handeln sie von Zauberern, Hexen, Feen und sprechenden Tieren. In einer räumlich und zeitlich nicht festgelegten Welt steht die Hauptfigur vor großen Gefahren und kaum lösbaren Aufgaben. Die Zahlen 3, 6, 7, 12 spielen eine besondere Rolle. Auch formelhafte Sprüche sind typisch für Märchen. Am Ende siegt das Gute und das Böse wird überwunden. Märchen sind über die ganze Welt verbreitet. Sie wurden nicht nur Kindern, sondern auch Erwachsenen zur Unterhaltung erzählt. In Deutschland haben die Brüder Grimm die Märchen, die man sich im Volk erzählte, gesammelt und aufgeschrieben; deswegen bezeichnet man die „Kinder- und Hausmärchen" der Brüder Grimm als **Volksmärchen**.

Paarreim: → *Lyrik*.

Pointe: Man spricht bei erzählenden Texten von einer Pointe, wenn die erzählte Handlung eine überraschende Wendung nimmt oder zu einem witzigen Schluss führt. Typisch ist die Pointe für die → *Fabel* und den → *Schwank*.

Reim: → *Lyrik*.

Reimform: → *Lyrik*.

Sage: Schon in früheren Zeiten haben Menschen nach Erklärungen für erstaunliche Ereignisse und auffällige örtliche Gegebenheiten und Gegenstände gesucht. Diese Erklärungsversuche sind uns heute in Form von Sagen überliefert. Im Unterschied zum → *Märchen* knüpfen Sagen daher häufig an wirkliche Begebenheiten oder an bestimmte örtliche Besonderheiten an. Lange Zeit wurden sie mündlich weitererzählt und dabei auch immer wieder verändert.

Aus der Frühgeschichte der Völker stammen die teilweise umfangreichen **Helden- und Göttersagen**, z. B. die Nibelungensage.

Bei den meist jüngeren **Volkssagen** unterscheidet man:

1. **Natursagen:** Sie versuchen, bestimmte auffällige Naturerscheinungen (z. B. einen gespaltenen Felsen) zu erklären.
2. **Geschichtliche Sagen:** Sie berichten über historische Ereignisse und Taten bekannter Persönlichkeiten.
3. **Erlebnissagen:** Sie haben Begegnungen mit Riesen, Zwergen, Geistern und Dämonen (Teufel) zum Inhalt.

Sachtext: Ein Sachtext informiert über Tatsachen, Vorgänge und Sachverhalte. Er kann z. B. über die Tier- und Pflanzenwelt informieren oder über bedeutsame Ereignisse. Sachtexte findet man in Zeitungen und Zeitschriften. Stehen mehrere Sachtexte zu einem Thema in einem Buch (z. B. über Pferde), so bezeichnet man es als Sachbuch.
Beispiele: S. 90, S. 93

Schwank: Der Schwank ist eine witzige, kurze Erzählung über ein lustiges Ereignis oder über einen Streich. Menschliche Schwächen werden oft übertrieben dargestellt und damit lächerlich gemacht.
Der Schwank weist immer eine überraschende Wendung (→ *Pointe*) auf, in der oft eine wohlhabende, aber überhebliche Person von einer schlauen überlistet wird.

Strophe: → *Lyrik*.

Umschließender Reim: → *Lyrik*.

Adjektiv: Wortart, mit der man Eigenschaften von Lebewesen, Dingen und Tätigkeiten genau beschreiben kann: *groß, langsam, eckig.*
Die meisten Adjektive können gesteigert werden:
Grundstufe (Positiv): *groß*
Höherstufe (Komparativ): *größer*
Höchststufe (Superlativ): *am größten*
S. 148

Adverb: Adverbien beschreiben, *wann, wo, wie* und *warum* etwas geschieht.
Sie lassen sich im Satz umstellen.
Große Bilder hängen überall im Raum.
Überall im Raum hängen große Bilder.
S. 149

Adverbiale (adverbiale Bestimmung): Satzglied, das über die näheren Umstände eines Geschehens Auskunft gibt.
Temporaladverbiale (adverbiale Bestimmung der Zeit), Frage: Wann? Wie lange? Seit wann?
Wegen des Regens gehe ich jetzt schnell nach Hause.
Lokaladverbiale (adverbiale Bestimmung des Ortes), Frage: Wo? Wohin?
Wegen des Regens gehe ich jetzt schnell nach Hause.
Modaladverbiale (adverbiale Bestimmung der Art und Weise), Frage: Wie? Auf welche Art und Weise?
Wegen des Regens gehe ich jetzt schnell nach Hause.
Kausaladverbiale (adverbiale Bestimmung des Grundes), Frage: Warum? Wieso? Weshalb?
Wegen des Regens gehe ich jetzt schnell nach Hause.
S. 159-160, S. 165

Adverbialsatz: Wenn man ein Adverbiale in einen Nebensatz umformt, entsteht ein Adverbialsatz.
Wegen einer Grippe musste ich zu Hause bleiben.
Weil ich eine Grippe hatte, musste ich zu Hause bleiben.
S. 165

Akkusativ: → *Kasus.*

Akkusativobjekt: → *Objekt.*

Aktiv: Steht in einem Satz das Verb im Aktiv, so wird das Geschehen aus der Sicht des Handelnden gesehen. Man betont, wer etwas tut.
Der Detektiv überlistete den Dieb.
→ *Passiv.*

Artikel (Begleiter): Wortart, die das Geschlecht (→ *Genus*) eines Nomens angibt.
Bestimmter Artikel: *der, die, das.*
Unbestimmter Artikel: *ein, eine, ein.*
S. 148

Attribut: Beifügungen zu einem Satzglied, um ein Bezugswort näher zu bestimmen.
Vorangestellte Attribute stehen vor dem Bezugswort (*das alte Haus*), **nachgestellte Attribute** stehen hinter dem Bezugswort (*das Haus meiner Mutter, das Haus am See*).
S. 161–163

Attributsatz: auch Relativsatz genannt; Sonderform des Nebensatzes, der mit einem → *Relativpronomen* eingeleitet wird und ein vorangegangenes Nomen näher beschreibt.
Das Haus, das dort im Wald steht, gehört meinen Eltern.
S. 164

Aufforderungssatz: → *Satzart.*

Ausrufesatz: → *Satzart.*

Aussagesatz: → *Satzart.*

Bedeutungswandel: Auch die Sprache wandelt sich im Laufe der Zeit. Diese Veränderungen beziehen sich nicht nur auf die Schreibweise, sondern auch auf die Bedeutung, die die Wörter besitzen.
S. 171–173

Befehlssatz: → *Satzart.*

Begleitsatz: Hauptsatz, der die → *wörtliche Rede* begleitet. Der Begleitsatz kann vor, nach oder zwischen der wörtlichen Rede stehen.
Vorangestellter Begleitsatz:
Pia erklärt: „Leider bin ich krank."
Nachgestellter Begleitsatz:
„Leider bin ich krank", erklärt Pia.
Eingeschobener Begleitsatz:
„Leider", erklärt Pia, „bin ich krank."

Dativ: → *Kasus.*

Dativobjekt: → *Objekt.*

Deklination (Beugung): Veränderung des Nomens, des Adjektivs, des Artikels und des Pronomens, wenn sie in die verschiedenen Fälle gesetzt werden.

Demonstrativpronomen: → *Pronomen.*

Direkte Rede: → *Wörtliche Rede.*

Finite Verbform (gebeugte Verbform, → *Personalform des Verbs*): Die finite Verbform richtet sich nach der Person, die etwas tut: *Er lacht und wir lachen mit.* Die ungebeugte Verbform nennt man **infinite Verbform** oder → ***Infinitiv***: *lachen.*

Fragesatz: → *Satzart.*

Futur: → *Zeitform.*

Genitiv: → *Kasus.*

Genitivobjekt: → *Objekt.*

Genus (grammatisches Geschlecht des Nomens):
- **maskulinum** (männlich) *der Hund*
- **femininum** (weiblich) *die Katze*
- **neutrum** (sächlich) *das Tier*

Hauptsatz: Satz, der allein stehen kann. Er besteht mindestens aus einem Subjekt und einem Prädikat. Im Aussagesatz befindet sich das Prädikat stets an zweiter Satzgliedstelle. *Ich gehe in die Schule.*

Imperativ (Befehlsform des Verbs): *Lies! Gib her!*

Indikativ (Wirklickkeitsform): Diese Aussageweise wird in der direkten Rede verwendet *(Pia sagt: „Morgen bleibe ich daheim.“)* und wenn man eine Aussage macht, von deren Richtigkeit man überzeugt ist *(Morgen ist Montag.).*

Indirekte Rede: Die indirekte Rede gibt wieder, was eine andere Person gesagt hat. Das Verb steht im → *Konjunktiv. Sie sagt, sie komme heute später.*
S. 152

Infinite Verbform: → *finite Verbform.*

Infinitiv (Grundform des Verbs): *spielen, lernen.*

Kasus (Fall, Deklinationsform des Nomens):
- **Nominativ** (1. Fall), Frage: Wer oder was?
  der Tisch
- **Genitiv** (2. Fall); Frage: Wessen?
  des Tisches
- **Dativ** (3. Fall), Frage: Wem?
  dem Tisch
- **Akkusativ** (4. Fall), Frage: Wen oder was?
  den Tisch

Kausaladverbiale: → *Adverbiale.*

Konjunktion (Bindewort): Wortart, die einzelne Wörter, Wortgruppen oder Sätze miteinander verbindet: *und, oder, aber, denn, doch, weil, nachdem, als, dass, obwohl ...*
S. 149

Konjunktiv: Konjunktiv I (Möglichkeitsform) wird in der → *indirekten Rede* verwendet (*Philipp sagt, er gehe nicht ins Kino, weil er müde sei.*)
Konjunktiv II (Nicht-Wirklichkeits- oder Wunschform) wird ebenfalls in der indirekten Rede verwendet (*Er sagt, sie führen in den Zoo*) oder als Ausdruck des Irrealen (*Wenn ich 100 Jahre alt wäre, würde ich nicht mehr Auto fahren.*)
S. 153–156

Konsonant (Mitlaut): *b, d, f, g, ...*

Lokaladverbiale: → *Adverbiale.*

Modaladverbiale: → *Adverbiale.*

Modewörter: Darunter versteht man Wörter, die nur in einer ganz bestimmten Zeit und oft nur von bestimmten Sprachteilnehmern (z. B. Jugendlichen) gebraucht werden.
S. 174–176

Nebensatz: Satz, der nicht allein stehen kann, sondern immer von einem → *Hauptsatz* abhängig ist. Er beginnt meistens mit einer Konjunktion und endet mit einer gebeugten Verbform.
Ich gehe in die Schule, obwohl ich krank bin.
S. 165–166, S. 168

Nomen (Substantiv, Hauptwort): Wortart, mit der Lebewesen (Menschen, Tiere, Pflanzen) und Gegenstände sowie Gedachtes und Gefühle bezeichnet werden:
Mädchen, Haus, Ferien, Spaß, Angst.
S. 148

Nominativ: → *Kasus.*

Objekt: Dieses Satzglied ergänzt das Prädikat.
- **Genitivobjekt** (Ergänzung im 2. Fall),
  Frage: Wessen?
  Sie belehrte ihn eines Besseren.
- **Dativobjekt** (Ergänzung im 3. Fall),
  Frage: Wem?
  Die Kinder bringen dem kranken Freund die Hausaufgaben.
- **Akkusativobjekt** (Ergänzung im 4. Fall),
  Frage: Wen oder was?
  Die Kinder bringen dem kranken Freund die Hausaufgaben.

S. 157–158

Passiv: Steht in einem Satz das Verb im Passiv, so wird das Geschehen aus der Sicht des Betroffenen gesehen. Man betont, was geschieht.
Der Dieb wurde vom Detektiv überlistet.
→ *Aktiv*

Perfekt: → *Zeitform.*

Personalform: Form des Verbs, die angibt, wie viele Personen zu einer bestimmten Zeit etwas tun:
du schreibst, sie haben gerufen.

Personalpronomen: → *Pronomen.*

Plural (Mehrzahl): *die Lampen.*

Plusquamperfekt: → *Zeitform.*

Possessivpronomen: → *Pronomen.*

Prädikat (Satzaussage): Satzglied, das mit Verben gebildet wird. Es beschreibt, was jemand tut oder was geschieht; Frage: Was tut (tun) ...? Was geschieht?
Die Kinder bringen dem kranken Freund die Hausaufgaben.
S. 157–158

Präposition: Verhältniswort *an, auf, aus, bei, durch, im, in, mit, nach, ohne, über ...*
S. 149

Präsens: → *Zeitform.*

Präteritum: → *Zeitform.*

Pronomen (Fürwort): Das Pronomen kann Stellvertreter oder Begleiter eines Nomens sein.
Das **Demonstrativpronomen** (hinweisendes Fürwort) deutet auf Personen oder Sachen hin:
der, die, das, derjenige, diejenige, dieser, dieses, derselbe, dieselbe ...
Das **Personalpronomen** (persönliches Fürwort) steht stellvertretend für Personen oder Sachen:
ich, du, er, sie, es, wir, ihr, sie.
Das **Possessivpronomen** (besitzanzeigendes Fürwort) gibt an, wem etwas gehört:
mein, dein, sein, unser, euer, ihr.
Das **Relativpronomen** bezieht sich auf ein vorangegangenes Nomen, das näher beschrieben wird:
der, die, das, welcher, welche, welches ...
Ich trage eine Kette, die Lisa gehört.
S. 148

Relativsatz: auch → *Attributsatz* genannt.

Satzarten: Bei den Satzarten sind zu unterscheiden:
Aufforderungs- oder Befehlssatz, bei dem eine Person aufgefordert wird, etwas Bestimmtes zu tun:
Komm einmal her! Sei ruhig!
Ausrufesatz, bei dem Wünsche oder Gefühle ausgerufen werden:
Hätten wir doch schulfrei! Das war super!
Aussagesatz, in dem eine einfache Aussage getroffen wird:
Ich spiele heute Basketball.
Fragesatz, der eine Frage enthält:
Wie spät ist es?

Satzgefüge: Verbindung von → *Hauptsatz* und → *Nebensatz*:
Ich bleibe zu Hause, weil ich krank bin.
Obwohl es mir noch nicht besser geht, gehe ich wieder zur Schule.
S. 168–170

Satzglied: Ein Satz besteht aus Satzgliedern. Es kann aus einem oder mehreren Wörtern bestehen, die sich nur zusammen umstellen lassen.
→ *Adverbiale;* → *Objekt;* → *Prädikat;*
→ *Subjekt;* → *Umstellprobe.*
S. 157–160

Satzreihe: Aneinandergereihte → *Hauptsätze* bilden eine Satzreihe: *Ich fahre Schlitten, du fährst Ski und Ulli bleibt zu Hause.*
S. 167, S. 170

Silbe: Wörter bestehen aus einer oder mehreren Silben (Sprechtakteinheiten);
einsilbige Wörter: *Haus, bunt, laut*
mehrsilbige Wörter: *Kro-ko-dil, hüp-fen*
Sprechsilben sind wichtig bei der Worttrennung.

Singular (Einzahl): *der Bauer, die Katze, das Pferd.*

Subjekt (Satzgegenstand): Satzglied im Nominativ, Frage: Wer oder was?
Die Kinder bringen dem kranken Freund die Hausaufgaben.
S. 157–158

Temporaladverbiale: → *Adverbiale.*

Umlaut: *ä, ö, ü.*

Umstellprobe: Mit dieser Verschiebeprobe kann man Satzglieder ermitteln. Die Wörter, die bei mehrfachem Umstellen eines Satzes zusammenbleiben, bilden ein Satzglied.

Verb (Zeitwort): Wortart, die bezeichnet, was eine Person tut: *spielen, lernen, schlafen.*
S. 148

Vokal (Selbstlaut): *a, e, i, o, u.*

Wortart: Wörter lassen sich bestimmten Wortarten zuordnen, z. B. Nomen, Verb, Adjektiv, Artikel, Pronomen.

Wortfamilie: Wörter, die einen gemeinsamen → *Wortstamm* haben, bilden eine Wortfamilie. Verwandte Wörter werden gleich oder ähnlich geschrieben: *fahren, Fähre, fuhr, fährst.*

Wortfeld: Wörter der gleichen Wortart, die eine ähnliche Bedeutung haben, bilden ein Wortfeld; z. B. das Wortfeld *gehen*: *rennen, laufen, humpeln, stolzieren, schreiten ...*

Wörtliche Rede: In einem Text wird das Gesprochene in Anführungszeichen gesetzt und vom → *Begleitsatz* durch Doppelpunkt bzw. Komma abgetrennt:
„Kommst du morgen?“, fragte sie.
Sie fragte: „Kommst du morgen?“

Wortstamm: Der Wortstamm ist der wichtigste Baustein eines Wortes. Alle Wörter einer → *Wortfamilie* haben einen gemeinsamen Wortstamm: *Wohnung, wohnen, bewohnbar.*

Zeitform: Mit dem Verb kann man verschiedene Zeitformen bilden.
Präsens (Gegenwart): Diese Zeitform beschreibt eine gegenwärtige oder allgemeingültige Tätigkeit: *Ich laufe. Wasser gefriert.*
Präteritum (1. Vergangenheit):
Es beschreibt eine Tätigkeit, die vergangen ist. Diese Zeitform wird häufig beim schriftlichen Erzählen verwendet: *Gestern ging ich in den Zoo.*
Perfekt (2. Vergangenheit): Es beschreibt eine abgeschlossene Tätigkeit. Diese Zeitform wird häufig beim mündlichen Erzählen verwendet:
Er hat gedacht. Sie ist gelaufen.
Plusquamperfekt (3. Vergangenheit):
Diese Zeitform beschreibt Tätigkeiten, die sich noch vor einem bestimmten Zeitpunkt in der Vergangenheit ereignet haben: *Nachdem ich mich umgezogen hatte, fuhr ich in die Stadt.*
Futur I (1. Zukunft):
Diese Zeitform wird verwendet, wenn man über etwas spricht oder schreibt, was in der Zukunft stattfinden soll: *Morgen werde ich ins Kino gehen.*
Futur II (2. Zukunft):
wird nur noch selten benützt. Es drückt aus, dass ein Geschehen in der Zukunft abläuft und dort als abgeschlossen angesehen wird.
Morgen werden wir um diese Zeit gewonnen haben.
Um diese Zeit werde ich morgen bereits nach Hause gegangen sein.

Beiträge zu fächerverbindenden Unterrichtsvorhaben:

Texte

15 Chistine von dem Knesebeck, *Ob ich ihr sag, dass ich sie mag ...;* aus: Hans Joachim Gelberg (Hrsg.) Oder die Entdeckung der Welt, 10. Jahrbuch der Kinderliteratur © Beltz Verlag, Weinheim und Basel, Programm Beltz & Gelberg, Weinheim 1997, S. 111

16/17 Texte A bis D aus: Christian Bieniek, *Svenja hat's erwischt;* © Arena Verlag, Würzburg 1994

19 Ernst Jandl, *my own song;* aus: Klaus Siblewski (Hrsg.) Poetische Werke, Bd. 8, S. 223 © Luchterhand Literaturverlag GmbH, München 1997

36/37 *Rauchen, Nikotin* und *Tabak;* aus: Kompaktlexikon in 3 Bänden, Harenberg Kommunikation Verlags- und Medien GmbH & Co. KG, Dortmund 1996, S. 2487

45 *Schon die alten Griechen haben ...;* aus: Walter Krämer und Götz Trenkler, Lexikon der populären Irrtümer, Piper Verlag GmbH, München 2000 (Text verändert)

57 Helmut Zöpfl, *Geh weiter, Zeit, bleib steh;* aus: Helmut Zöpfl, Geh weiter, Zeit, bleib steh, Rosenheimer Verlagshaus o.J.

59 Text A: www.inline-online.de/speedline/inline-abc.htm
Text B: www.focus.de/F/FT/FTB/FTBB/ ftbb.htm

75 Lisa Kopp, Ingolstadt, *Ängstliches Auftreten ermutigt die Täter;* aus: Donaukurier vom 14. Juli 2000

84/85 Erich Kästner, *Die Sache mit den Klößen;* aus: Erich Kästner, Das verhexte Telefon, © Atrium Verlag, Zürich 1983

87/88 Gina Ruck-Pauquèt, *Ein Hund mit blauen Augen;* aus: Schwann Arbeitsbuch Literatur 5, © Pädagogischer Verlag Schwann, Düsseldorf 1971, S. 7–9

90 Christine Fink, *Stuntprofi;* aus: GEOlino, Heft 4, 1999, © Verlag Gruner + Jahr AG, Hamburg (Text verändert)

93 *Das Risiko hat Andrea schon immer geliebt;* aus: Augsburger Allgemeine Zeitung vom 23. Mai 2000

98 Frederik Hetmann, *Geräusch der Grille – Geräusch des Geldes;* aus: Hans Joachim Gelberg (Hrsg.) Geh und spiel mit dem Riesen, Erstes Jahrbuch der Kinderliteratur © Beltz Verlag, Weinheim und Basel, Programm Beltz & Gelberg, Weinheim 1971, S. 286

106/107 Theodor Fontane, *John Maynard;* aus: E. Groß/ K. Schreinert (Hrsg.) Theodor Fontane, Sämtliche Werke, Band 20, © Nymphenburger in der F. A. Herbig Verlagsbuchhandlung, München 1962

108 Johann Wolfgang Goethe, *Erlkönig;* aus: E. Trunz (Hrsg.) Goethes Werke, Hamburger Ausgabe in 14 Bänden, Band 1, Christian Wegner Verlag, Hamburg 1948/60

110/111 Reinhard Mey, *Ankomme Freitag den 13.;* aus: Reinhard Mey, Alle Lieder, Toutes les chansons, Maikäfer-Musik Verlagsgesellschaft, Lehrte 2000

112/113 Gerold Effert, *Guanahani;* aus: Gerold Effert, Sonnenvogel, Marburger Bogendrucke Nr. 120, o. O. 1995

115 *Vier Eisbären im Nürnberger Zoo getötet;* aus: Der Neue Tag, vom 31. März 2000

116/117 *Äußerst gefährlich und aggressiv;* aus: Der Neue Tag vom 31. März 2000

118 *Zoo-Drama: Eisbären-Befreier gefasst;* aus: www.ticker.de/archiv2000/04/17/newsmix/story2.html

122 Beispiel A; aus: BRAVO Nr. 18 vom 26. April 2000, Heinrich Bauer Spezialzeitschriften-Verlag KG, München

123 Beispiel B; aus: GEOlino Nr. 1, Febr./März 2000, Verlag Gruner + Jahr AG, Hamburg
Beispiel C; aus: BRAVO SPORT vom 26. April 2000, Heinrich Bauer Spezialzeitschriften-Verlag KG, München

124 Inge Czygan, *Atemlos heben ab;* aus: BRAVO Nr. 18 vom 26. April 2000, Heinrich Bauer Spezialzeitschriften-Verlag KG, München, S. 10/11

126 *Nancy 15: Ein guter Freund ...;* aus: BRAVO Nr. 18 vom 26. April 2000, Heinrich Bauer Spezialzeitschriften-Verlag KG, München, S. 32

127 Klappentext aus: Ulf Stark, *Paul und Paula;* © Carlsen Verlag GmbH, Hamburg 2000
Klappentext aus: Marion Schweizer (Hrsg.) Jenny Robson, *Da musst du durch, Lurch;* aus: Elefanten Press, Berlin 1996 © C. Bertelsmann Jugendbuch Verlag, München 2001

129/130 Jan de Zanger, *Dann eben mit Gewalt;* übers. von Siegfried Mrotzek © Beltz Verlag, Weinheim und Basel, Programm Beltz & Gelberg, Weinheim 1995, S. 92 und S. 128 f.; erstmals erschienen 1987 im Anrich Verlag

144/145 Tilman Röhrig, *In 300 Jahren vielleicht;* © Arena Verlag, Würzburg 2000, S. 32–35

146 Andreas Gryphius, *Tränen des Vaterlandes* und Friedrich von Logau, *Des Krieges Buchstaben;* aus: K. O. Conrady (Hrsg.) Das große deutsche Gedichtbuch, Artemis Verlag, München 1995, S. 33 und 39

147 Christian Hofmann von Hofmannnswaldau, *Die Welt;* aus: A. Schöne (Hrsg.) Die deutsche Literatur, Texte und Zeugnisse, Band 3, Barock, München 1963, S. 226

173 *Es war am 22. Oktober 1368;* aus: Wir erleben Geschichte, Band 1, Bayerischer Schulbuchverlag, München 1968, S. 177 (verändert; Quelle dort: Nach der Augsburger Stadtchronik von 1368 und dem Ehrenbuch der Zunftregierungen von 1545)

175 Stichwort *cool;* aus: Langenscheidts Handwörterbuch Englisch, Langenscheidt KG, Berlin/München 1985

176 *Cool, ey!;* Protokollauszug von Arezu Weitholz im Gespräch mit LL Cool J (James Todd Smith); aus: Süddeutsche Zeitung Magazin 4/98, München

180 *Rettet die Saurier* (verändert); aus: Das große Jugendbuch, Readers Digest Band 94/95, Verlag Das Beste, Stuttgart, S. 26

182 A. Holzmann, *Den Rissen und den Mauerdellen ...;* (Originalbeitrag)

205 *Die Schnecke und der Schnellzug;* nach Paul Keller, aus: Stille Straßen, Allgemeine Verlagsanstalt, Berlin/München/Wien o. J.

Abbildungen

9 © PhotoDisc Education
16 Cover: Christian Bieniek, *Svenja hat's erwischt* © Arena Verlag, Würzburg 1999
23 © dpa, Deutsche Presse-Agentur, Frankfurt/Main; Fotos: (o.li.) Backhaus; (u.li.) Matheisl; (o.re.) Scholz; (u.re.) Claude
30 Screenshot: www.neusob.de/paul-winter-realschule/start.htm
49 © dpa, Deutsche Presse-Agentur, Frankfurt/Main; Foto: Mehmet Biber
58 Fotos: www.rollerblade.de
59 © Skate Magazin, Windach, Foto: Michael Reusse
60 © Agentur Hoch Zwei, Hamburg
62 Grafik aus: Fit for Fun, Heft Nr. 5/97, Illustration: Jens Wehde, Hamburg
66 Claude Monet, „Bras de Seine près de Giverny“; © akg-images, Berlin
68 Fotos: (o.li.) © PhotoDisc Portfolio; (o.re.) © CorelStock Library 2; (mi.li.) © zefa visual media, Düsseldorf; G. Baden; (mi.re.) © MAURITIUS, Mittenwald; Benelux Press; (u.li.) Foto: Mario Seibt, Oberteisendorf
69 © Bildagentur Schuster, Oberursel; Foto: Schmied
72 Hase und Igel, Verlag Rombach, Freiburg Märchenbilder; Holzschnitte von Ludwig Richter 1853 Rotkäppchen; aus: Heinz Wegehaupt (Hrsg.), Mein Vöglein mit dem Ringlein rot“ © Middelhauve Verlags GmbH, München für: Der Kinderbuch Verlag, Berlin 1985, S. 151
75 Foto: Karl-Heinz Leuschner, Ingolstadt
76 Fotos (E + G): Günter Steinwachs, Braunschweig
81 Bayerischer Karatebund e.V., München; Fotos: Susanne Landgraf
90 pwe Verlag, Kinoarchiv Hamburg; Foto: defd-movies
93 © dpa, Deutsche Presse-Agentur, Frankfurt/Main; Foto: Margit Auer
102 Coverillustration nach dem gleichnamigen Buch von Forrest Carter, Der Stern der Cherokee, erschienen im C. Bertelsmann Verlag GmbH, München 1979
112–114 © PhotoDisc, Getty-Images, Hamburg; Foto: Geostock
115–118 © dpa, Deutsche Presse-Agentur, Frankfurt/Main; Fotos: Stefan Kiefer (S. 115); Marcus Führer (S.116); Torsten Leukert (S. 118)
120 MÄDCHEN Nr. 10 vom 25. April 2001 © Axel Springer Young Mediahouse GmbH, München BRAVO SCREENFUN Nr. 5 vom Mai 2001 © Heinrich Bauer Spezialzeitschriften-Verlag, München GEOlino Nr. 6 vom Dezember 2000 © Gruner + Jahr AG, Hamburg WENDY Nr. 18 vom 24. April 2001 © Egmont Ehapa Verlag, Berlin
121 BRAVO Nr. 18 vom 26. April 2000 © Heinrich Bauer Spezialzeitschriften-Verlag, München
124/125 Doppelseite aus: BRAVO Nr. 18 vom 26. April 2000 © Heinrich Bauer Spezialzeitschriften-Verlag, München, S. 10/11; Fotos: F. L. Lange
127 Cover: Ulf Stark, *Paul und Paula;* © Carlsen Verlag GmbH, Hamburg 2000
127 Cover: Jenny Robson, *Da musst du durch, Lurch;* Elefanten Press, Berlin 1996 © C. Bertelsmann Jugendbuch Verlag, München 2001
128 Screenshot: www.lesenswert.de
129 Cover: Jan de Zanger, *Dann eben mit Gewalt;* übers. von Siegfried Mrotzek © Beltz Verlag, Weinheim und Basel, Programm Beltz & Gelberg, Weinheim 1995; erstmals erschienen 1987 im Anrich Verlag
132 Anzeige: © Stadtjugendring, Ingolstadt
133 Anzeige: © Beiersdorf AG, Hamburg
135 Grafik: creativ design, Thomas Kern, Hildesheim
136 Schüler-Collagen
137 Foto: © Silit Werke, Riedlingen
139 Foto: © H. Buresch; in: H. J. Siemsen (Hrsg.) Das neue Lied der Nibelungen, Verlag J. F. Richter, Hamburg 1872
140 Holzschnitt nach Zeichnung von Julius Hübner; aus: G. I. Marbach, Das Nibelungenlied, Leipzig 1840/41
142 Zeichnung: Rudolf Hofmann, Hessisches Landesmuseum, Darmstadt
145 Radierung von Jaques Callot 1633; © bpk, Bildarchiv Preußischer Kulturbesitz, Berlin
146 © akg-images, Berlin
150 Roy Lichtenstein, M-Maybe, Museum Ludwig, Köln
157 © Getty-Images, Hamburg; Foto: Stone
160 © zefa visual media, Düsseldorf; Foto: Pacific Stock
161 Asterix-Figuren © 2001 Les Éditions Albert René / Goscinny – Uderzo
163 Peanuts-Figuren aus: Good ol' Snoopy © United Feature Syndicate, Inc.
168 © ZEFA, Düsseldorf; Foto: Braennhage
169 © IFA-Bilderteam, München; Foto: Rose
173 Sachbuchverlag Karin Mader, Grasberg; Foto: Jost Schilgen
176 © Photo Selection, Hamburg: Foto: Kimberley Butler
182 © ZEFA, Düsseldorf; Foto: Jahreszeiten Verlag
188 © Fotoclip Collection
190 © MAURITIUS, Mittenwald; Foto: U. Kerth
191 © INTERFOTO, München
192 © dpa, Deutsche Presse-Agentur, Frankfurt/Main
193 © Fotoclip Collection
198 © PhotoDisc EverydayObjects
199 © dpa, Deutsche Presse-Agentur, Frankfurt/Main; Foto: Moucha
201 © Fotoclip Collection
202 © CorelStock Photo Library 2 Egypt
207 © dpa, Deutsche Presse-Agentur, Frankfurt/Main; Foto: Karl Mittenzweig
208 © Fotoclip Collection
213 © CorelStock Photo Library 2 Cowboys (o.) © PhotoDisc Education (mi.)

8, 10, 11, 12, 13, 14, 15, 17, 21, 22, 26, 27, 37, 38, 48, 52, 61, 63, 65, 67, 71, 76 (A–D, F, H–N), 78, 79, 82, 92, 99, 100, 101, 109,126, 130, 131, 138, 152, 164, 165 und 208
Fotos: Klaus G. Kohn, Braunschweig